第一次自助游
超简单

Seoul

第一次自助游首尔超简单

2015—2016年版

余霭联　著·摄影

北京·旅游教育出版社

CONTENTS

第一次自助游首尔超简单（2015—2016年版）

左捕盜廳

LANEIGE

写在前面

首尔，总是在路上

韩国与我结缘于早在10年前一个健康食品的广告制作项目之中。当时对韩国人追求卓越和完美不求甚解，那时候三星还是二、三线品牌，到今天韩国品牌手执牛耳，回想起来，成功都不是一夜之间发生的。数年间往来首尔，每次都有耳目一新的感觉。首尔仍然是不安分，仿佛每秒都要蜕变成为更优秀的城市，每个半夜的东大门都是灯光通明，就像没有睡眠的城市，源源不绝的活力更使人觉得她比任何一个亚洲城市都要年轻。韩国人口里经常说“fighting”，性急的韩国朋友喜欢比拼，喜欢先把事情做出来然后才修正，令首尔每天都有不同的事情发生，就像停不下来的单车一样，要不断前进才能保持平衡。

玩首尔的N大理由

投入哈韩的一分子

韩剧由婆婆妈妈、情情爱爱进化到《秘密花园》的性别调乱、《阁楼上的王子》的时光穿越，剧情峰回路转、节奏明快，取材多元化，现在加入为哈韩一族的不再局限于青春少女，就连男士也不能自拔。当韩流变成我们生活的一部分，发现韩国社会的敬老和孝义是现今社会难得的情操，坚持到最后才会赢的信念比白马王子方程式更博得大家的赞同，让大家也来首尔看看韩剧里真实的一面。

穿越古今时光朝鲜遗迹

如果世界上所有城市拿走了文化遗迹，只剩下连锁名店，其实都一模一样。名城的DNA就是其独有的历史财富。首尔作为朝鲜时代的首都，即使遭遇日据和韩战，伤痕累累，但仍不失其国都的气派。韩国人尊重历史、喜爱自己的国家，从他们不计成本地修复古迹的动力可见一斑。首尔五大宫阙，里面不仅有古迹，还有多种体验让人置身朝鲜时代，近年流行的城郭城门徒步之旅，更可从不同角度重温朝鲜古都的风貌。

设计时尚的魅力之旅

由廉价的服饰到名牌手袋，还有充满韩风的披肩、背包、限量版球鞋，首尔时装已成为潮流指标，此外韩国美容、纤体、韩方养生疗程令各方女士趋之若鹜，现在更慢慢向男士美容开发。爱美，成为首尔市的一个生活必需的元素，就连街上的墙壁也要粉饰一番，可见首尔人对优雅生活的追求，已不再局限于个人外形，而是希望将首尔包装成为由内到外都令人着迷的魅力都会。

迷失于巷弄之间

穿梭于陌生的城市，迷失在巷弄之间，漫不经意地与陌生人的交流，随之所至的步行路线，放在首尔，趣味盎然。青瓦砖墙之间的小巷子，不时会有惊喜发现。无数首尔年轻人跟我们一样，厌倦繁喧的大都市生活，在城市内建起小社区、小乡村。有时它们是一家小画廊，有时它们可以是咖啡室，甚至只是一个造鞋匠的小天地，总有一天会被知音发现。

四季出行各展特色

韩国四季分明，首尔闹市就有赏花好地点，延世、梨花和庆熙大学都是赏花的好去处；汝矣岛每逢春天都举行为期10天的樱花祭；夏天走在汉江边上乘凉，南怡岛上春色醉人风光无限好；从首尔出发不用两小时亦有滑雪场让新手浅尝滑雪的滋味，冬天的首尔塔更是拍摄雪景的最佳地点，脚下风景处处，不能错过。

韩洋混合美食之都

韩国美食岂止泡菜，即使泡菜也有数十款。首尔集合全国美食之最，从高级韩牛到农村味道的炖鸡，一个旅行让人饱尝地方菜式的精华，还有近年流行的西式糕点、咖啡、雪糕等新派料理，而街头小吃比下馆子更能满足味蕾，爱创新的首尔厨师更不时想出韩西合璧的新菜式，每次去首尔都会吃到无限惊喜。

符号代表讯息

交 交通方式 地 地点位置 址 详细地址 网 相关网址
电 相关电话 时 营业时间 票 参观门票 费 费用

Chapter 1

认识首尔篇

与首尔相关的10

1 与北京的时差

首尔时间比北京早1个小时，即是说北京时间9:00，首尔就是10:00，由于时差不是差太多，不需要调校手表，打个比喻，首尔人比中国人早1个小时上班，就会记住两地时间的差别。

2 旅行时的天气

首尔属于温带大陆气候，春夏潮湿，冬季干燥寒冷，日夜温差大。特别是冬季气温动辄零下低温，因此要注意保暖，洋葱式穿搭是较便利的方式，滋润皮肤的保养品是必要的，否则干到脱皮红肿，拍起纪念照多扫兴。另外要注意的是，首尔雨季集中在6～8月，雨具也是必备品。

行李打包建议▶详见P.79

3 当地的治安

首尔各地治安大致良好，只是深夜里喝醉的酒鬼较多、在酒吧区会出现吵架情况。不过郊区的治安却不是太稳定，女士还是不要在半夜往来首尔和郊区，在当地找汽车旅馆过一晚反而更安全。

4 遇到状况须投诉

首尔旅行最常遇到的是计程车车资问题、或者买到劣质的商品，可以到《外国游客旅游投诉中心》进行申诉：+82 2 120 →9（首尔旅游服务热线）或+82 2 1330（韩国观光公社）。如人在首尔，则不用拨+ 82，只需在2之前加上0。

或用电邮投诉：tourcom@knto.or.kr

针对计程车或电话叫车服务的投诉可电邮到：happyride@seoul.go.kr

投诉时要提供投诉对象（商店名称、车牌号码、职业等）、案发日期和地点等，如果是车资不符，则要提供车辆的车牌号码、乘搭日期、时间、出发地、目的地、车费、收据。

计程车相关资讯▶详见P.92

5 听说物价涨很多

首尔物价飙升厉害，加价幅度最高的是旅游区内的食肆，明洞里的紫菜包饭(₩2500)、泡沫咖啡(₩5000～₩7000)，而烤肉也高达₩12 000。至于交通费亦是其中一项高支出的费用，区内每程最低收费是₩1050（用T-Money），即人民币5.95元左右（汇价约₩1000：人民币5.67元），如果相差一个地铁站（如从弘大去新村）就尽量步行。

准备旅费▶详见P.74

6 如果生病了

首尔是妆药分家，要买药必须要到招牌上写有“약（药）”的店家（即是药局），街上的药局一般在星期天休息，假期间可到地铁站、客运站和百货公司内的药局购买。

更多相关韩语▶详见P.173

7 用餐时要注意的礼仪

如果不会韩语，在首尔吃饭也不用太担心，因为首尔传统料理走专门路线，即是一家店供应一种主菜，吃安东炖鸡的餐厅就不会供应猪肉、牛肉，因此你从玻璃窗看见餐厅内每人吃的大概都一样（西餐厅除外），非常好选。

不过有些礼仪倒是要注意的，例如，烤肉、锅物店不接受一个人吃饭，除非你愿意付两个人的价钱；小菜可免费续盘；结账时不用付小费；餐厅内多有免费咖啡赠送；最后是首尔人用筷子夹菜、用汤匙吃饭，而喝酒时不能为自己倒酒，因此，想要喝酒应该先倒给别人，再由别人倒酒给自己。

个基本问题

出发前一定要知道的事！

8 如何打电话

从首尔打电话回家，国际长途电话的拨打方法为00700（首尔的便宜电话号码）+86（国家号码）+（城市区号）然后是对方号码。如果致电给首尔的朋友，则在电话号码前加0。

现在首尔流行租用手机或无线router，抵达机场后可在电话公司柜台租借，分为智能电话、普通2G电话和无线router，也可于出发前在中国的电信公司登记漫游服务或数据漫游，但要小心收费以流量计算，十分昂贵。

更多电话相关资讯▶详见P.170

©游橙絮

9 电压与中国相同吗

首尔使用220V电压，电源插头和插座的形状与中国不同，是双圆头，如果没有自行配备，可在便利店购买转换插头，现时由中国内地人开设的民宿或国际连锁品牌的酒店，都有为住客配备国际标准的插座，不过首尔的本地民宿和旅馆，还是用双圆头插座。

详细插座规格▶详见P.81

10 自备牙刷、牙膏

一般民宿、青年旅馆和酒店都不会为客人免费供应牙刷和牙膏，减少浪费。若有需要可在柜台或便利店购买。

首尔基本情况

有了这些知识，是成为首尔通的第一步

首尔在韩国历史上最早成为首都，是从公元前18年的百济时代至公元476年。自1392年朝鲜建国，首尔即成为朝鲜的国都，一直至今。古称汉阳，至1945年改名首尔。市内的遗迹，大部分源自朝鲜时代，包括景福宫、德寿宫、昌德宫和昌庆宫等，都是朝鲜历代王族的居所。

地理环境

首尔位于朝鲜半岛的中西部，周围被山围绕，背山面水，被认为是全国风水最好的地方。首尔的北侧有北汉山、道峰山等；东侧有检丹山等；南侧有冠岳山、清溪山等。行政区以“区”和“洞”来分，全市有25个区和467个洞。四季分明，属东北亚温带气候，春秋暖和，夏季高温潮湿，冬季寒冷干燥。

韩国政治形态

韩国政治参照美国三权分立：立法、司法和行政。实行多党执政，最主要的两个大党是大国家党和民主统合党，其他有统合进步党和自由先进党。国家元首是总统，任期5年（不可连任），由全国人民直接选出。2012年韩国首名女总统朴槿惠，是已故总统朴正熙（第5至第9届总统）的女儿。

韩国语言文字

在15世纪以前，韩国人一直使用汉语和汉字，直至朝鲜的世宗大王为普及文字和读音而创立韩文，名为《训民正音》，初期不受社会上层采用，一直被视为庶民阶层的文字，后来在1910年的“去汉化”行动中，韩文终于得到社会的认同成为“国文”。韩文经过6个世纪的演变，现代韩文由14个子音和10个母音共24音所构成。韩文里的词汇来自汉字，因此中国人学习韩语比老外来得轻松多了。

首尔专用字体

首尔拥有两种专用字体，南山体서울남산체和汉江体서울한강체，在市内的政府标志、街道牌最广泛利用，最大分别是南山体比较具现代感，没有衬线，简洁大方；汉江体则注重视觉美感，对“ㅍ”“ㅎ”作了手写化和连体处理，在地铁上看到的就是汉江体。

가간개것게경계고공과관교구국그기나년는니
다대도동되들라로를리마만면무문미민및발방
보본부비사산상새생서선성세소수스시신실아
안어에여연오와요용우운원위유으은을의이인
일있자장적전정제조주중지치하학한할해화회

南山体

가간개것게경계고공과관교구국그기나년는니
다대도동되들라로를리마만면무문미민및발방
보본부비사산상새생서선성세소수스시신실아
안어에여연오와요용우운원위유으은을의이인
일있자장적전정제조주중지치하학한할해화회

汉江体

人口

首尔面积是600平方公里，人口约1050多万人。首尔地铁是全世界最复杂和繁忙的地铁系统之一，每天约有689万人次使用。

首尔小常识 朝鲜宫廷文化

首尔作为朝鲜时代的国都，是唯一可以体验正宗宫廷文化的地方。两班（朝鲜贵族）及王室生活起居饮食的痕迹随处可寻——光化门观看王宫守卫换班仪式；南山韩屋村和云岘宫可观赏王族大婚庆典；清溪川的正祖班次图重现正祖出游盛况；北村韩屋村内的宫廷饮食研究院保留了王室膳食文化；世宗故事馆可体验世宗大王在韩文文化、军事、科学和艺术上的进步。总结一下，可以说首尔文化就是朝鲜宫廷文化。

首尔小常识 博物馆之都

首尔市拥有超过100多家私人及公家的博物馆，当中有3家国家级博物馆和9家市级博物馆。3家国家级博物馆包括国立中央博物馆、景福宫内的国立古宫博物馆和国立民俗博物馆；市级博物馆各有特色：如，战争纪念馆、首尔市立美术馆、首尔历史博物馆、西大门刑务所博物馆和泡菜博物馆等。而民营博物馆则集中于景福宫旁的北村韩屋村，如，韩尚洙刺绣博物馆、鸡文化博物馆等，都是以趣味作引，保存首尔生活的风貌。

宗教

首尔人主要信奉的宗教是基督教(25%)和佛教(25%)，其余为儒教和其他宗教。

首尔小常识 整容一条街

韩国整容的两大阵营：首尔的狎鸥亭和釜山西面，分别位于韩国南、北两个最大的城市。首尔江南区狎鸥亭被称为“整容一条街”，从地铁站内延绵不断的整容广告牌就可知其普遍性。据说，每名韩国女性大学生毕业时，家里送的礼物就是一笔整容费。虽然韩国明星大都有整容，但首尔有整容的女性人口比例不多，其实大部分都是割双眼皮、减肥、打玻尿酸和活化肌肤之类的非手术性整容，参与整形（需全身麻醉、带风险的整形手术）属于少数。但狎鸥亭区内的600多家整容医院现在正迈向国际化，当中有不少已经在海外开设分院，并有中文翻译，甚至有会说汉语的医生驻院。

首尔小常识 特色市场之冠

作为全国最高级的行政中心，首尔的贸易活动也是全国最活跃的，虽然朝鲜王室崇尚儒家思想，重农轻商，但仍阻挡不了人们自发的赶墟、做买卖，首尔拥有多个全国最大的交易市场，第一个当然是无人不晓的东大门成衣批市场和广藏市场，还有东大门外的药令市场、明洞旁边的南大门市场、江南区可乐洞农水产市场和鹭良津水产市场。

吉祥物 獬豸(HAECHI)

獬豸，是在光化门和景福宫内外经常出现的石像。它像有翼的老虎，如同中国文化中的麒麟，是传说中的神兽。“獬豸”在韩国词典中的意义为“能判断是非和善恶的动物”，会击退灾祸，还能吃掉火种，带来家宅平安。经过形象改造，獬豸拥有圆弧的脸庞、清澈的眼睛、明亮舒适的微笑、可爱的虎牙。最大的特点是额头中央的螺旋形眉毛，以和谐的太极花纹为体裁制作而成。这螺旋形花纹还用于脖子上的链条和腰部，与脸部形成整体感。

獬豸的读音：
英文：Haechi
注音：ㄒㄧㄝˋ ㄓˋ

国旗

韩国国旗“太极旗”，以易经中的象征“宇宙与真理”的太极为圆；红与蓝象征着阴阳；水与火象征男女及静与动等的融合与谐调。四角的八卦则分别象征着天、地、日、月，显示出对称与均衡。国花是无穷花，学名为木槿。生命力强的无穷花，象征着大韩民国历尽磨难而矢志弥坚的民族性格。

首尔小常识 病毒视频 江南Style

2012年，韩国大叔PSY一首热爆网络的《江南Style》，由一支骑马舞牵动全球，打破YOUTUBE观看次数，破了吉尼斯世界纪录大全，被誉为史上最厉害的病毒视频，连奥巴马也跟着跳，PSY更因此走上美国的表演舞台，引发了全球各地网民的模仿。但最特别的是，当首尔在全球地位如日中天时，韩流最走红的不是帅哥，却是这首以讽刺首尔奢华背后的物质主义的歌曲，演唱者更说不上英俊，歌曲内出现了不少韩流名人（Big Bang、卢弘、刘在锡）客串。这些名人都出没于江南。这种自嘲的立场更吸引了全球学术界和文化界的广泛讨论，以《江南Style》对首尔文化重新演绎。

看地图认识首尔

从北到南共25区，快速掌握该地特色

首尔特别市由汉江分为南北两岸，共25个区组成，分为汉江以北14个区、汉江以南11个区。大部分旅游点都集中在汉江以北，是全国文化、历史和政治氛围最浓厚的地方。

★重点区域介绍

1 中区

首尔的都城部分，面积虽小但人气极盛，而且是景福宫、光化门、市厅、明洞和南大门之所在，亦是都城的交通枢纽。首尔站是通往全国各地最主要的车站。

2 钟路区（也写作锺路区）

具有悠久历史的钟路区，位于都城城北，东大门以西，名字来自普信阁内的钟楼，是朝鲜的权力核心，亦是首尔总统办公室青瓦台的所在。这是个充满王族故事的地方，令人想起无数宫廷韩剧。著名景区有景福宫、三清洞、北村、惠化大学路、昌德宫、仁寺洞，亦是多种韩国传统料理餐厅云集之地。

3 西大门区

名副其实的城西区，在敦义门以东，原有不少原属京畿道的小区被并入西大门。这里多姿多彩，充满青春气息、有最为人熟悉的新村、有梨花女子大学和延世大学，可沿钟路城郭步行到西大门的弘济洞，感受古城气氛。

4 麻浦区

被称为汉江最潮的地方麻浦区，日间是大学区、夜晚变成酒吧区。首尔出产最多艺术家的弘益大学便坐落于此，周末去自由市场看表演、买艺术品，或者躲到咖啡室另辟天地，晚上流连夜店，24小时都玩不完。

5 龙山区

正在极速蜕变的龙山区，以往是领事馆、美军和外国商吏最密集的区域，是首尔最早有海外五星酒店落成的地方，过去最多人知道只有梨泰院，今天成为最多元化的旅游区：南山公园、龙山电子商场、酷穿潮吃的汉南洞和战争纪念馆。

6 东大门区

原拥有部分钟路区、东大门区和城北区。今天的东大门区成为通往江原道、京畿道的重要交通枢纽，亦是首尔最多大型传统市场的所在地。这里农产品供应丰富，有满满的市井味和乡土味道，与城中心截然不同。

7 永登浦区

该区原属京畿道的一部分。永登浦过去只是个庶民聚集的市场区，旁边是鹭良津渔市场，后因汝矣岛建成，拥有首尔最新和最旧的城市风景，陆续加入时代广场等新型商场，非常热闹。

8 江南区

令追星族、美容族疯狂的江南区，因PSY的《江南Style》知名度大为提高，原为京畿道的农田，现在是首尔的住宅、商业、金融中心，也是世贸中心和拥有最多五星级酒店、首尔富人居住最多的地方。

9 松坡区

松坡曾为百济时期的首都，区内有可乐洞农水产市场、文井洞罗德尼奥街、蚕室的乐天世界和梦村土城，可以满足吃喝玩乐要求。

食在首尔

用舌尖品尝旅行

要吃遍韩国美食，只须立于全国饕客最密集的首尔，各道地方名菜都在弹指之间。首尔人最爱韩西混合菜式，从街头小吃到烧烤，同一道菜式，也可以吃到传统、正宗和改良过的不同味道，新鲜感源源不绝。

1 烧烤

人类最早烹调食物的方法，就是用火烤熟。韩国人不断钻研，将烧烤所用的材料、调味、工具和技术水平提升到国宴级，讲究的是木炭品牌、肉类原产地。烧烤种类首推只限国内消费的韩牛；其次，当然是最流行的猪柳和五花腩。二者吃法完全不同，但要论近年流行的则不能不提及海鲜贝烧烤，如果以上3种都不能满足您独特的口味，那就试试烤猪皮和烤小牛肠吧。

●烤韩牛

每头韩牛均有一张“身份证”，记录韩牛由出生到屠宰前的健康状况。由于韩牛饲养过程天然、屠宰方法温和，加上韩国人对食材抱着“身土不二”的立场，即只买本国出产的食品，韩牛价格比进口牛肉价格要高出30%以上，要谨记高级韩牛一般不与蔬菜一起吃，只蘸海盐、麻油，务求原汁原味。还有，吃高级韩牛时，常有阿珠妈为客人控制火候，感觉很享受！

哪里吃？

■朴大监家 박대감네 MAP｜P162.D2

交通：地铁清潭站(729)9号出口直行十字路口过马路，见CITIBANK旁。

地址：江南区清潭洞124-3 강남구 청담동 124-3　电话：02-545-7708　营业时间：24小时　预算：₩150 000

↘ 吃哪个部分最好

●牛肋肉 갈비살

烤韩牛最常见的部位是牛肋骨肉（连骨），极好嚼口，肉味浓郁，最能体验韩牛的好滋味。

●肉眼烧 꽃등심

肥美甘腴、肉质软滑，是很受小朋友和女士喜爱的味道。

●霜降牛肉（雪花牛） 차돌박이

脂肪成分较高，花斑斑红白相间，入口即化，甘甜的脂肪余韵，齿颊留香。

●烤牛肠 곱창

韩国人爱吃内脏。血肠、牛肠各有特色。烤牛肠被视为廉价烧烤之一，是最有营养和蛋白质最高的食材。牛肠来自牛只的第4个胃，据说含钙量比牛肉要高，是无法承受牛肉价格的劳苦大众的补品之一。在东大门、教育大学附近都有烤牛肠街，很受欢迎。

Data

交通：地铁钟路5街站(129)6号出口，往东大门平和广场方向的小巷内。

地址：东大门平和市场与广藏市场之间。（钟路5街）

●烤猪肉

散布于东大门、新村、弘大、绿沙坪大街小巷的廉价烧烤，食用方法花款甚多，最普遍的是以芝麻叶或青菜包着吃，或是加入米饭、蒜片、包酱（与韩国辣酱味道不同）。年轻人近年流行与冷面拌着吃。

哪里吃?

■678 **MAP｜P150.A4**

交通：地铁弘大站(239)9号出口往想像广场方向步行约8分钟。
地址：麻浦区西桥洞408-22 마포구 서교동 408-22
电话：02-326-0678 营业时间：11:30~05:00，全年无休。
网址：http://www.678.co.kr 预算：₩30 000

●烤贝

极受年轻人欢迎的海贝，烤店开设于新村、弘大，材料由东海即日新鲜运到，最适合四五个朋友欢聚畅饮，看着贝壳慢慢地打开，海水味的肉汁注满贝壳之内，令人充满期待。其中最大份的烤贝要加入起司，放于锡纸折成的碗内烤煮15分钟，待起司和海鲜汤汁融合，每口都是缠绵不断的咸鲜味，使人无法抗拒。

哪里吃?

■烤蚬지오짱 조개구이 **MAP｜P155.A3**

交通：地铁新村站(240)9号出口经过小公园后第一条横巷左转。
地址：西大门沧川洞57-19 서대문구 창천동 57-19
电话：02-333-2236 营业时间：17:00~05:00，全年无休。 预算：₩30 000

↘吃哪个部分最好

●五花腩 삼겹살

五花腩有3层脂肪和肥肉重叠，又叫三层肉。脂肪丰厚，但经烧烤后肉质肥嫩，外皮微焦更好吃，以青菜包着吃，当然少不得放上米饭、蒜片和桌面上任何能吃的东西。

●烤猪皮 돼지껍데기

含丰富骨胶原，女士们最爱，一般烤猪肉店都有供应，并会先腌好和煮至半熟才上碟。烤猪皮质感特Q，是哈韩族必吃之选。

●猪肋骨 갈비

品质上乘的猪肋骨汁多肉嫩，令人如置身天堂国度的幸福美满，但遇上品质平庸的货色，就如嚼蜡无味，价格比五花腩要高，最好到评价高的烧烤店食用。

●猪前颈肉（松阪猪） 항정살

肉质鲜嫩有弹性，瘦中夹肥，烤至微脆时最好吃。

↘韩国烤肉怎么吃

Step 1

烤肉时不要不停地反复翻动肉片，以正反各一次为佳，这样才能保持肉质的鲜嫩。

Step 2

左手拿着菜叶，先将蘸了酱的肉块放在生菜上，再陆续放入配料或小菜，如蒜片、葱丝、腌青萝卜丝、泡菜等。

Step 3

将内馅如包礼物般折叠包好，一口送进嘴里。韩国人认为分次咬不能一口尝尽五花肉与配料混合后的绝妙滋味。

Step 4

最后可将白饭倒配小菜拌炒吃，或搅入味噌豆酱汤成为汤泡饭。

小提醒

到烤肉店或是辣炒鸡排的店家用餐，若是怕衣服被油汁喷到，可找店家拿围裙套上，也可减少衣服沾满烤肉味，食毕后可用店家提供的芳香喷雾剂喷洒一下，会稍微减少烤肉味。

2 街头小吃

吃在首尔街头要注意，每区都有自己的独特小吃，也分时令季节，明洞最多油炸小吃和西式零食；仁寺洞南广场每到周末就有10多架小吃车贩卖国花饼、鸡蛋糕和即场打年糕的表演；东大门热卖炸薯条热狗，还有不经常出现的辣黑轮，寻吃路线迂回曲折也看运气。

●辣炒年糕 떡볶이

将条状年糕条切成段，与黑轮搅和着红通通的辣椒酱一起热炒，有时候还会加入片状甜不辣、鸡蛋、地瓜等一起拌煮，口感甜中带辣，滋味非凡，让人无法止口，也是韩国人几乎天天都会吃到的小点，名列首尔人最爱街头小吃第一位，叫人如何不爱。

●紫菜包饭 김밥

先将韩国大米煮熟再与香油、盐和芝麻搅拌，与鸡蛋、菠菜、萝卜、火腿等馅料一起卷成紫菜寿司，是首尔街头最容易找到的小吃，也是最受欢迎的早餐之一。

●黑轮 오뎅

黑轮经常与年糕放在一起卖，是韩国甜不辣的一种。用鱼浆制成的甜不辣、黑轮，最常见的就是做成片状串签造型，长相平凡，味道却十分鲜美。吃的时候可蘸着店家特制的酱汁一起吃，带点辣味，不会过咸，大人孩子都爱吃。在路边吃时，常可见到韩国人习惯性地站在小吃摊前，一边蘸酱吃，一边喝着免费添饮的海带汤，在冷冷的冬天里特别受到学生、上班族的欢迎。

●薯条热狗 감자핫도그

东大门外最有特色的炸物——面包浆里加入薯条的炸热狗，涂上一层番茄酱，最好拣有热气冒出、新鲜炸好的，可以尝到薯条热狗外层酥脆、内有咬劲的口感。此项独特的国民美食，不只是首尔年轻人最爱的美味，也是外地游客必吃的。更多人都会在大半夜逛逛东大门后，于路边人手一支地大快朵颐，令人心满意足，也补充元气。

●糖饼 뽑기

把焦糖加热再用筷子搅拌成糊状，加入膨胀粉混合后放在小炭炉上烤，烤时趁焦糖未变硬时压上花纹，像一块波板糖似的。据说如果把糖饼花纹外围的部分吃掉而花纹图案丝毫无损，可跟老板多要一块免费的。

●鱼浆条 핫바

极有看头的做法，把鱼肉切碎与面粉搓成团状，用小木签卷成狮子卷似的，外层包上紫菜下镬炸，吃时要加番茄汁和芥末，这种做法只在明洞可见。其他旺区如南大门、惠化则可能用粉浆包着鱼肉、玉米、红萝卜碎，包着香肠或虾下镬炸，如果吃上瘾可到超市买包装好的回家弄。

街上随处可见的小食摊

1.布帐马车 포장마차

食在首尔街头就如同走进万花筒。韩国路边摊美食结合了日本立吞酒场的风味、中国东北面食的厚实，还有韩国本土的辣物和甜点小食，韩国人对这些小食档称呼为“布帐马车”。它们分为有座位和没座位，前者一般晚上6:00后营业，布帐范围长达4米，附设煮食炉，汤煮面、炒饭一应俱全。至于流动派的布帐马车，一般售卖辣炒年糕、黑轮等轻便小食，各有捧场客。

●流动小食车

煮熟再放在热盘内售卖的辣炒年糕、黑轮、鸡蛋糕、薯条热狗最适合放在明洞、仁寺洞和东大门的旅游区。冬天以黑轮最具吸引力，一锅热乎乎的鱼汤无限添饮，有时旁边兼售辣黑轮。如果能碰上辣黑轮，你算幸运了。

Data 集中地：明洞、东大门Hello APm外、钟阁、仁寺洞、新村十字路口

●长途加油站

摆满长途车站外马路边上的食摊，多售卖廉价和饱肚的寿司、乌龙面、刀削面等。食客多是熬完数小时长途车程的背包客、学生或是跑买卖的，进入马车内二话不说先喝一口黑轮汤（免费），然后点一碗拉面把肚子撑饱，一般逗留时间不超过20分钟，极像日本的立吞食档。

Data 集中地：东首尔长途巴士站、南大门（晚上至凌晨）

●午夜食堂

每天晚上6:00以后开业，备有炉头，不论烤鱼、刺身、炒菜，各有精彩，是续摊的最佳选择，22:00至凌晨2:00是客人最满的时间，喝烧酒、吃路边小炒。每家布帐马车吃的餐牌不尽相同，有泡菜煎饼、烤鲭鱼、章鱼刺身、蒸孔雀蛤等，水准与餐厅相近，是体验韩国人续摊文化的最佳场所。

Data 集中地：东大门批发市场、乙支路入口、惠化大学站地铁站口、新村地汽车旅馆外

●煎饼 호떡

嗜甜的韩国人以面粉、糯米粉搓成面浆，加入砂糖、玉桂粉，放入平底锅里煎，香甜软Q，简单易做，没有批评的余地。不少韩粉在超市里买，味道近似调好的糖饼粉，加水调成浆状下镬煎即可。煎饼也有放蔬菜的咸版本，只见于南大门摄影街。咸煎饼即是野菜煎饼，里面有粉丝和野菜，煎好后再为客人涂上微辣酱汁，是补充能量的绝佳小吃。

●炒血肠 순대볶음

所谓血肠即将糯米、冬粉、葱及一些猪血灌入猪肠膜中。一般小吃摊料理的方式，是先蒸熟后再蘸酱吃，也有的会配上高丽菜、粉丝、九层塔等一起在铁板上炒，最后再撒点烤过的芝麻，然而因为炒血肠有一种独特的Q弹重口味，虽然韩国人相当嗜口，但没尝过的外国人常是敬畏三分。

●鸡蛋糕 계란빵、鲷鱼烧 붕어빵、菊花包 국화빵

这3款都是韩国的烤面包。鸡蛋糕烤之前还要在里面打颗生鸡蛋，味道浓郁；鲷鱼烧即是红豆包；而菊花包外形很像无穷花，馅料也是红豆。

●蚕蛹 번데기

蚕蛹是挑战性极强的食物，但对于韩国人来说却是家常小吃。将蚕蛹炒成一大锅，以杯装贩卖，味道浓郁，是老饕口中的美味。据说含有大量的蛋白质，可以养颜美容，喜欢尝鲜的人不妨试试看。

●炒猪肠 곱창볶음

在韩国的烤肉餐厅或是小吃摊几乎很少看到有卖内脏的料理，不过虽然韩国人很少吃动物的内脏，但却唯独特爱将猪大肠或牛肠，加上高丽菜与作料等一同快炒，成为他们下酒的好菜。而在某些烤肉店，甚至是专卖烤肠，可见韩国人对于肠子的独爱。

街上随处可见的小食摊

2.市场食街 시장

民以食为天，更何况是以农立国的韩国，在首尔大大小小过百个传统市场之内不难找到平民美食街，里面名物名吃不尽相同，更添乐趣。

MAP | P130.C2

●南大门市场 남대문시장

过万种商品由早到晚不停叫卖，南大门既是不打烊的杂货市场，也是美食天堂。会贤地铁站4号出口左侧即是刀削面街，然后是红烧带刀鱼街，走到中段经过海苔专门店就有数家专营猪脚和马格利酒的小馆子，街尾接上摄影器材街就是蔬菜煎饼档子，由街头走到巷尾，须记得晚上6:00店铺陆续关门，市场中央大道让位给布帐马车档口，晚上是韩国各地的批发商卖货的时间，一直忙到翌日早上才止。

Data 交通：地铁会贤站(425)4号出口。
地址：首尔市中区南大门市场4街21（南仓洞） 서울특별시 중구 남대문시장4길 21 (남창동)
营业时间：06:00~18:00（批发由凌晨开始到早上4时），周日公休。

●钟路3街 종로3가 MAP | P146.D2

靠近东大门批发市场的钟路3街，是血拼一族暂停战火歇脚之地，随处可见的是烤鲭鱼、参鸡汤和烤牛肠的档子。街里最出名的“陈奶奶一只鸡”见证了东大门成衣市场的兴起，一锅一鸡配秘制辣酱，让人大快朵颐。

Data 交通：地铁钟路3街站(130/329/534)2号出口的补习社区，向钟路3街站3号出口方向的乐园洞之间。
地址：钟路区钟路3街 종로구 종로3가 营业时间：24小时

●广藏市场 광장시장 MAP | P135.A1

充满农家味道的广藏市场，最受欢迎的是由绿豆粉、泡菜、绿豆芽、大葱和大蒜调好，再放入玉米油煎成的绿豆煎饼。其香气浓郁的味道、绵密厚实的口感成为外国人游览广藏市场的主要原因，味道独特、质感怪异的血肠汤饭则是喜欢挑战口味的必试小吃。

Data 交通：地铁钟路5街站(129)8号出口，出站即抵。
地址：首尔钟路区昌庆宫路88（礼智洞） 서울특별시 종로구 창경궁로 88 (예지동)
营业时间：06:00~19:00，周日公休。

MAP | P168.B2

●鹭梁津水产市场 노량진수산시장

首尔市中心最繁忙的海产市场，24小时运作，午夜是批发商拍卖的时间，因此早上前来不免觉得冷清清，一直到下班时候又再挤满老饕。连英国厨神Jamie Oliver也曾犹疑的章鱼刺身，点一条测试自己的胆量，加上现场即买即做，一鱼两吃（刺身、辣汤锅）或者是清蒸皇帝蟹+盖焗饭，必然使人满足而回。

Data 交通：地铁鹭梁津站(136)下车后，利用与鹭梁津海产市场相连接的天桥步行100米。
地址：铜雀区鹭德路688（鹭梁津洞）동작구 노들로688 (노량진동)
营业时间：24小时，全年无休。
网址：http://www.susansijang.co.kr

●新堂洞辣炒年糕街 신당동 떡볶이타운 MAP | P135.B4

距离东大门不到10分钟的步程，新堂洞辣炒年糕街缘于新堂洞奶奶。她在最出名的广告上曾有句名言：“（秘制辣酱）连媳妇也不教！”开在这家店对面的尚有其他卖不同款式年糕的，包括起司年糕、眼泪（辣得流眼泪）年糕。

Data 交通：地铁新堂站(206/635)8号出口，前行约8分钟见消防局左转，进入内街约3分钟即是。
营业时间：24小时。每月的第二和第四个星期三、年节假日公休。

年糕好搭档

辣炒年糕店内会有免费雪糕供应，先辣后甜，见证韩国人的口味。

3 酒

©陈佑瑄

说韩国是“火星”一点也不错，有时我会怀疑韩国人的身体构造与我们是否一样。先不说夏天吃参鸡汤、冬天吃冷面这种特异功能，韩国人喝酒如同中国人喝水，难以置信，他们对酒精是否有反应？听不少朋友说，最难适应的是韩国人工作后的饮酒文化。我也试过跟韩国人吃烧烤、喝烧酒，喝到一半我便醉得睡着了，醒来的时候他还在喝！天哪！如果想在韩国生活，必须练好酒量才行。

韩国喝酒文化

韩国人的日常生活有大半和酒有关，也因此发展出独特的饮酒文化，到韩国有机会可观察或实际体验。

●最爱喝酒续摊

韩国人晚上最喜欢的社交活动莫过于喝酒。吃过午饭后，他们会一街又一街地到处找不同的布帐马车续摊，一瓶接一瓶地喝酒，平常上班的日子也可以喝至凌晨一两点，每到周末更是不得了，临近天亮还有人在吃吃喝喝。这种续摊文化带动了布帐马车的生意越夜越火。在首尔市中心的旅游区、银行区、大学区都有不同类型的路边摊，迎合不同口味和消费水平的客人。

●长幼有序，互相倒酒

在韩国喝酒必须互相倒酒，以表示礼貌和关心。而倒酒时，须按辈分大小顺序而定，且不论倒酒或接酒都以双手盛上为好。

●晚辈喝酒需侧身

受到儒家文化影响极深的韩国，在和长辈喝酒时，需要侧身，不可正对着长辈。

●混酒多元化

除了单喝某种酒类外，混酒也是韩国人喜爱的方式。除烧酒＋啤酒的炸弹酒外，小米酒加雪碧及水果烧酒也是人气的MIX版本。

●余兴游戏少不了

喝酒后，更少不了需要余兴节目助兴，从划拳开始到弹酒瓶盖等各种游戏，除能让现场气氛更热火外，也放松心情和工作压力。

●下酒菜

酒场文化发达，称下酒菜为“按酒안주（An Ju）”的韩国，下酒菜也有不少选择，包括干果、煎饼、汤类、辣炒章鱼或油炸品，不亚于正餐。

●马格利酒馆 막걸리

不过，与首尔的大学生喝酒又是另一回事。韩江北部的潮地弘益大学附近有不少马格利酒馆，主攻大学生、年轻上班族。马格利酒来自农村自家酿制的米酒，颜色混浊又称为“浊酒”，如果浊酒上还浮有米粒则是“东东酒”。马格利酒一般酒精只有6%~8%，带有浓浓的乳酸味，更可调成不同口味的鸡尾酒，如，草莓、黑豆、酸奶、香橙等。喝马格利酒时必定吃煎饼，就像吃烧烤喝烧酒、吃炸鸡喝啤酒一样，是约定俗成。

哪里喝？

■Moon Jar MAP | P162.B2

交通：地铁狎鸥亭(378)2号出口步行15分钟。
地址：江南区新沙洞644-19 강남구 신사동 644-19
电话：02-541-6118 营业时间：17:30~02:00，全年无休。

■HOF

店前写有HOF的，即是啤酒馆的意思，算是档次较普通的酒吧，里面贩卖洋酒、韩国传统酒和啤酒，也提供简餐、炸物和辣炒年糕等小吃，是赶时髦但不太精致的酒场。

酒 后 不 开 车 ， 安 全 有 保

●异色酒吧

异色酒吧充满异国风情，散落于首尔的合井、梨泰院和江南区。其老板多于海外生活过一段长时间，回到首尔有严重的“思乡病”，就像我们回国后还老想着首尔的心情。别期望真露、CASS或长寿浊酒会在这种酒吧出现。在这里泡吧多是长驻首尔的外国人或入乡不随俗的海派韩国人。

哪里喝?

■Castle Praha 캐슬프라하 홍대점 **MAP | P150.A4**

交通：地铁弘大入口站(239) 9号出口步行10分钟到想像的庭园前路口右转入小街。

地址：麻浦区西桥洞395-19 마포구 서교동 395-19

电话：02-337-6644

营业时间：16:00~01:00，周日公休。

●ROCK CAFÉ /JAZZ BAR

惠化地铁站附近的大学路和弘益大学附近有很多小型音乐吧，场内供应含酒精和非酒精类饮品，遇上有名气的歌手或乐队短期驻场表演，则摇身一变成为音乐酒吧，需购票进场；亦有小型音乐吧或音乐咖啡厅内会请来独立乐队现场演奏，不另收费，客人可凭个人喜爱给小费。

哪里喝?

■Club Evans(Jazz) **MAP | P150.B4**

交通：地铁上水站(623)1号出口往弘大方向步行5分钟，转角位置的7-11楼上。

地址：麻浦区西桥洞407-3 마포구서교동407-3

电话：02-337-8361（营业时间外问题请以电邮咨询）

电邮：clubevans@naver.com

营业时间：平日19:30~00:00，周末 19:30~02:00

网址：http://www.clubevans.com

©韩国观光公社

●CLUB 클럽

弘大4月至11月每月的隔个星期五会举行的CLUB NIGHT，可以₩10 000入场费进入多家音乐会所内，超大型舞池和DJ现场打歌，如置身加州的迪斯科舞厅里吵得翻天、跳得腿痛，周五和周六的弘大俱乐部群是年轻人消磨一个通宵的地方。

©韩国观光公社

哪里喝?

交通：地铁上水站(623)1号出口，向弘大方向步行约5分钟，见路口Evans左转便是夜店区。

地址：弘益大学前与上水地铁站之间的胡同内

营业时间：每晚08:00~凌晨

●NIGHT / NIGHT CLUB 나이트

这可以说是韩国独有的夜生活文化。在这种俱乐部一般由数名男生以相当高昂的价钱订一张，包含某个数量的酒精饮品，而每张自有一名男侍应，在俱乐部内外为客人找来单身女士，与男生聊天、喝酒。这种文化听起来不太正道，但对于在首尔学韩文的留学生（不论男女）来说，却是最好的练习韩语的场所，通过这种交流，一晚间至少可以跟十几二十名来自韩国不同地区、操不同口音的男男女女谈天说地。

哪里喝? **MAP | P150.B3、B4**

交通：地铁上水站(623)1号出口，向弘大方向步行约5分钟，见路口Evans左转便是夜店区。

地址：弘益大学前与上水地铁站之间的胡同内

4 饭、面

韩国与越南、日本、新加坡和中国，都是筷子民族的成员国。主食是米饭和面条。韩国人把这两种食材玩出不同花样，配合各地气候和时令食材，除米饭之外，还有红豆饭、五谷饭、粥、拌饭、紫菜包饭；面条有薯粉面、乌龙面、冬粉、冷荞麦面、刀削面、面片（面疙瘩）和炸酱面。

●粥 죽

韩国粥品款式和材料选择多姿多彩，名贵的如鲍鱼粥，当早餐可选南瓜粥。粥身要煮得又厚又绵，跟中国的稀粥感觉不一样。

哪里吃？

■本粥 본죽 MAP | P127.D5
交通：地铁乙支路入口(202)6号出口向明洞方向。
地址：中区乙支路2街199-1
电话：02-318-2223
营业时间：07:00~22:00，全年无休。
预算：₩8000

●冷面 냉면

韩国人爱夏天吃参鸡汤，冬天吃冷面，怪不得身体强壮！冷面是在荞麦粉内加入薯粉和太白粉制成的面条，以牛肉熬煮而成的冷高汤，加上薄肉片、小黄瓜、水梨、切成细丝的蔬菜、水煮蛋，吃时加入芥末和白醋，成为水冷面（물냉면）。不过，追求味蕾刺激的朋友不能错过橙红色的凉拌冷面（비빔냉면）。这种冷面放入比目鱼刺身，加上甜辣酱，拌以热腾腾的高汤，可加入冷面也可直接饮用，非常暖身和解辣。

哪里吃？

■明洞咸兴面屋 명동함흥면옥（凉拌冷面） MAP | P127.D4
交通：地铁明洞(424)5号出口，步行约5分钟。
地址：中区明洞2街26-1중구 명동2가 26-1
电话：02-776-8430 营业时间：09:30~22:00，农历新年、中秋公休。

■大学冷面 육쌈냉면 홍대점（水冷面） MAP | P150.A3
交通：地铁弘大站(239) 9号出口，往想像的庭园步行约10分钟。
地址：麻浦区西桥洞364-18 마포구 서교동 364-18
电话：02-334-6392 营业时间：11:30~22:00，农历新年、中秋公休。

●拌饭 비빔밥

据说拌饭是朝鲜国王出巡时，在白米饭上铺上各种当地蔬菜而成的“便当”，拌饭现时成为最有韩国特色的飞机餐，正宗拌饭至少需要5种颜色、代表五行的蔬菜才算合格，最受欢迎的拌饭分别是石锅拌饭和全州拌饭，前者香热炙口、后者鲜味无穷，各有捧场客。

哪里吃？

■全州中央会馆 전주중앙회관 MAP | P127.B5
交通：地铁明洞(424)5号出口
地址：中区忠武路1街24-11 중구 충무로1가 24-11
电话：02-776-3525 营业时间：08:30~12:30，全年无休。
预算：₩10 000

●韩式炸酱面 짜장면

由韩式面酱、洋葱、猪肉佐以甜面酱烩炒而成的炸酱，与中国味道大不相同。黑亮的酱汁咸度较低、酱油味较低，但越吃越香，面条Q韧有弹性。

哪里吃？

■恭喜面馆 꽁시면관 MAP | P127.B5
交通：“424明洞站”6号出口，出站后前行约50米，第一个巷子左转后直行约150米右侧。
地址：首尔市中区忠武路1街22-13番地大兴大厦1楼 서울특별 시 중구 충무로1가22-13번지 대흥빌딩 1층
电话：02-778-8863 营业时间：11:00~24:00

5 家户渍物

不同国家和文化都有保存剩余食物的方法，例如北极用盐腌鱼类、东南亚爱用糖泡水果、华南爱腌咸鱼、中国云南则用烟熏来处理猪腿。韩国泡菜含乳杆益生菌，曾登上世界五大健康食品之一。

●酱油腌蟹 간장게장

韩国人家除自制泡菜外，最爱的就是为媳妇、为孙子做酱油腌蟹。做腌蟹的工序非常多，先把洗净的生蟹放入陶缸，再以加入药材、麻油、葱、大蒜、姜等自家秘方煮熟的酱油重复腌制4~6次，过程可长达数天，韩国妈妈最爱以此道菜哄小孩吃米饭，将蟹肉拆散与米饭和生鸡蛋拌和，成为一道营养丰富、口感独特和鲜味出众的拌饭。

哪里吃?

■元祖马山阿嬷 원조마산할매 MAP | P158.A4
交通：地铁新沙店(337)4号出口，前行在Paris Baguette旁的小巷右转。
地址：瑞草区蚕院洞20-8 서초구 잠원동20-8
电话：02-547-2774　营业时间：24小时　预算：₩30 000

■大瓦房 큰기와집 MAP | P140.A4
交通：地铁安国店(328)2号出口，往北村方向步行5分钟。
地址：钟路区昭格洞122-3 종로구 소격동 122-3
电话：02-722-9024　营业时间：11:30~15:00；18:00~22:00
预算：₩40 000

●泡菜 김치

无泡菜不成餐。韩国大小餐厅桌上必备的泡菜，主要材料有白菜、萝卜、黄瓜等各种蔬菜，也可以添加栗子、梨、大枣、鱿鱼、章鱼、鲍鱼、虾、松子等作料，并佐以葱、姜、蒜、水芹菜、鱼酱等调味料。泡菜历史源自北方寒冷的冬天没新鲜蔬菜，因此每年秋天每家每户都以辣椒、盐水腌菜过冬，发酵后质感爽口、酸辣之中另有一股独特乳酸味，更能帮助消化，达到养生，预防高血压、糖尿病和肥胖的效用，是最能代表韩国文化的民族食品。

❶ 白泡菜 백김치

没有辣椒粉等调味料，纯粹使用盐来浸泡发酵，也因此有利于保存，在气候寒冷的北部地区常见。

©韩国观光公社

❷ 萝卜水泡菜 동치미

©韩国观光公社

用盐水腌渍出酸酸甜甜的萝卜，味道酸甜。特别的是在天气寒冷之时，会把泡菜缸整个埋进土里，等到需要食用时才取出，目的是为了不让泡菜结冰。

❸ 萝卜茎泡菜 총각김치

主要的材料是小萝卜，再以调味料、辣椒粉等素材腌制。

©韩国观光公社

❹ 萝卜块泡菜 깍두기

与白泡菜一样，也是餐桌上常见的小菜，将萝卜切成适当大小后腌制。

©韩国观光公社

©韩国观光公社

❺ 萝卜泡菜 나박김치

多在早春时节腌制，主要原料是白菜、萝卜，汤汁多。

❻ 包卷泡菜 보쌈김치

出自开城地区的高档泡菜，将萝卜、香菇、牡蛎、红枣、水芹菜、栗子等多样材料，放入基本调味料中制成。

©韩国观光公社

6 汤类

韩国的汤类食品汤水分量比一般配菜多，较稀但烹调时间长，如参鸡汤和雪浓汤的汤头本身就含有丰富的营养，味道清甜无附加调味。韩国人吃饭时更喜欢把米饭倒进汤里做泡饭，如雪浓汤。

●参鸡汤 삼계탕

韩国人相信热天吃热、冬天吃冷才是适应环境之道，按农历的三伏天（即夏天最热的小暑、中暑和大暑）吃参鸡汤就是最佳“避暑”之道，用上4寸山参，49天嫩鸡及栗子、大蒜、红枣、糯米等30多种药材，熬汤炖煮，上菜前喝杯参酒，加速血液循环，对于旅客来说冬天最驱寒。

哪里吃?

■土俗村 토속촌 **MAP | P142.A3**

交通：地铁景福宫(327)2号出口北行约5分钟。

地址：钟路区体府洞85-1 종로구 체부동 85-1　电话：02-737-7444

营业时间：10:00~22:00，节庆日公休。　预算：₩18 000

●明太鱼汤 북어해장국

明太鱼亦即黄太鱼，盛产于韩国东海(日本海)，在寒冷的江原道雪地上晒干后变成黄色，对肝特别好，是嗜酒的韩国人通宵续摊后的早餐必选。

哪里吃?

■大锅炖 김북순 큰남비집 **MAP | P158.B3**

交通：地下铁新沙站(327)2号出口步行5分钟。

地址：江南区新沙洞536-8 Urim大厦1楼　电话：02-543-9024

营业时间：10:30~22:00　休息日：全年无休

●雪浓汤 설렁탕

朝鲜时代在先农祭时会奉上由牛腿骨、牛膝盖骨、牛内脏等多个部位熬制的汤，古称先农汤，现在一般译为雪浓汤。汤头里除牛腿骨外还有内脏，熬了最少10小时，骨胶原都渗到汤里，令汤汁雪白香甜，吃时只放盐、胡椒和葱调味，不少吃过的朋友会嫌雪浓汤味道淡，要知道虽说韩国人爱吃牛肉，但在现实世界里韩牛价格昂贵，平常百姓一年也吃不到几次，加上韩战后牛肉供应短缺，因此雪浓汤内的牛肉不多，实则是“白饭拌汤”的平民菜；在今天物质丰盛不知珍惜的年代，喝一口雪浓汤反而提醒自己应该效法韩国人珍惜资源、物尽其用的精神。

哪里吃?

■里门雪浓汤 이문설농탕 **MAP | P146.C1**

交通：地铁钟阁站(131)3-1出口往北走，见Central Market Hotel后面。

地址：钟路区坚志洞종로구 견지동 88

电话：02-733-6526　营业时间：08:30~21:30，农历新年、中秋公休。

●马铃薯猪骨汤 감자탕

以辣度强劲著称，非常受外国游客欢迎的解酒汤，喝下去全身热腾腾，出一身汗可把身体内的酒意驱除，材料是马铃薯、芝麻叶、粉丝、大豆芽、猪脊骨、年糕和大量黑胡椒，吃时还可加入米饭与酱料炒匀，又是一道火辣惹味的炒饭!

哪里吃?

■Onedang 원당 감자탕 **MAP | P127.C2**

交通：地铁明洞站(424)2号出口太平洋酒店旁小巷内。

地址：中区明洞1街 중구 명동1가 34-1　电话：02-776-7612

营业时间：24小时　休息日：全年无休

7 锅物

锅物，是指大量调味料，如，葱、蒜、芽菜、泡菜、面、年糕与肉放在一个汤水分量较小的锅里煮，边吃边煮，到最后像芡汁一样可以拌饭，锅物的材料以量取胜，煮时多会加入调味料做成汤底再放入肉类和菜，适合口味重的饕客。

●海鲜汤锅

海鲜汤锅材料非常丰富，螃蟹、牡蛎、青口、蛤蜊、章鱼、大虾、海参等海鲜，加入萝卜、水芹、大葱、生姜、洋葱等辟腥，随客人喜好加入辣酱或辣椒粉，汤头既鲜甜又香辣，堪称人间美味。

哪里吃?

■우리정 MAP｜P127.B2

交通：地铁乙支路入口站(201)2号出口，经过Metro Hotel的对面。

地址：中区乙支路2街199-45 중구 을지로2가 199-45

电话：02-775-0004　营业时间：24小时，农历新年、中秋公休。

●嫩豆腐锅 순두부

嫩滑的豆腐放进辣汤，加入猪肉、香菇、蛤蜊、虾、鱿鱼、大葱，最后加入一个生鸡蛋，既便宜又美味，相比部队火锅要三五知己一起进食，嫩豆腐汤就适合独自一人用餐，尤其在首尔钟路3街补习学校后的小巷子，上课前后来一小锅豆腐汤，补补脑。

哪里吃?

首尔钟路3街JUMP专用表演场后。

■JUMP MAP｜P146.D2

交通：地铁钟阁站(131)4号出口，往钟路3街方向直走约15分钟，到钟路3街站14号出口后，往清溪川方向直走约3分钟即是。

地址：首尔市钟路区观水洞59-7 首尔剧场5楼 서울특별시 종로구 관수동 59-7 서울극장 5층

电话：02-722-3995　时间：09:00~24:00

网址：http://www.yegam.com/jump/kor（中、英、日、韩）

票价：S席₩40 000、R席₩50 000、VIP席₩60 000

●部队火锅 부대찌개

部队火锅源自韩战后，开设于美军基地附近的餐厅，采用美军物资如火腿、起司、鸡蛋，与速食面、年糕、泡菜和辣酱入锅煮，谁知汤头美味，不久遐迩闻名，成为韩国混合菜的佼佼者，直到现在，还是韩国年轻人最爱的一道菜。

哪里吃?

大部分烤肉店也有提供。

●大酱锅 된장찌게

大酱锅是韩国大众化的家常料理之一，以韩国人称为大酱、又称为面豉酱的味噌为主要调味料，酱料主要以大豆、稻米和小麦发酵而成。将制好的大酱酱料作汤底后，再加入猪肉、香菇、豆腐熬制而成，是少数不辣的韩国汤锅，香醇的味道，常让人第一次吃完之后就爱上这股韩国味，若是嗜辣者，也可选择加入辣椒酱的大酱汤，更是带劲。

哪里吃?

■全州中央会馆 전주중앙회관 MAP｜P127.B5

交通：地铁明洞站(424)6号出口，往明洞主街，于第一条巷子左转，徒步约3分钟，左手边可看见1号店前的活招牌“斗笠白衣翁”（UNIQLO旁边）。

地址：中区忠武路1街24-11 중구 충무로1가 24-11

电话：02-776-3525　营业时间：08:30~12:30，全年无休。

预算：₩10 000

©游橙絮

8 特色料理

贪新不能忘旧，首尔保留了不少传统和怀旧料理，碟碟都有自己的故事，宫廷料理更是集600多年御厨、名厨心血的精品。喜欢从饮食看文化、看历史的朋友，万万不能错过首尔特色料理。

●寺庙料理 템플 요리

首尔上班族近年流行短期修行，一般为3~7天，为紧张压迫的生活节奏寻求开脱的灵感，禅修也逐渐成为老外体验韩国传统文化的方法之一。随着素食者的增加，寺庙料理也开始被大众所接受，有别于僧侣们的刻苦生活，寺庙料理走向精致、高级食材的路线。

哪里吃?

■山村 산촌 MAP | P144.B2

交通：地铁明洞(424)5号出口；地铁安国站(328)6号出口；地铁钟阁站(131)11号出口。

地址：钟路区宽勋洞14 종로구 관훈동 14

电话：02-735-0312　营业时间：11:30~22:00，全年无休。

网址：http://www.sanchon.com

预算：₩25 000~₩40 000

●宫廷料理 궁중음식

宫廷料理可让人享受一顿色香味共冶一炉的美味旅行，将朝鲜南北各道最标志的名菜端桌上，一般有12~15道菜，由干果开始，然后是用面粉皮包凉菜吃的九折板、南北各地小菜包括煎饼、粥和凉菜，热盘则有烤鱼、烤牛肋骨（牛排骨）、神仙锅，最后才上米饭和汤，当大家的肚子都胀得动不了的时候，还有色彩缤纷的韩果子和甜米酒。

哪里吃?

■宫宴 궁연 MAP | P162.D2

交通：地铁三成站(219)7号出口转乘计程车。

地址：江南区清潭洞125-19 Everone Bldg 17楼 강남구 청담동 125-23 17F

电话：02-3673-1104（需预约）

营业时间：11:30~22:00，春节、中秋公休。

网址：http://cha.jihwajafood.co.kr

©韩国观光公社

●怀旧便当 추억의도시락도시락

怀旧便当，亦称为“摇摇饭”，源于韩战后的学生族，家中准备了米饭、鸡蛋、泡菜和香肠，放入铝制饭盒做便当，小学生蹦蹦跳跳地走路上学，饭盒在书包内摇晃，饭菜都混合在一起，开在仁寺洞和大学路的Miss Lee餐厅就是专售这种饭盒。

哪里吃?

■Miss Lee Cafe MAP | P144.A1

交通：地铁安国站(328)6号出口往仁寺洞北广场外。

地址：钟路区仁寺洞144号2楼 종로구 관훈동 144 2층

电话：02-739-0939

营业时间：10:00~24:00

9 传统茶

韩国传统茶已有2000多年的历史，最初由中国传入，受到日本绿茶文化的影响，兼收并蓄，丰富了韩国茶的冲制方法和配方，大致可分为绿茶、韩方药材茶、红豆汤、果茶、饭后茶等5大类。

●绿茶 녹차

日治期间，韩国的全罗南道和济州开拓出大型绿茶园，后转手由韩国人打理，遂发展出绿茶甜点和化妆品，在明洞和仁寺洞不可错过的O'Sulloc绿茶专门店，亦可在店内购买innisfree护肤品。

©韩国观光公社

●红豆汤 단팥죽

开设于三清洞的首尔第二名店，专门售卖传统茶及补汤。其中以红豆汤最受欢迎，加入糯米搓成的年糕、栗子、银杏，甜甜软软。

●柚子茶 유자차

同样属于果茶的柚子茶加有蜂蜜，干燥滋补，冬天必备，可止咳镇痛。《本草纲目》里记载，柚子味甘酸、性寒，加入蜂蜜中和后适合一年四季饮用，柚子皮还有去油解腻，帮助消化的功效。

©游橙絮

●甜米酿 식혜

饭后帮助消化的甜米酿（又称甜米酒），又是汗蒸幕过后用来补充水分的最佳饮料，成分是熟米、麦芽糖，生姜和糖，甘甜可口，女士们最爱，流行程度与马格利酒相若。

●柿饼汁(水正果) 수정과

韩国新年时的节庆饮品，成分是柿饼、松子、桂皮和生姜，有暖身和解酒作用，也是传统韩国餐厅喜欢饭后端上的甜品。

©游橙絮

●双和茶 쌍화차

深褐色、味道苦涩的双和茶，可是令人喝上瘾的药茶，有舒解疲劳、温体驱寒的作用，每逢气温骤降、冷锋来临，将近要感冒时喝杯双和茶令人有补元的感觉，材料是白芍、熟地黄、生姜和红枣。

©韩国观光公社

●五味子茶 오미자차

五味子茶，是最受游客欢迎的伴手礼，也是韩国人夏天最爱喝的果茶之一，有降血压、强肝和排毒的作用，因含5种味道（辛、甘、酸、苦、咸）、有五行相生（心、肝、脾、肺、肾）的作用而得名，游韩者必买。

●五果茶 오과차

穀物茶同属果茶之列，含有丰富的蛋白质、纤维和维生素，够饱肚，可充作办公室内的下午茶小点。较受欢迎的是薏仁茶、八宝茶和大麦茶。

©韩国观光公社

韩果子 약과

超过100款的韩果子分为不同味道、场合、材料和外形，够写一本百科全书。主要材料是大米、糯米和面粉，在仁寺洞、广藏市场和超市都可买到。在韩国仁寺洞、三清洞和北村的传统茶馆里，点选传统茶多会赠送韩果子。

哪里吃？

■传统茶园 전통다원 MAP | P144.C1

交通：地铁安国站(328)6号出口进入仁寺洞。

地址：钟路区宽勋洞30-1（耕仁美术馆内）종로구 관훈동 30-1

电话：02-730-6305

营业时间：10:30~22:30，节庆日公休。　预算：₩8000

■首尔第二名店 서울서돌째로잘하는집 MAP | P140.B1

交通：地铁安国站(328)1号出口，朝景福宫侧门迎春门方向步行到三清洞，沿右边石墙路续前行，约15分钟。

地址：钟路区三清洞28-21종로구 삼청동 28-21

电话：02-734-5302　营业时间：11:30~22:00，节庆日公休。

预算：₩10 000

10 新派料理

去首尔不一定要吃韩国菜。首尔人善于把韩国风味融入西方料理之中，也用首尔口味去改良地方菜，你会在首尔吃到香蕉味或是韩果味的甜甜圈，亦有“非常首尔”味道的安东炖鸡和春川辣炒鸡。

●松饼 와플

韩国人口味极端，爱恨分明，一旦爱上就如疯似癫，不能自拔，苦心钻研个中究竟，努力要成为行内专家。比利时松饼在首尔遍地开花，晋身高级咖啡店的甜食餐牌里，与韩国本地出产的南瓜、草莓、蓝莓味道尤其合衬，把来自外国的游客迷倒。

哪里吃?

■BEANS BINS MAP | P140.B2

交通：地铁安国站(328)1号出口，往景福宫方向步行约5分钟到迎春门，在迎春门旁续行约10分钟。

地址：钟路区三清洞119-2 1-3幢 종로구 삼청동 119-2 1-3층

电话：02-736-7799

营业时间：10:00~23:00，农历新年、中秋公休。

网址：http://www.beansbins.com

预算：₩10 000

●咖啡店 커피

有个笑话，在首尔等朋友千万不要约在星巴克，因为首尔的星巴克多得每条街上可能都超过一家，可见咖啡连锁店的网络覆盖如何广，如The Coffee Bean & Tea Leaf、Angel-in-Us、Caffe Bene，此消彼长，不时用明星作代言人。但在连锁店的包围下，手工咖啡店尚有生存空间。据统计，韩国人每天喝掉300吨咖啡豆，即每人每天平均喝1.5杯咖啡。梦想开设咖啡店的年轻人不计其数，想成为咖啡王子，亦促成咖啡师的考证制度。首尔咖啡学院林立，咖啡师主要分为冲调师和烘焙师。如果冲调师曾于国际赛事胜出，就如米其林加冕，他就能自立门户，建立自己的咖啡王国，如弘大的Coffee Lab店主Jong Koo Bang就是韩国咖啡冲调比赛的冠军。

哪里吃?

■Coffee Lab MAP | P150.B2

交通：地铁弘大站(239)9号出口，左转第二个岔口见Family Mart走上坡路。

地址：钟路区三清洞62-26 종로구 삼청동 62-26

电话：02-736-7799

营业时间：10:00~23:00，农历新年、中秋公休。

预算：₩8000

●杯子蛋糕 컵케이크

美国影集《欲望城市》带动了杯子蛋糕的热潮。首尔不少年轻人在网上创业，售卖蛋糕、甜品，或开班授徒，比上班族活得更精彩，羡煞旁人。亦有毕业于海外糕点学校的学院派大师加入热潮，设计出造型精致、材料高档的杯子蛋糕，令这个行业百花齐放，成为近年最流行的西式甜品。

哪里吃?

■Good Evening Cupcake MAP | P158.B2

交通：地铁新沙站(337)8号出口，步行9分钟。

地址：江南区新沙洞553-14 강남구 신사동 533-14

电话：02-549-7778

营业时间：12:00~23:00，周二公休。

预算：₩7000

■Royal Cupcake MAP | P162.D2

交通：地铁狎鸥亭站(336)乘坐计程车

地址：江南区清潭洞99-9 강남구 청담동 99-9 1층

电话：02-540-8918

营业时间：11:00~22:00，农历新年、中秋公休。

网址：http://www.royalcupcake.co.kr

预算：₩7000

●甜甜圈 도넛

首尔三大甜甜圈店Mister Donut、Krispy Kreme Doughnuts和Dunkin' Donuts各领风骚，近年流行本土化，甜甜圈加入韩式食品的制法，Dunkin' Donuts一向勇于创新，除生果味道外，还尝试做糯米起司甜甜圈，味道令人想起起司年糕。至于开设于百货店内的Krispy Kreme，每项食品简介都详列卡路里，虽然如此，但依然令饕客无惧增磅危机，位于明洞两层楼高的Krispy Kreme从早到晚都排了长长的人龙。

哪里吃？ MAP｜P127.C4

■Dunkin' Donuts
交通：地号明洞站(424)6号出口，步行约3分钟。
地址：中区明洞2街52-1 중구 명동2가 52-1
电话：02-778-6930 营业时间：08:00~22:00
网址：http://www.dunkindonuts.co.kr/

■Krispy Kreme MAP｜P127.B3
交通：地号乙支路入口站(202)6号出口，往明洞方向步行约3分钟。
地址：中区明洞1街59-21 중구명동 1가 59-21번지
电话：02-775-1470 营业时间：08:00~24:00
网址：http://www.krispykreme.co.k

●炸鸡 치킨

一杯啤酒、一碟爆米花加一盘炸鸡，成就了首尔最美味的特许经营炸鸡王国——KyoChon（桥村），也是大部分留学生叫外卖的不二之选。2005年神话组员爱上这个品牌的炸鸡料理，在狎鸥亭斥资投了一家来经营，令桥村声名大噪，后来金贤重也加入开炸鸡店的行列，在弘大入口前开设了Hotsun炸鸡店（也是加盟特许经营）。后者的炸鸡以焗粉代替炸粉，香味稍逊，肉汁保留得不多而且油分较少。

哪里吃？

■KyoChon炸鸡 교촌치킨 MAP｜P162.B1
交通：地铁狎鸥亭站(336)2号出口，步行15分钟。
地址：江南区新沙洞640-5号 강남구 신사동640-5
电话：02-547-9945 营业时间：13:00~24:00
网址：http://www.kyochon.com

■Hotsun炸鸡 핫썬치킨 베이크 MAP｜P150.B2
交通：地铁弘大入口站(239)9号出口，步行约2分钟。
地址：麻浦区东崇洞163-7 마포구 동교동 163-7
电话：02-334-9288 营业时间：17:00~02:00
网址：http://www.hotsun.co.kr/

●春川辣炒鸡排 닭갈비

受惠于恋爱剧《冬季恋歌》，春川的两种名吃——辣炒鸡和荞麦面来到首尔大受欢迎。这家店可称得上首尔改良地方菜的创始人，放起司、荞麦面（就是吃起来没荞麦味道的“荞麦面”）不问原因也不要和春川的味道比较，料理就是炒得起劲、吃得有滋味。

哪里吃？

■春川家辣炒鸡排荞麦面 춘천집 닭갈비막국수 MAP｜P155.A3
交通：地铁新村站(240)2号出口在U-PLEX后门对面。
地址：西大门区沧川洞57-8 서대문구 창천동 57-8
电话：02-325-2361 营业时间：10:00~07:00，农历新年、中秋公休。
预算：₩10 000

●安东炖鸡 안동찜닭

庆尚北道的安东炖鸡，是笔者最爱的地方菜之一，相信不少首尔人的口味也与我一样，因此首尔开设了多家吃安东炖鸡的专门店——烈凤辣鸡、凤雏和安东炖鸡各有特色。唯一遗憾的是看不到阿珠妈在店前用辣椒炒鸡的真人秀。

哪里吃？

■安东炖鸡 안동찜닭 MAP｜P127.C3
交通：地铁明洞站(424)6号出口，沿主街直行经过明洞东西横向主街右转再直走约3分钟，第一个巷子右转左边即是（明洞饺子斜对面）。
地址：中区明洞2街2-22 중구 명동2가2-22
电话：02-310-9233 营业时间：11:00~23:30
网址：http://www.newandongzzimdak.co.kr（韩）
预算：₩13 000

买在首尔

无限涌上的购物欲望

明洞、东大门和南大门等传统放血区，后起之秀包括三清洞、新沙、新村、合井和多个折扣店，近期流行的血拼地区不止是零售店，每逢周末来到弘大和惠化的跳蚤市场必有收获，首尔人创意澎湃，新晋设计师竟然明目张胆地在新沙和三清洞街头摆设小档，大秀作品。

1 时尚、潮物

首尔购物点甚多，而且各有品性，明洞以连锁品牌打响旗号、东大门则是时装之都、吹起年轻不羁风的有弘大和新村，异国风情就不能错过三清洞和新沙林荫大道，还有贵妇必要“打卡”的狎鸥亭和清潭洞，一个星期7天都可以天天穿新款，乐在其中。

●明洞 명동 MAP | P127

首尔的购物天堂——明洞，拥有5家百货商场、数十家大大小小的化妆品公司、过百家食肆、快餐店和小食档，由内至外照顾每名消费者，吃、喝、玩、住、用的物品多不胜数，论时装，款式走大众化路线，质料可靠，论潮流小玩意手机吊饰，则多能迎合女士口味，除时装、包包、饰物等女士必逛的店铺外，明洞内亦有多家售卖综合时尚服装的专门店，如ALAND、EVISU、ABC MART、GAP，男士也不寂寞。

哪里买？

交通：地铁乙支路入口站(202)6号出口；地铁明洞站(424)5号出口。

●弘益大学+合井 홍대+합정 MAP | P150+P150.A3

被誉为“江北最潮”的弘益大学区，除是饮酒跳舞的好地方外，亦是潮流胜地。大学正门前已有多个外国品牌争相进驻。合井的横街窄巷内还保留服饰小店和另类Select Shop，酒吧区内亦有本地潮牌A-Land的批发店，不少店内由设计师亲自坐镇，潮流与个性合体，型人辈出，分外养眼。

哪里买？

交通：地铁弘大入口站(239)9号出口。

●梨大、新村 이대、신촌 MAP | P157、155

女生的至爱非新村莫属，以廉价衣物成为各地游客最聚焦的购物热点，购物区贯穿梨大、新村至弘大三个地铁站。多少人的韩元就在这3个站之间付诸流水。

梨大最多便宜化妆品和配饰；新村则有U-PLEX百货店，此外烤肉店、烤贝店最精彩；弘大则以本土设计服装最集中，各有特色，应该如何取舍？

哪里买？

交通：地铁新村站(240)8号出口。

●东大门 동대문

买衣服这个话题怎少得了东大门？一天24小时也逛不完这里27幢商场、共35 000家小店。近年东大门的本土设计师也冒头，跑到新沙和明洞开设专门店，但位于东大门的小档，仍是他们的发迹之地。

哪里买？ MAP | P135

交通：地铁东大门历史文化公园站(205)12号出口；地铁东大门站(427)8号出口。

●三清洞 삼청동

MAP | P140

三清洞可能是首尔最多日本游客的地方，靠近总统府青瓦台，距离北村只有10分钟步程，咖啡馆、传统食店、华芙店、首饰店、时尚服装，还有数个街头饰物的流动摊档，秋天时节两旁银杏树为这条历史悠久的石墙路粉饰一番，煞有气氛。

哪里买?

交通：地铁安国站(328)1号出口。

●狎鸥亭 압구정

MAP | P162

与新沙一街相隔，狎鸥亭感觉较为神秘，主要购物大道罗德里奥街都是外国连锁品牌，但走到后街便会出现充满个性的店面，多是中高档的海外设计师专门店，像Masion Hermes和 Ann Demeulemeester，虽然价格不菲，只看不买也会令自己增添一点贵气和品位。

哪里买?

交通：地铁狎鸥亭站(338)2号出口。

●江南高速巴士客运站

MAP | P168.B2

全长约1公里的地下购物大道，有看不完、买不尽的毛毛靴、包包、成衣，妆物，甚至是内衣，商店排列整齐，价钱接近批发价，绝对会令女性发疯的地方，是下雨天最多首尔人购物的好地点。

哪里买?

交通：地铁高速巴士客运站(339/734/923)

●新沙林荫大道 신사가로수길

MAP | P158

江南最人气的购物街，附近是影楼、设计师工作室，曾经是韩国本地设计专门店最密集之地，因租金高昂逐渐搬到下面的小街，大道铺位则让路给外国名牌，由于店铺装修风格各异，经常见到摄影师与模特儿取景拍照，活像新沙林荫大道的活动广告板，是首尔最多帅哥美女出没的地方。

哪里买?

交通：地铁新沙站(337)8号出口。

●清潭洞 청담동

MAP | P162

两幢超巨级礼物盒似的免税店对面，清潭洞名店街布满外国高贵品牌的专门店，后面则有多家韩星经理人公司、高级烤韩牛餐厅、西式酒吧、美容店、理发店诸类，类如首尔的比佛利山一样高贵。

哪里买?

交通：地铁狎鸥亭站(338)1号出口。

●书店 서점

MAP | P142.B4、P146.A2

钟阁地铁站的地下通道连接着3家书店：教保文库、YP BOOKS和Bandi & Luni's Bookstore，里面像一家小型百货公司，除韩、日、英文书籍外，还兼售乐器、文具、厨具、唱片和手机用品，即使不谙韩文，仍会发掘到不少心头好。

哪里买?

交通：地铁钟阁站(131)1号出口，直行约5分钟可抵；地铁光化门站(533)3号出口直接进入。

2 化妆品

韩国妆物的吸引力，就连男人也会爱上，只要看看金贤重、张根硕和李敏镐等美男子，就不得不惊叹韩国在化妆市场上的功力。整体来说韩国化妆品性质柔和，重护肤、不致敏，适合亚洲皮肤，也适合日常场合，因此很容易令人着迷。

●ETUDE HOUSE

MAP | P127.C3

人气急升的爱丽小屋又有韩国BOURJOIS的美誉，门外穿着“罗莉塔”制服的店员、化身童话小屋的店面已经把少女迷倒，自推出动物造型的润手霜和面膜以来，彻底攻陷年轻爱美族，也是男生送礼的最佳伴侣。护肤品的包装看似小孩子的家家酒，但爱丽小屋的旗舰产品骨胶原保湿系列与各大护肤老牌子交手时却不手软，保湿骨胶原面霜适合任何年纪使用、套装内还有保湿骨胶原按摩面霜、保湿润肤霜和精华素，秋冬两季最派用场。

●人气动物保育系列护手霜/护唇膏

Missing U保育动物系列包括：琴海豹、神仙企鹅、熊猫、粉红海豚，另追加BEE HAPPY和I CAN FLY保育雀鸟系列护手霜，所有产品都是无动物测试、不含防腐剂、加添有机认证的植物精露，及以天然保湿成分如橄榄油和乳木果油作润肤功效。

哪里买?

交通：地铁明洞站(424)6号出口，出来后左转沿主街直走约10分钟，看到明洞艺术剧场后左转直走约2分钟左手边即是。

地址：首尔市中区明洞1街54-4서울특별시 중구 명동1가 54-4　电话：02-777-4223　营业时间：08:00~23:00　网址：http://www.etude.co.kr

●SKIN FOOD

MAP | P127.B3

以最有创造力的广告口号：“Don't eat. Put it on your skin”在韩国护肤市场中赢得最受瞩目的印象，连不会用化妆品的男士也忍不住驻足研究一番，由蔬菜、水果和香草制作而成的护肤化妆品，进入店内，耳熟能详的食物名字进入眼帘，基础护肤品、面膜、美甲产品最受青睐，还有一次性面膜、抗晒霜、润肤胶冻和洁面泡沫都是长卖货色。

哪里买?

交通：地铁明洞站(424)6号出口，出站后左转沿主街直走约10分钟，看到明洞艺术剧场后左转直走约3分钟左手边即是。

地址：서울특별시 중구 명동2가 50-14번지 首尔市中区明洞2街50-14番地

电话：02-776-8835

营业时间：10:30~22:30

网址：http://www.theskinfood.com（中英韩）

●innisfree

innisfree有三宝：火山、绿茶和橄榄油。特级初榨橄榄油润肤功效强，可保护曾被太阳晒伤的皮肤，适合秋冬天气；而绿茶系列性温，清爽补水而不黏腻，夏天潮湿天气最舒服；火山岩洁面系列是新出品，可吸油脂、收细毛孔，相对于橄榄油更适合东南亚国家的人使用。

哪里买?　MAP | P127.B3

交通：地铁明洞站(424)6号出口，出来后左转沿主街直走约10分钟，看到明洞艺术剧场后左转直走约5分右手边即是。

地址：首尔市中区明洞1街64-2番地 서울특별시 중구 명동1가 64-2 번지

电话：02-776-0117

营业时间：09:00~23:00

网址：http://www.innisfree.co.kr（中日韩）

●THE FACE SHOP

MAP | P127.C5

由LG集团管理的THE FACE SHOP，基础产品和彩妆均以自然提取物为原料，重点是彩妆梦幻腮红胭脂，特点是粉质细腻柔和、色泽鲜明，非常适合亚洲人的肤色，能遮掩皮肤上的瑕疵，而且耐用持久。

哪里买?

交通：“424明洞站”6号出口，出站后左转沿主街直走约5分钟，左手边即是。

地址：首尔市中区忠武路1街23-6서울시 중구 충무로1가 23-6

电话：02-318-6770　时间：10:30~22:30　网址：http://www.thefaceshopen.com（英韩）

●TONY MOLY MAP | P127.C5

以JYJ出任代言人的TONY MOLY，陆续推陈出新，强力主打彩妆系列和特色面膜，最受欢迎的猫系列，包括睫毛液、BB霜、清爽粉饼和唇彩，让女生好化一个“猫妆”，做个真正的猫女郎；保养皮肤少不了的蜗牛面膜，也以TONY MOLY名气响，尤其针对经常生痘痘的皮肤最有修护作用，还有适合中年人使用的类蛇毒紧致抗皱水晶面膜，也是旗下极有创意的护肤品。

哪里买？

交通：地铁明洞站(424)6号出口，进明洞主街过第一个巷口，徒步约1分钟右手边可见。
地址：首尔市中区忠武路2街66-23서울특별시 중구 충무로 2가 66-23
电话：02-318-7871　营业时间：10:00~22:30
网址：http://www.tonymoly.com（中英日韩）

●MISSHA MAP | P127. C4

开创韩国廉价化妆品市场的大家姐。MISSHA的产品定价在₩30 000以下，长销热卖是塑造陶瓷般滑溜肌肤的M嫩白柔护霜(M Perfect Cover BB Cream)，抗晒度高达SP42，主要成分为洋甘菊和迷迭香提取物，有镇静和收紧肌肤的效用，并有大量透明质酸和植物性胶原蛋白，兼备持久的保湿力和增强皮肤弹性。最具人气的泡泡洁面乳才₩1500，含黑醋成分，据说不少明星也爱用，种类有柠檬、苹果和石榴3款。

哪里买？

交通：地铁明洞站(424)6号出口，左转往明洞主街直走约7分钟，右手边即见。
地址：首尔市中区明洞1街74-1서울특별시 중구 명동1가 74-1
电话：02-775-6957　营业时间：10:00~22:30
网址：http://www.beautynet.co.kr（韩）

到哪去买化妆品？

在首尔购买化妆品首选明洞，除了店面舒服，最重要是赠品送得不手软；其次是新村，可买到不少名气较逊但廉价的面膜和彩妆。

●贵妇专属高级品牌

何谓高级？就是能进入免税店和大型百货店内与国际品牌较量，并能拥有自己的专柜，就是韩国的高级护肤/化妆品，以雪花秀为首的爱茉莉太平洋化妆品集团，另一款高级品牌赫拉HERA也是近年受人注目的超级品牌。二者分别主攻30岁以上和25~30岁的年龄层，雪花秀只有护理系列，成分为人参、韩方药材，主力抗衰老。HERA的彩妆种类则更多。至于另一支冒起中的中价品牌为IOPE，是韩国爱茉莉太平洋集团旗下，由李英爱代言，属于保养化妆产品，粉底较全，并有较强的遮瑕作用，适合使用的年纪也是30岁以上。而另一个最早冲出韩国的品牌兰芝LANEIGE，其代言人全智贤和宋慧乔的影响功不可没，包装以银色为主，代言人的形象国际化，品牌几乎没半点韩国味道，产品走美肌、净白、保水功能，对象也是30岁或以上女士。

哪里买？

■雪花秀、HERA MAP | P127.A2
交通：地铁乙支路入口站(202)7号出口，前行到乐天百货10楼的免税店。
地址：中区小公洞1番地（乐天百货总公司）중구 소공동 1（롯데백화점 본점）
电话：02-772-3008
营业时间：09:30~21:00，全年无休。

■IOPE MAP | P127.C4
交通：地铁明洞站(424)6号出口。
地址：中区明洞2街 52-24（ARITAUM 明洞店）중구 명동8길 34-1（명동2가）（아리따움 명동점）
电话：02-318-2784
营业时间：10:00~22:00
网址：http://www.aritaum.com

■LANEIGE MAP | P127.C3
交通：地铁明洞站(424)6号出口沿主街走250米，位于明洞东西横向主街前一条巷子的左侧街角。
地址：首尔市中区明洞2街50-17 서울특별시 중구 명동2가 50-17
电话：02-754-1970
时间：11:00~22:00
网址：http://www.laneige.co.kr（英韩）

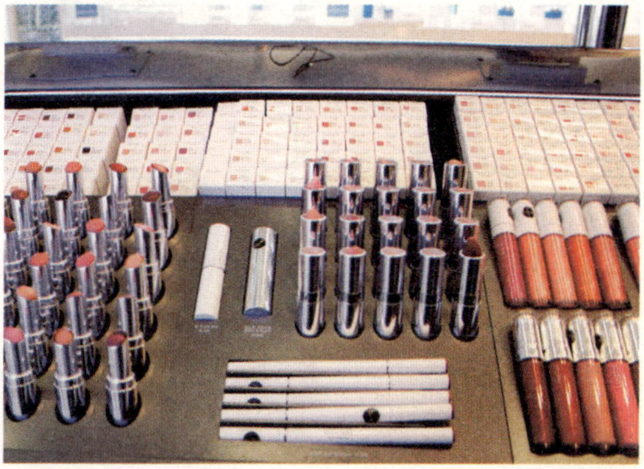

3 本地设计

首尔为亚洲的设计之都，爱国心态令他们无条件地支持本土设计、本土生产，除大品牌外，年轻人现在喜欢画小圈，自行成立品牌公司小量生产。他们的渗透力已扩展到旅游区、跳蚤市场、高级时尚购物区。或许你手上用的一支圆珠笔，就是出自韩国的年轻设计师之手。

●ALAND

韩国本土SELECT SHOP的元祖级，在明洞拥有两幢商场、弘大和江南另辟特卖场，主要售卖韩国本土品牌，亦有少量来自美国。现为首尔潮流指标之一，款式走优雅的悠闲时尚路线。包包款式实用，钱包、皮鞋等都是耐穿耐看，带点OLD SCHOOL 味道；特卖场则大玩颓废，随意的摆设和不修饰的墙面，年轻而狂野，很受大学生欢迎。

哪里买?

■ALAND MAP | P127.C4
交通：地铁明洞站(424) 6号出口，步行2分钟。
地址：中区明洞2街53-6 중구 명동2가 53-6
电话：070-7820-7530 营业时间：10:00~22:00

■ALAND PAGE 2 MAP | P127.C5
交通：地铁明洞站(424) 8号出口，步行2分钟。
地址：中区忠武路2街9 중구 충무로2가9
电话：070-7820-7550 营业时间：10:00~22:00

●MMMG

MAP | P140.B5

1999年由数名设计系大学生成立的品牌MMMG，作品中流露出随意、童真、环保和生活智慧的元素，是最初进驻ALAND和各大书店的韩国文具品牌之一。近年积极拓展咖啡室和家居用品。

哪里买?

■MMMG Café (安国站)
交通：地铁安国站(328)1号出口，出站后往回走左手边即是。
地址：钟路区安国洞153番地 종로구 안국동 153번지
电话：02-3210-1604
营业时间：11:00~22:00
网址：http://www.mmmg.net

●Suecomma Bonnie

MAP | P162.D2

韩国女星家中必会有一对Suecomma Bonnie。每款由Bonnie Lee设计的鞋子只卖15对，而且鞋跟、颜色、质料都可按客人要求修改，是首尔人气最盛的本土皮鞋品牌。该店设于江南区清潭洞，现已在三清洞增设分店。

哪里买?

交通：地铁狎鸥亭(336)2号出口转乘计程车。
地址：江南区清潭洞96-1강남구 청담동 96-1
电话：02-468-0540 营业时间：11:00~14:00

●弘大创意市场

MAP | P150.B3

由自由市场和希望市场组成的弘大周末创意市场，每年3月开幕一直至11月，吸引了50多名独立创作团体参加。参加者从事现场写生、音乐表演、手工艺、艺术品，街头写生吸力最强，最近连外国人也毅然加入街头写生的行列。

哪里买?

交通：地铁弘大入口站(239)9号出口，往弘益大学方向前进，面对弘大正门右转，走上右手边的斜坡即是儿童公园。
地址：麻浦区西桥洞359（儿童公园） 마포구 서교동 359 (홍익 어린이공원)
营业时间：周六、周日12:00~19:00（3月-11月每个周末，下雨暂停）
网址：http://www.freemarket.or.kr （韩）

●KT&G 想像广场

集设计商品卖场、音乐表演场地、艺术学院、摄影棚和咖啡室于一身，楼高10层的设计基地“想像的广场”，意念是Art for Life, Art of Life，由韩国烟草公司KT&G斥资兴建。蝴蝶形的钢材铺在玻璃外墙之上，为弘大最瞩目的地标。1楼的精品店摆设本地设计师的精心杰作。其中不少是国内/海外的获奖作品，引来不少设计系学生取经找灵感。

哪里买? MAP | P150.A4

交通：地铁弘大站(239)9号出口，步行10分钟。
地址：麻浦区西桥洞367-5 마포구 서교동 367-5
电话：02-330-6200
营业时间：12:00~23:00

●Babara

最适合配衬韩、日系少女长裙的Babara平底鞋子，色彩多变，让熟女在心理上减岁，也是穿梭于斜路多、台阶多的首尔石墙巷子里的最佳伴侣。平底鞋也适合在办公室内与高跟鞋替换穿着，令脚部血液循环，非常舒服。Babara平底鞋经常出现于日本时装杂志上，成为游韩日客人的朝圣地。

哪里买? MAP | P127.C4

交通：地铁明洞站(424)8号出口，步行4分钟。
地址：中区明洞8街18-1 중구 명동8길 18-1
电话：02-3789-1565
营业时间：11:00~21:00
注：Babara在新村、三清洞和新沙林荫大道也有分店。

●帽子

寒冷的首尔，帽子是必备的配饰。韩国人轮廓分明，戴帽子特别好看，东大门斗塔3楼的Momosma在区内款式最有特色，不过设计风格大胆夸张，不是人人可以戴得上。如果追求优雅风情可到三清洞的Luielle，店主曾在法国巴黎帽子学校取得证书，是首尔首屈一指的帽子设计师，每款设计都是限量生产，门口更放着过时的降价货品，极受女士欢迎。江南区狎鸥亭里的kAoRi帽子专门店，所有帽子都是手工缝制。韩国大部分艺人都戴过这个店的帽子。

哪里买?

■斗山塔Doota MAP | P135.B2
交通：地铁东大门站(128/421)8号出口过清溪川路，往平和市场方向走约5分钟可达。
地址：中区乙支路6街18-12 중구 을지로 6가
电话：02-3398-3114
营业时间：10:30~05:00

■Luielle（三清洞） MAP | P140.B4
交通：地铁安国站(328)2号出口，前行5分钟见游客中心左转续前行见另一个游客中心，从转入花开路内。
地址：钟路区花洞100号 종로구 종로구호동 100
电话：02-720-6901
营业时间：11:00~20:00

■kAori（狎鸥亭） MAP | P162.B2
交通：地铁狎鸥亭(336)2号出口转乘计程车。
地址：江南区新沙洞646-5 강남구 신사동 646-5
电话：02-515-7996
营业时间：平日11:00~21:00，周日13:00~20:00

4 批发大卖场

下架货的魅力，在于它们已经舍下昂贵的价钱牌，换上平易近人的SALE字，价质名牌的款式永远常青，质料有时候新不如旧，折扣店和大卖场都是考眼光的游戏，不时可以用低至3折的价钱买到之前错过了的好东西，是高手的寻宝天地。

●文井罗德奥街 문정 데오거리

MAP | P168.C2

首尔最早开发的特卖场之一，罗德奥街的始祖，据说也在文井，距离可乐洞农水产市场只有20分钟步程。这条购物街以运动服和休闲服如Polo Ralph Lauren、韩国本土品牌为主，如TGNT&W，多为下架货，折扣可高达50%，逛完更可到可乐洞吃新鲜水产！

哪里买?

交通：地铁文井站(818)1号出口，步行5分钟。
地址：松坡区文井洞41-5 송파구 문정동 41-5
电话：02-400-1633 营业时间：10:00~21:30
网址：http://rodeo1.co.kr/

●乐天OUTLET

2011年才开幕的乐天Outlet，位于前往HEYRI艺术园的路上，是购物狂的最新流连之地。位于坡州的OUTLET，占地15万平方米，拥有4幢购物中心，里面有化妆品店，最特别莫过于儿童名牌专卖场，还有电影院、超市，由白天到夜晚，无论大人和小朋友均会乐而忘返。

哪里买? MAP | P168.B1

交通：地铁合井站(238/622)1或2号出口乘搭200号或2200号巴士。
地址：京畿道坡州市文发洞会同街390 경기도파주시문발동회동길390
电话：031-960-2500 营业时间：11:00~20:00

●加山数码园区 가산디지털단

MAP | P168.B2

位于江南区接近仁川的加山数码园区，也是靠近大型制衣业工业区的加山数位园区，是首尔市最集中的成衣批发商圈。这里有几幢货仓大卖场，主要售卖休闲服和户外服，包括海外和韩国本土的品牌，款式和尺码齐全，价位是专卖店的20%~30%，大部分店铺可退税。

哪里买?

■MARIO OUTLET, W-MALL

交通：地铁加山数码园区站(P142/746)4号出口，步行3分钟。
地址：衿川区数位媒体路9巷23（加山洞）금천구 디지털로9길 23 (가산동)
电话：02-2109-7000
营业时间：10:30~21:30

●坡州OUTLET

MAP | P168.B1

从首尔合井出发只需1小时即到达的坡州特卖场，是国际特卖品牌Premium Outlet的成员之一，拥有160多个品牌，多为美国时尚服和配饰牌子，分为时装、运动、鞋、皮具、饰物、家居、内衣、童装和礼品9大类，装潢依照加州购物中心，还有20多家餐厅，可消磨半天。

哪里买?

交通：地铁合井站(238/622)1或2号出口乘搭200号巴士。
地址：京畿道坡州市炭县面普贤里 경기도파주시탄현면법흥리
电话：1644-4001 营业时间：10:00~20:00

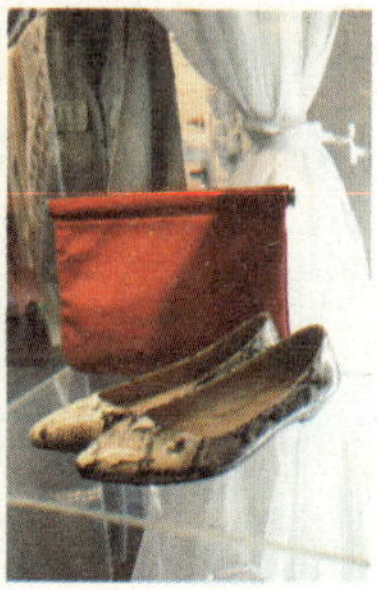

●新沙林荫大道 신사동 가로수길

MAP | P158

当所有人都以为新沙林荫大道只卖当季货品时，原来特卖场已静悄悄地进占大小角落，店面装潢太精致，怎么看都看不出是下架货的特卖场：Jill Stuart、A&H NY State Outlet、ILMO Outlet和RAUM Premium Outlet，男装、女装、皮鞋、香水、包包、太阳眼镜和手表全部一个字——减！

哪里买?

交通：地铁新沙站(337)8号出口，步行13分钟。
地址：江南区新沙洞 강남구 신사동

5 传统市场

曾经被视为老套、过时的传统市场，在大家的幻想里就是一堆中年以上的阿珠妈在叫喊摆卖。这种风情随着我们居住的城市越来越单调，连锁式经营，看着菜篮的背影会让我们想起小学时候牵着妈妈温暖的手。让我们一起回到孩童时代的传统市场，成为现在旅行怀旧好时光的一部分。

●南大门市场 남대문시장

MAP | P130

曾有戏言，说南大门除了核弹和坦克之外，什么都有。这是韩国历史最悠久的传统综合市场南大门，位于首尔火车站和明洞之间，600年来每天不间断地为首尔平民百姓提供日常所需品，由早期的谷物、农产品、蔬果和杂货演变成为今天种类最多的传统市场，服饰、陶瓷器、生活用品、饰品、贵金属、厨房用品、家电、婚礼用品、文具用品、药材等一应俱全，活像一家建于户外的百货公司，以批发为主的首饰配件、眼镜、钟表、儿童服、家居摆设等供应商，都设于2楼以上的楼层，流通量在全国名列前茅。在南大门买东西不但可以讲价，还有先试吃、后买单的紫菜（买够一定数量还送货到酒店）、比明洞和新村更便宜的国产眼镜，还有让靓妈疯狂的儿童服。

哪里买?

交通："425会贤站"5号出口，就是南大门市场的GATE 6门楼入口。
地址：中区南仓洞49 중구 남창동49
电话：02-752-1913
开放时间：09:00~18:00，农历春节、中秋市集休市，部分商店全年无休。
网址：http://www.namdaemunmarket.co.kr（韩）

●广藏市场 광장시장

MAP | P135.A1

过去韩国市场以"赶集"形式存在，一般分为隔日场、5日场、7日场，现在济州仍保持着这种非常设市场的运作模式。天天开放的市集，一直等到1905年广藏市场成立才正式出现，是现时首尔最大型的丝绸、韩服棉麻衣料、婚嫁食品和礼品交易中心。市场的中央位置，更开辟一条小吃街，接近100家大小食档，现叫现做韩国风味小吃，如汤面（用马铃薯或地瓜粉末制成的面）、绿豆煎饼（磨绿豆加入牛肉或猪肉，放在平底锅煎成的煎饼）、拌饭、黑米肠（猪肠内加入肉）、豆腐、紫菜包饭等，切好、调味、煮熟等。

哪里买?

交通：地铁钟路5街站(129)8号出口，出站即抵。
地址：首尔钟路区昌庆宫路88（礼智洞） 서울특별시 종로구 창경궁로 88（예지동）
营业时间：06:00~19:00，周日公休。

●药令市场（京东市场）서울약령시장

MAP | P168.C2

韩国最大型的平民交易场所，都集中在东大门关内、外。关内是现今的东大门成衣批发区，前身为六矣廛，是购买宫廷物资的专用市场，关外就是来自江原道和京畿道北区的农产、林产市集。韩战之后市集渐成规模，围绕着清凉里（连接江原道路线的火车站）、祭基洞一带冒起了京东药令市场、京东区市场、京东大厦、捍率东医宝鉴，组合成为京东市场，面积达100 000平方米，是首尔市最大型的韩方药令市场。

哪里买?

交通：地铁祭基站(125)2号出口。
地址：东大门区祭基洞、龙头洞一带 동대문구 제기동、용두동일대
电话：02-967-8721
开放时间：药令市场 09:00~19:00；传统市场 04:00~19:00

●通仁市场 동인시장

MAP | P142.A2

通仁市场，是位于景福宫西边的一个异色国度，像老北京的八大胡同，虽与王宫只隔一街，但身世是天子与平民，差天共地。以往曾为中国大使馆所在地，通仁市场附近有不少商店招牌写上汉字，经过土俗村参鸡汤之后约5分钟，首先遇上的是咖啡馆、二手书店，文化气息甚浓，再往青瓦台方向，走过世宗村，才发现胡同巷子里有多幢老韩屋，有些刷上鲜艳色彩，营造出南欧风格，颇有地中海感觉。从通仁市场西边出口，街上零星散落了手工艺创作室、有机肥皂工作坊、面包店、咖啡店，而通仁市场内亦在慢慢改革，增添了一幢微型博物馆、瓷制首饰店、有机棉服装店，人情如旧的还有酱油辣炒年糕，有辣和不辣两种。

哪里买?

地址：钟路区通仁洞44 종로구 필운대로6길 3（통인동）
电话：02-722-0911 交通：地铁景福宫站(327)3号出口步行约10分钟。

火烧旺地

1398年落成的崇礼门，2008年惨遭火灾烧毁。市政府以两年时间还原一砖一瓦，岂料开幕不久即出现裂痕，2010年再度关闭重修，2013年终于又开幕了。

6 超市、杂货

逛超市买杂货，与买高跟鞋、化妆品一样，都可以令女人疯狂，不同的是在超市买单的金额可能要比在时装店和化妆店少两个零。如果想让女友买个痛快，自己的钱包又不致血本无归，多带她去超市吧。

●大创 Daiso

随着韩剧的流行，韩国家庭生活用品也陆续进入中国家庭，来自日本的“W2000店”大创在首尔遍地开花，货品种类除浴室、园艺、文具、厨具之外，还有零食和即食面，规模介乎于便利店和超市之间。每到周末挤满游客，阿珠妈和留学生在场内采购日用品，甚有联合国风情。

哪里买?

■大创Daiso（新村分店） MAP | P155.C2

交通：地铁新村站(240)向新村火车站方向步行5分钟。

地址：西大门区大岘洞110-4 서대문구 대현동110-4

电话：02-313-6010 营业时间：10:00~22:00 注：另有分店在明洞M Plaza、南大门

●Family Mart

来自日本的FM，在韩国的弘大、新村和明洞亦可见到它们的身影，最适合自助旅游人士购买早餐或作长途旅行的补给，最受欢迎的食品包括：三角形袋装咖啡、香蕉奶（现在流行草莓奶）、三角紫菜包饭、泡面、蒸馒头和各种酒类，亦有滋补养身的蜂蜜、豆奶、人参补给剂和维生素饮料等。这些“站立便当”类，便宜又饱肚，省下来的零食开支足够半天长途旅行的交通费。

哪里买?

路边随处可见

●连锁超市

在超市购物能够感受到打包邮寄回家的体验，只有首尔的超市才能满足阁下。无论是乐天超市还是E-Mart，像韩国人一样Shopping，就是买大箱包装的辣酱、泡面、紫菜、蛋糕甜品和人参产品。

哪里买?

■乐天超市（蚕室乐天世界旁） MAP | P168.C2

交通：地铁蚕室站(216)3号出口步行5分钟。

首尔站 MAP | P130.B3

交通：地铁首尔站(133)1号出口平台。营业时间：09:00~24:00

清凉里火车站 MAP | P168.C1

交通：地铁/火车清凉里站(124/K117)2楼购物大楼。营业时间：09:00~24:00

■易买得E-mart

清溪川店 MAP | P168.C2

交通：从DOOTA往清溪川路步行约20分钟，在清溪川8街或从新设洞站10号过桥。营业时间：10:00~22:00

永登浦店 MAP | P168.B2

交通：地铁永登浦站(135)X号出口往Times Square商场步行约5分钟。营业时间：平日10:00~24:00，周末全天营业。

龙山店 MAP | P168.C2

交通：地铁龙山站(135)直接连接；地铁新龙山站(429)3、4号出口150米处。营业时间：10:00~24:00

乐天超市采买秘技

1.乐天超市首尔站有行李寄存服务，而E-Mart则有储物柜服务。

2.将战利品打包寄回国内，要记住托运公司大部分是下午7:00关门，中午有1小时吃饭时间，不要太晚才去。

3.超市也有退税服务，但退税物品要在机场给关税人员检查、盖章才算数。

超市伴手礼必买清单

●甜品类

Market O、ORION和Dr You几乎占领整个饼干甜品的市场。个人还是比较喜欢Market O的巧克力brownie，是长途旅行的Comfort Food。

●紫菜

韩国紫菜分为未调味、包饭用和烘焙的几种，后者最受欢迎。因为用香油（麻油）和盐烘制，入口既脆又香口。不过在家吃饭的时候，韩国人爱以紫菜包饭，味道稍淡，但拌饭最恰当。也有不少韩国人喜欢买新鲜紫菜，回家用瓦斯炉烤至硬身爽脆，再自行配五花腩，加入辣酱和从市场买的新鲜生菜包着吃，不加人工调味剂。

●泡面

韩国食文化与中国和日本长期交融，无论在味道、材料和口感上都有多元化的选择，最受欢迎的有辛拉面和三养拉面，后起之秀则有马铃薯面和粉丝，而留学生最爱的炸酱面、乌龙面和bang bang也开始受到食家的关注。

●辣炒年糕

首尔的年糕特别好吃。又因为超市食品可以打包装箱寄回家，所以不害臊地把大包大包的年糕装进箱子里吧！

●泡菜

在超市里买到的泡菜就是新鲜，没有雪柜味，无论是鱿鱼泡菜或是樽装泡菜，都可以先试吃后购买，分量多少由你决定。

●传统饮料

当喝过五味子茶、驱寒的双和茶、玉米茶和可以当早餐的五谷茶之后，韩国传统茶的根已植入你的味蕾记忆里，没有茶叶的韩国茶，近年成为养生潮流，针对人体五行的味道和配方，按四季天气变化进补，难怪韩国人身体好得好像打不死。

●辣酱

特别推荐独立软管包装的辣酱，自带饭上班时最管用，把饭菜热了，再加少许辣酱调味，即时变身韩国美食达人，无论家里准备的是猪肉、鸡肉，或只是香肠、鸡蛋拌白饭，辣酱加到便当里会把美味度提升N倍。

●红参

红参，即是加入韩方药材调配出来的人参制品，超市内的红参产品都是轻便和有品质保证的，最适合买给长辈作伴手礼的是红参茶和红参精华液。

玩在首尔

丰富多样的享乐选择

走在潮流最前，首尔式体验自然样样创新，而玩得认真、玩得专业是韩国人的玩乐态度，要像黄真伊式风姿万千，从汗蒸幕、韩方美容到韩服写真体验缺一不可。首尔饱经战火洗礼，古迹文物修复完好，南大门和光化门重建又重建，显示出韩国人对完美的追求。

1 文化遗产

首尔作为600多年历史的朝鲜王朝的国都，文化遗产丰富：首尔五宫和东庙各有故事。城郭的四大门和四小门成为近年流行的徒步路线，西方传教士留下的圣堂、校舍和对外开放之后所建的首尔火车站和沿路的煤气灯，走在首尔街头就如穿越时空，印证数世纪的历史变迁。

●东大门（兴仁门）흥인문

MAP | P135.B1

对于很多购物狂而言，去东大门看古迹似乎是天方夜谭，事实上东大门留给我们的城门遗迹别有韵味。细心留意会发现，东大门（即兴仁门）在四大门之中，位置最低，曾经遇上多次水淹，因此东大门范围建造了规模庞大的水闸，后因日政府在水门之上兴建运动场，这些朝鲜遗物全都埋没在泥土下。后因运动场改建，翻开地基才发现原址是衙门（下督监址）和二间水门。首尔政府决定改变原有设计图，在水门旁边加建东大门纪念馆，在深夜中走到水门下看着东大门的灯光五彩缤纷，甚有气氛。

哪里玩？

交通：地铁东大门站8号出口

●彰义门 창의문

MAP | P142.A1

彰义门位于近年青瓦台与西大门之间的潮区付岩洞，又被称为北门（紫霞门），属于首都的四小门（即是四大门之间的较小城门）。彰义门规模较小，又以侧面两格隅进阁屋顶最有特色，与东大门（兴仁门）建筑方法相同，现为四小门中保护最好的遗迹，现存城楼为1472年所建。

哪里玩？

交通：地铁3号线景福宫站(328)外转乘计程车；或地铁1号线钟阁站(131)3号出口，第一银行本店前搭乘7022巴士，紫霞门隧道入口下车。注：进入彰义门内须持护照。

●骆山公园首尔城郭 낙산공원

MAP | P148.D2

相信这里是首尔市内最易爬的一段城郭路。它因韩剧《秘密花园》和《The King 2 Heart》而变得热闹起来，全长只有2.3公里，由惠化门一直通往东大门，最适合情侣散步，经骆山公园的户外博物馆路下降到大学路，又是一个热闹的购物圈和夜市。

哪里玩？

交通：地铁汉城大入口站(419)3号出口。

●药岘圣堂 약현성당

MAP | P130.A2

比明洞教堂还要早6年建成的药岘圣堂，始建于1892年，由巴黎外方传教会的教区长Blanc主教在韩国展开教学生涯后兴建，是韩国第一座哥特式建筑，只因1998年一场大火严重烧毁，2000年才修复。

由于在首尔教区只属第二本堂，因此名气一直比不上明洞圣堂，无独有偶，设计师也是明洞圣堂的Coste神父，外形与明洞有相似之处，侧面的窗户为拱形，不过前方的出入口及往左右两旁突出的出入门窗部分，是尖锐拱形的哥特式风格。

药岘圣堂内有本堂及为纪念殉教100周年而建的西小门纪念馆，邻近有天主教44人殉教的圣地西小门公园。

哪里玩?

交通：地铁首尔站(200)乐天超市外过马路。
地址：中区中林洞149-2 중구 중림동 149-2

●昌德宫 창덕궁

MAP | P140.D4

昌德宫既不按传统朝鲜王宫规格而建，又不是君王办公和起居生活的地方，在朝鲜时代只为离宫，是王后、母后的住所，依山而建，天人合一，里面最大范围竟然是不加修饰的后苑，至今仍是初建成的老样子，还保留着300年前的老树、溪水、莲池和亭榭；顺天而生的原则，与韩国尊崇的南北走向和左右对称完全沾不上边，却因此而成为联合国教科文组织批准的世界文化遗产。

哪里玩?

交通：地铁安国站(328)3号出口，前行300米左侧。
地址：钟路区卧龙洞2-71 서울특별시 종로구 율곡로99번지
电话：02-762-0648
开放时间：4~9月09:00~18:30，10月09:00~18:00，11月、3月09:00~17:30，12~2月09:00~17:00（休馆前1小时停止售票）。周一公休。
网址：http://www.cdg.go.kr（韩、英）
门票：成人₩3000，青少年₩1500。

●首尔站 서울역

MAP | P130.A3

始建于1925年的旧首尔站，在2004年正式退役，后改建为博物馆，为韩国第284号史迹，是20世纪早期最有特色的木建筑。1楼的中央厅由12根石柱支撑起来，瑰丽堂皇，天花板上的马赛克展示出历史的光辉。2楼复原展览厅曾经是理发店和洗手间。这里还向公众展示了当时的涂饰原料、窗户和装饰物等。博物馆内最优雅的地方则为首尔站餐厅，里面有宽敞的餐厅、备菜间及精致的小餐厅等。

哪里玩?

交通：地铁首尔站(200)往明洞方向。
位置：首尔站

●宗庙 종묘

MAP | P140.D5

宗庙属于朝鲜历代国王和王妃的祠堂，供奉着19位国王和30位王后的神位，气氛庄严大气，是韩国寺庙建筑风格。里面的仪式主要按儒家传统，祭礼每年举行5次，当时的音乐用编钟、编磬等一般雅乐器，配以唐笛、长鼓、牙筝等唐乐器和大芩等乡乐器，所用的旋律、乐器、祭器，自1462年后的500多年依然不变。如今的宗庙祭礼在每年5月的第一个周日，由继承朝鲜王朝血统的全州李氏子孙举行。

哪里玩?

交通：地铁安国站(328)4号出口，步行约10~15分钟；地铁钟路3街站(130/329)7号出口出站即抵。
地址：钟路区钟路1街 155号 종로구 종로 157　电话：02-765-0195
开放时间：3~9月09:00~18:00，10~2月09:00~17:30。周二公休。（关门前一小时停止售票）
门票：成人₩1000，青少年₩500。　网址：http://jm.cha.go.kr

2 特色表演

韩国表演艺术之中，有一门不靠台词，但又不是跳舞、不是默剧、不是乐器，而是集三者于一身的非语言表演，为来自世界各地的观众带来一场以汗水、跳跃动作、杂技和音乐编辑而成的感官之旅。

●乱打 Nanta 난타

MAP | P132.A2

韩国最成功的非语言表演，自1999年世界公演以来，至今依然是最卖座的剧目，以韩国美食为主题，加上西方杂技、大量敲击乐元素，制造强烈视觉和听觉的享受，过程使人情绪亢奋，进入忘我的境界。

哪里看?

交通：地铁市政厅站(132/201)1、12号出口，沿德寿宫大汉门边墙直行300米，过交叉路口续行250米，于艺院学校右转70米即是。
地址：서울특별시 중구 정동 22 경향신문사 건물 1층 首尔市中区贞洞22 京乡新闻大楼一楼
电话：02-739-8288
表演时间：平日17:00、20:00，周末14:00、17:00、20:00
网址：http://nanta.i-pmc.co.kr
门票：S席区₩50 000、VIP席区₩60 000

●World Beat VINARI

MAP | P146.D3

2005年在世界民俗音乐节崭露头角后，去年于首尔的专用馆正式登场，《愿望成真》（World Beat VINARI）以韩国传统打击乐器、板索利与民谣旋律谱出80分钟的音乐剧。与过往成功非语言表演的不同之处在于，VINARAI以宣扬韩国民谣音乐为主，与观众交流为辅，把韩国传统音乐和乐器完整地带上西方舞台，满足100%韩粉的愿望。

哪里看?

交通：地铁钟路3街站(130/329/534)15号出口，步行6分钟。
地址：钟路区三一大路386（贯铁洞，钟路Cine Core2馆VINARI专用馆）종로구 삼일대로 386（관철동）
电话：02-744-6800
表演时间：周二至周五20:00，周六、周日16:00，周一公休。
费用：VIP ₩60 000、₩50 000、₩40 000

●涂鸦：秀[HERO] 드로잉:쇼[히어로]

MAP | P127.D2

近年兴起的现场绘画表演，以沙画、水墨画、涂鸦、泼墨等绘画技术为主，在舞台上即席进行创作，一边画、一边跳舞，考验表演者的临场应变和艺术造诣。韩国有不少类似的绘画表演，唯独是涂鸦：秀[HERO]成为第一个引起观众共鸣的剧团，现场画出跨国界、跨时空的英雄形象：切·格瓦拉、李小龙、麦克杰克森、三国里的刘备、张飞和关羽，每当他们出现于眼前，观众的心情为之感动，成为近年最受好评的表演。

哪里看?

交通：地铁乙支路3街(203/330)8号出口，直走徒步1分钟。
地址：中区Mareunnae路47（明宝剧场）중구 마른내로 47（초동）
表演时间：周一至周五20:00，周六16:00、19:00，周日及公众假期15:00、18:00
网址：http://www.drawingtheater.com　票价：₩50 000、₩40 000

●JUMP 점프

MAP | P146.D2

极受东南亚游客欢迎的JUMP，将跆拳道、武术、体操、队员默契的家庭肥皂剧搬上舞台，笑料百出，动作难度高超，看得紧张、笑得滚地，团队的训练更是专业级，需要长达6个月时间学习跆拳道和中国功夫，还有专门负责视觉效果的武术导演来设计台上的武打场面，将众多演员打造成“宇宙最强”！

哪里看?

交通：地铁钟阁站(131)4号出口，往钟路3街方向直走约15分钟，到钟路3街站14号出口后，往清溪川方向直走约3分钟即是。
地址：钟路区观水洞59-7（首尔剧场五楼）종로구 관수동 59-7（서울극장 5층）（钟路CINECORE地下）
电话：02-722-3995
表演时间：周一20:00，周二至周六16:00、20:00，周日及公众假期15:00、18:00
网址：http://www.yegam.com/jump/kor/　票价：₩50 000、₩40 000

●韩国之家常设民俗公演 한국의집

MAP | P127.D5

已有30多年的韩国之家传统公演，结合韩国历朝所有省份的国乐、民俗乐、农乐的精华，有黎明曙光、板索里（说唱）、扇子舞、风物游戏、春雪、阿里郎联奏、五鼓舞、祛煞舞、鼓大合奏等9种演出节目。每个节目都具有各自的特色，演出时间为1小时，以剪辑形式举行。

哪里看?

交通：地铁忠武路站(423) 3号出口，LG加油站旁巷子左转，前行100米，步行约一分钟可抵；或2号出口面对大韩剧场右侧巷子左转，到底右转沿外墙到正门，步行三分钟可抵。
地址：中区笔洞2街80-2（韩国之家民俗剧场）중구 필동 2가80-2
电话：02-2266-9101～3（需事先预约）
表演时间：周一至周日18:30、20:30，全年无休。
票价：₩50 000
网址：http://www.koreahouse.or.kr

●美笑 MISO 미소

MAP | P132.B3

最为外国人所熟悉的传统表演《美笑》，以古代爱情故事《春香传》为主题，融合韩国传统舞蹈、清唱(板索里)、跳神、四物农乐、扇子舞、面具舞、伽倻琴演奏、传统婚礼等。此外公演还准备了直接体验试穿传统服饰、宫中服饰，以及向表演者学习打长鼓的体验活动。

哪里看?

交通：地铁市厅站(131/201) 1、12号出口，沿德寿宫大汉门边墙直行400米，过交叉路口续行70米右手边即是。
地址：中区贞洞路 43（贞洞剧场）중구 정동길 43（정동극장）
电话：02-751-1500
表演时间：周二至周日16:00、20:00，周一公休。
票价：W席₩50 000、S席₩40 000
网址：http://www.koreamiso.com

●BIBAP 뮤지컬 비밥

MAP | P146.D3

《乱打》及《Jump》的导演Choi Cheol Gi最新力作，以韩国传统美食的明星级代表——拌饭为主题的韩国音乐，以拌饭的制作过程来作为主轴，观众一边看演出、一边学习拌饭的制作过程，了解韩国饮食文化，破天荒地将表演和美食的跨界融为一体，是国际美食博览活动中最受欢迎的演出。

©韩国观光公社

©韩国观光公社

哪里看?

交通：地铁钟路3街站(130/329/534)15号出口，步行6分钟。
地址：钟路区三一大路386（Cine core大楼B2 Bibap专用馆）서울 종로구 삼일대로 386（관철동）
电话：02-766-0815
表演时间：周一 20:00，周二至周六17:00、20:00，周日及公众假期15:00、18:00
网址：http://www.bibap.co.kr
票价：₩60 000、₩50 000、₩40 000

●BBOYS

MAP | P150.C3

©韩国观光公社

韩国最强的街舞表演，身体随强劲的节奏摆动、旋转和跳跃，2012～2013年弘大剧场上演的Kung (Battle Bboy)诉说的是城中年轻人生活的挑战、在现实中寻梦的故事，成长中的苦与泪，付出过后的欢笑和无憾，即使不爱街舞的观众都被深深感动。

哪里看?

交通：地铁钟路3街站(130/329/534)15号出口，步行6分钟。
地址：麻浦区西桥洞 338-8号Samjin制药大楼地下1楼（弘大BBOYS专用剧场）서울특별시 마포구 와우산로 121
电话：02-323-5233
表演时间：周三至周五20:00，周六18:00，周日及公众假期14:00，周一、周二公休。
网址：http://www.sjbboys.com
票价：₩55 000

3 韩风体验

本地体验是最能与韩风互动的旅游活动。不管你要进行韩式美容、减肥套餐，还是在汗蒸幕出一身汗，或穿一身韩国古装服饰扮作黄真伊拍写真，都能彻彻底底地过几天韩国人过的生活。

●美容护理

韩国人注重外表，据闻每名大学女生毕业前，父母会为她准备一笔钱去整形，以方便寻找工作，不过略显夸大成分。其实美容整形分两部分：一部分是麻醉开刀整形，另一部分是美容整形，如割双眼皮这种手术则当作后者，大部分韩国女生的美容整形都属于后者。近年流行的抗老美容，大部分以韩方护理为基础，如用马格利酒来护理皮肤，或用针灸来减岁的“童颜针灸”，现在不少银发一族去首尔，顺便做个拉皮、除眼袋，皮肤光滑了、眼睛明亮了，回家更明艳动人。

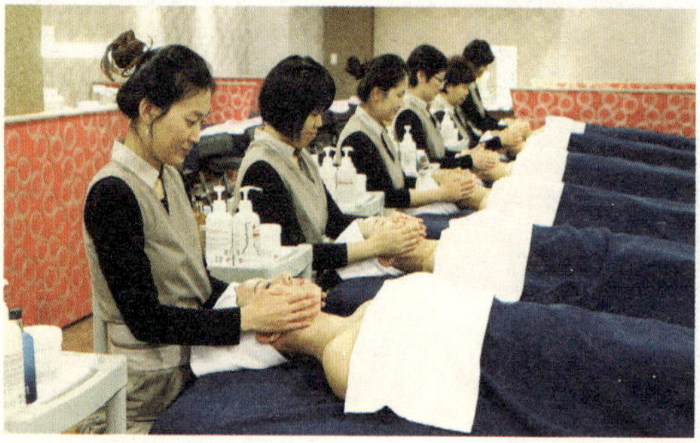

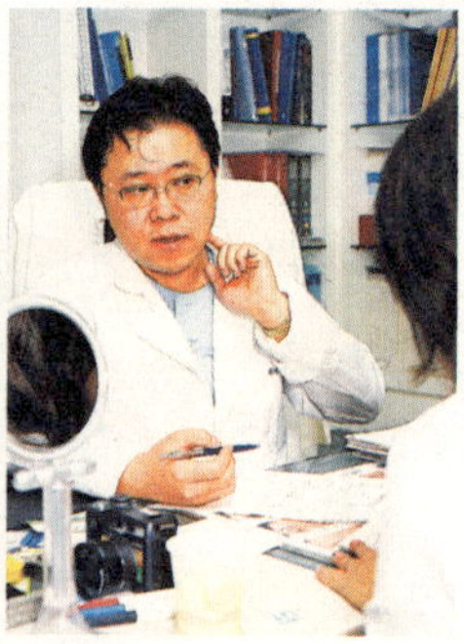

©游橙絮

哪里享?

■BK整形外科 MAP | P162.A2
交通：地铁狎鸥亭站(336)2号出口，转乘计程车。
地址：江南区论岘洞1-2号大厦 강남구 논현동 1-2
电话：02-544-0404；10-4934-8886（中文咨询）
网址：http://chinese.bkhospital.com

■安娜柯琳皮肤科整形外科 MAP | P162.C2
交通：地铁狎鸥亭站(336)2号出口，转乘计程车。
地址：江南区清潭洞82-3
电话：02-3446-0030
营业时间：10:00~19:00

↘ 另类美容——韩方绷带减肥

“李恩美自然韩医院”因为日本艺人IKKO的一次光顾而变得闻名，最知名的是“韩方绷带”减肥项目，即将绷带浸泡在韩方药材内，用以紧紧包裹身体约1小时，可加速分解体内脂肪，促进新陈代谢，改善皮肤质素。李院长定期于南山韩屋村举行韩方医疗活动，以针灸和药汤为游客消解疲劳。

哪里享?

■李恩美自然韩医院
이은미연한의원
交通：地铁明洞站(424)8号出口，步行1分钟。
地址：中区忠武路2街65-5 Shinil大厦3楼 충무로2가 65-5번지 신일기업3층
电话：1544-7533、02-3446-1240
营业时间：11:00~20:00
网址：http://www.doctorlady.com

●美发

美容旅游不一定要整形，要像明星一样有形，可从头发着手，同时进行美甲和彩妆，丁点时间也不用浪费，尤其想拍婚纱照之前，让韩国发型师的巧手为你设计一个100%韩星造型吧。一般剪头发的费用约₩30 000~₩40 000；染发和烫发约₩200 000左右。

哪里享?

■李姬美容美发沙龙 MAP | P162.C2
交通：地铁狎鸥亭站(336)2号出口，转乘计程车。
地址：江南区清潭洞82-3 강남구 청담동 82-3
电话：02-3446-0030
营业时间：10:00~19:00

■Jung saem mool Inspiration MAP | P162.D1
交通：地铁狎鸥亭站(336)2号出口，转乘计程车。
地址：江南区清潭洞141-9 강남구 청담동141-9
电话：02-518-8100 营业时间：10:00~21:00
网址：http://www.jungsaemmool.com

©韩国观光公社

●汗蒸幕（三温暖）

一生有必要试一次的汗蒸幕，是令人又惊又喜的韩国体验，喜的是进入60℃~80℃的土炉内将身体的有害物“蒸”发掉，出来时感觉体内轻松了不少，皮肤也回复滋润弹性，难怪韩国女人的皮肤白里透红；惊的是在脱得赤裸裸的大浴场内与无数韩国女性一起泡药浴，难怪有人说，如果韩国人邀请你一起去汗蒸幕，就代表当你是好朋友。

©游橙絮

由于大部分汗蒸幕24小时营业，除养生功能外，不少韩国人通宵喝酒过后也到汗蒸幕“解酒”，把酒气蒸出来再在休息区睡一个好觉，翌日早上若无其事地上班。汗蒸幕也方便找不到住宿的背包客留宿。在韩国旅行，汗蒸幕多得走到哪里睡在哪里都可以，很方便。

哪里享？

■Dragonhill SPA MAP | P168.B2

交通：地铁龙山站(135)广场外过马路，龙山Convention Hall 旁。

地址：龙山区汉江路3街40-713 용산구 한강로 40-712

电话：02-792-0001 营业时间：24小时 网站：http://www.dragonhillspa.co.kr

费用：₩10 000(05:00-20:00)，₩12 000(20:00~05:00)

■梨泰院Land 이태원 랜드 MAP | P166.B2

交通：地铁梨泰院站(630)3号出口步行约5分钟，见一条约高30米的石阶步行到顶便是。

地址：龙山区汉南洞 732-20 용산구 한남동 732-20

电话: 02-749-4122、02-749-0073 (韩、英、日、中)

营业时间：24小时 网站：http://www.itaewonland.com 费用：₩8000

汗蒸幕的多重享受

汗蒸幕的收费多半在₩10 000~₩25 000之间，可选择黄土炉、泡汤池、冰室、宝石房、盐巴房等设施。另外也多附带有小吃店、美容院、练歌房、网咖等。另外付费的话，可请阿珠妈帮您搓澡（约₩10 000），可针对全身去角质死皮。除洗头之外还有阿珠妈坐浴（约₩10 000~₩15 000），坐在韩方艾草等草药的香薰上，让身体自然吸收药草精华，据说有减少腹赘肉的效果，是阿珠妈最热捧的护理之一。此外也有修甲、脚部护理（₩10 000~₩20 000）等服务可供选择。

©游橙絮

●韩服体验

每名游韩女生心底的渴望，当然是穿着手工精细、色彩斑斓的韩服，摆个华丽优雅的POSE，演活心目中的韩剧女优。首尔市内多个旅游点有旅游局的免费韩服体验，亦可请摄影师为您私影一辑写真，如果想活泼惹笑一点，可以到写真咖啡室里与朋友边喝咖啡边互拍留念。

哪里享？

■首尔全球文化观光中心 서울글로벌문화관광센터 MAP | P127.D4

交通：地铁明洞站(424)6号出口，出站后左转沿主街直走约8分钟，右手边M PLAZA内。

地址：中区明洞M Plaza 5楼 중구 명동2가 엠플라자 5층

电话：02-3789-7961

开放时间：10:30~22:00，1月1 日、中秋公休。

网址：http://www.seoultourism.kr（中英日韩）

费用：免费

注：其他如光化门广场旅客中心、德寿宫门外旅客中心（只限门将换班后）、景福宫内亦有免费体验。

■韩国观光公社仁寺洞宣传馆 MAP | P144.A1

交通：地铁安国站(328)6号出口，前行100米左转即到仁寺洞入口。

位置：仁寺洞Ssamzie Street对面巷子约50米处的韩屋建筑。

电话：02-737-7890

开放时间：10:00~18:00（12:00~13:00休息），全年无休。

费用：₩3000

■宫中服饰文化馆 궁중복식문화관 MAP | P140.C3

交通：地铁安国站(328)2号出口，步行12分钟。

地址：钟路区嘉会洞11-91 종로구 가화동11-91

电话：02-766-8683

费用：₩10 000（宫女服）、₩100 000（公主婚礼服）

●韩服写真

驻场摄影师操刀为您拍摄写真，像拍婚纱摄影般认真，另有数十套韩服任君选择。其中有按照韩剧主角穿的、化妆和发饰一模一样，令人深深陶醉在剧中情节内不能自拔。

哪里享？

■Café Drama 카페드라마 **MAP | P155.C2**

交通：地铁新村站(240)2号出口，向梨大方向前行第2个路口左转然后直行两个路口。

地址：西大门区大岘洞27-20JA盖亚大厦地库 서대문구 대현동 27-20 B1F（효자가이아빌딩 지하 1층）

电话：02-312-7748　营业时间：11:30~20:00，农历新年、中秋公休。

网址：http://www.seoulnavi.com/beauty/253/

费用：₩80 000（包化妆、摄影、礼服）

■美人摄影室 오라코코스튜디오 **MAP | P127.B5**

交通：地铁明洞站(424)5号出口，步行2分钟。

地址：中区忠武路1街24-20홍방大楼5-6楼 중구 충무로1가 24-20 홍방빌딩 5、6F

电话：070-8868-3345

营业时间：10:00~19:30，周三、农历新年、中秋、长假后的翌日公休。

网址：http://www.konest.com/contents/esthe_mise_detail.html?id=3787

费用：₩70 000 起。（包化妆、韩服、相簿，如想取走所有数位档，需另外付费）

■Party Princess **MAP | P127.B2**

交通：地铁乙支路入口站(202)6号出口，步行3分钟。

地址：中区明洞1街59-5乐必思酒店 1楼구명동1가59-5이비스앰배서더명동호텔1층

电话：02-6361-8520　营业时间：11:30~22:30，农历新年、中秋公休。

网址：http://cafe.naver.com/partyprincess

费用：韩服₩25 000、结婚礼服₩30 000（自携相机、自助拍照）、饮料₩4800~₩7000

●韩国婚影

想要成为电影海报中的男女主角，让那些浪漫照片出现在自己的婚纱相册里吗？无论是自然甜蜜、顽皮跳跃，还是古典文静，各式各样的韩国婚纱照近年大热，秘密不是什么名牌化妆品或相机镜头，其实只是比其他人考虑得更多、更勤力去实践他们唯美的想法！

1.布光自然——大部分婚纱照都在室内打灯，控制神乎其技，令人以为是天然光。

2.布景多变——韩国影楼内均塑造有10~20个场景，而且款款不同，季季换新装，难怪令人新鲜感大增。

3.模拟现实的电影感——摄影场景模仿电影布景水平，以假乱真，道具又多，令主角分外投入、自然，就如戏中人一样。

4.人景比例1：1——近年大部分的婚纱景都把风景当成主角，几年后夫妇再回味时发现自己变成了风景画中的小配角，味道索然，但韩国婚影的原则是人才是主角，在打灯和后期将环境光调暗，使人记得是谁结婚。

5.服装古典优雅——韩国婚纱和礼服都走中世纪的古典风格，再糅合时尚触觉，加上婚纱背后不缝合，可以调校至合新婚的尺寸，超级合身和贴身，难怪拍出来的线条如此自然优美。

哪里享？

前往韩国拍摄婚纱照，必须在国内的婚影公司预订，连行程和拍摄一气呵成，婚影公司不会接受客人walk-in（自行上门）。

↘ 布景与外景拍摄

原来的韩国婚影师只拍室内，所以将布景化成外景的能力是练出来了。近年因大量外国客人要求外景，才出现了往南怡岛、大学区、清潭洞、盘唐等不同气氛的外景拍摄。只是由于布景拍摄按时更换，别期望要拍一套和其他人一模一样的画面。

4 特色博物馆

首尔市政府鼓励民间开设博物馆，因此造就了市内有超过100家公营和私营的博物馆，才发现首尔人原来是那么爱收藏旧物，念旧固然有亲切感，但不少博物馆也走在科技和潮流尖端，百鸟争鸣、百花齐放，为首尔人在工余时间增添了生活情趣。

●战争纪念馆 전쟁기념관

MAP | 166.A2

这里是全球最大型的战争纪念馆，里面收藏的不只是韩国军事武器，还有曾参战国家的遗留，如美国、苏联和中国的战机。没有经历过战争的一代，就凭展品的规模也可以想象出当时的战况。

纪念馆的所在地前身为日军兵营，朝鲜战争后成为美军基地，最后交还韩国政府成为韩国陆军总部，1989年筹备改建，历时5年才建成战争纪念馆，不是为了炫耀武器和战争的光环，而是为了提醒后人不要再发动战争而建。展馆分为室内和室外。大部分在战争中使用过的海陆空武器都放置在室外，最令人感触的是根据事实而塑造的“兄弟之像纪念碑”，讲述参加当时南朝鲜军队的哥哥和参加朝鲜人民军的弟弟，在战场上相遇拥抱而泣的故事；另一个让人反思战争的地方是纪念馆的长廊，墙上刻有壮烈牺牲的16万名韩军和3.8万名联合国士兵名字的悼念碑。

哪里玩?

交通：地铁三角地站(628)12号出口，步行5分钟。
地址：龙山区梨泰院路（龙山洞1街） 용산구 이태원로 29（용산동1가）
电话：02-709-3139
开放时间：09:00~18:00，周一公休。
网址：http://www.warmemo.or.kr
门票：免费

●西大门刑务所历史馆 서대문형무소역사관

MAP | P142.A4

走进这所曾为日治时期的监狱内，幽暗的气氛和封闭的格局令人不寒而栗。100多年前这里囚禁着多名争取韩国独立的爱国人士，整个监狱范围有7幢狱舍（包括其中一座建于地下的女子监狱）、麻风者牢房和一个死刑场，还有用来放置尸体的秘密洞穴，里面展览着日治时代的刑具和囚犯的日用品，看后无不心情沉重。

哪里玩?

交通：地铁独立门站(326)5号出口，步行5分钟。
地址：西大门区统一路251（岘底洞） 서대문구 통일로 251（현저동）
电话：02-360-8590
开放时间：3~10月09:30~18:00，11~2月09:30~17:00，周一、1月1日、农历新年和中秋公休。
网址：http://www.sscmc.or.kr　门票：₩1500

●泰迪熊博物馆 테디베어박물관 MAP | P127.C6

韩国最受欢迎的主题博物馆非泰迪熊莫属。就是韩国人也认同，自己是熊的化身。泰迪熊博物馆在济州、庆州有不同主题。N首尔塔的分馆则以首尔发展为主轴，动员数百只泰迪熊真身上阵，化身为韩国人的祖先、世宗大王，带大家穿梭韩国历代社会变迁，见证景福宫的兴建过程、传统市集的民生百态及第一辆电车的诞生和第一座煤气灯的亮灯仪式，来到展馆的最后一馆是纪念品店，还可以把泰迪熊带回家呢。

哪里玩？

交通：地铁东国大学站(332)6号出口乘坐02黄色小巴；地铁梨泰院站(630)4号出口乘坐03黄色小巴。
地址：龙山区南山公园巷126（龙山洞2街）首尔塔 용산구 남산공원길 126（용산동2가）서울타워
电话：02-3789-8488
开放时间：10:00~22:00，全年无休。
网址：http://www.teddybearmuseum.co.kr
门票：₩8000，展望台套票₩14 000

●首尔鸡文化馆 닭문화관 MAP | P140.C3

美国畅销书作家Malcolm Gladwell在《超凡者：成功的故事》中提出一万小时的努力，指出同一个领域只要你愿意花一万小时去耕耘，最终会成为行内的专家。所以首尔鸡文化馆的馆长，穷其一生去搜罗韩国和世界各地不同的鸡造型饰物、雕像和图腾，足足花了20年，获得4000多件藏品，在北村里开设了独一无二的博物馆。鸡文化在韩国有特殊的象征意义，犹如生命、力量和德行。韩国传统丧礼上的物品经常刻上公鸡，代表重生，传统建筑里的梁柱也会刻上鸡以避邪。作为一家私营博物馆，鸡文化馆的展出非常专业，亦是一窥韩国古老图腾文化的窗口，外国游客络绎不绝。

哪里玩？

交通：地铁安国站(328)2号出口步行约5分钟。
地址：钟路区嘉会洞 12 종로구 가회동 12
电话：02-763-9995
开放时间：10:00~18:00，每逢星期一、农历新年、中秋节假期公休。
网址：http://www.kokodac.com
门票：₩3000

●Trickeye Museum MAP | P150.A3

以2D平面画作呈现出3D效果，在照片上看不出都是拼画的效果。你会惊叹在特技效果泛滥的视觉领域上，原来凭着绘画就可以造出疑幻疑真的3D世界。展览由8个主题馆组成：历史馆、名画馆、爱情馆、奢华馆、生活馆、传统馆、时尚馆、镜子迷宫房，参观者不但要看，还要亲身体验和参与画面，才能创作出3D视觉效果，馆内有工作坊让小孩子学习3D绘图的基本原理，体验过程不但令参观者尽情放松，也别具教育意义。

哪里玩？

交通：地铁弘大入口站(239)9号出口步行约10分钟。 地址：麻浦区弘益路3街20号（西桥洞） 마포구 홍익로3길 20（서교동）
电话：02-3144-6300 开放时间：10:00~21:00，全年无休。 网址：http://www.trickeye.com0 门票：₩13 000

5 主题公园

首尔的主题公园并不局限于机动游戏和真人扮演的卡通人物跟你跳舞拍照，反之，首尔附近落成的主题公园，都是创办人为满足自己的梦想而建。由艺术家创建的Heyri艺术园、纪念小说《小王子》的小法国村，还有从没有开火的水原华城，以及为无数电影人、电视人圆梦的MBC片场，都在诉说着一个个梦想成真的故事。

●乐天世界 롯데월드

MAP | 168.C2

每对韩国情侣，初相识时都会来乐天世界拍拖。这里以冒险和神秘为主题，分为户外和室内两个主题乐园：室内有旋动木马、溜冰场和民俗博物馆为探险世界；户外魔幻岛的机动游戏传来疯狂尖叫，是对被工作压力迫得要爆炸的上班族的最佳治疗。乐天世界的每一个小时都是喧闹和欢乐，春天来到又是另一种景象：在石村湖前的湖水公园，是春天看樱花的好去处。这个小乐园宁静悠闲，一年四季，让人天天好心情。

哪里玩？

交通：地铁蚕室站(216/814) 3号出口方向即为乐天购物商场及乐天世界入口。
地址：松坡区奥林匹克大路240（蚕室洞）송파구 올림픽로 240（잠실동）
电话：02-411-2000　开放时间：09:30~23:00，全年无休。
网站：http://www.lotteworld.com
门票：入场门票₩25 000、全票（入场与全部娱乐设施）₩40 000、夜间（16:00以后时段）入场门票₩21 000、全票₩31 000；儿童与团体另计。下午4:00后入场收费打8折。

●爱宝公园 에버랜드 리조트

MAP | P168.C2

世界 4 大主题乐园之一的爱宝乐园，里面有过百种活动，带来刺激、浪漫、花园美景、童趣和动物生态的体验，一年四季各有不同特备节目。5 个主题乐园包括环球市集、美洲探险、魔术天地、欧洲探险及野生动物园，全木质过山车T-EXPRESS魅力依然，动物园的白老虎和北海道的温泉猴最得小朋友欢心，还有一天两次的大巡游。去年又增添了不少新节目，如，为小朋友特设的Kizcovery探险乐园，四季花园也新增了植物园艺、泡泡乐园和小昆虫乐园等；当然最火的是由梦工厂打造的荒失失奇兵歌舞表演，最受小朋友和家长支持，欢乐连场。

哪里玩？

交通：地铁蚕室站(216)2号出口到对面的巴士站乘5800号红色巴士；或地铁江南站(730)6号出口前行350米乘5002红色巴士。
地址：龙仁市处仁区蒲谷邑前岱里 310号 용인시 처인구 포곡읍 에버랜드로199
电话：031-320-5000
开放时间：夏季09:30~22:00，09:30~18:00，全年无休。
门票：全票（包机场游戏和表演）成人₩40 000、青少年₩34 000、小孩₩31 000；入场券成人₩33 000、青少年₩28 000、小孩₩25 000。出发前可于网站下载折扣券。下午4时后入场收费打8折。
网站：http://www.everland.com

●韩国民俗村 한국민속촌 MAP | P168.C3

以朝鲜时代作背景，完整地披露当时各阶层的生活面貌，传统农宅、民宅、官宅、官衙、书院、韩药材店、书塾、楼亭、铁匠铺至市集街道，以及拥有99个隔间的两班住宅等建筑物等，韩国民俗村花了1年时间去建造，最近又加入鬼屋和B-BOY农乐大合演。

传统村落中还有地方小食供应：蒸饼、切糕、烧烤干明太鱼、绿豆煎饼、大葱煎饼、韩国传统年糕和各式下酒菜美食等，还有香醇的小米酒，饮饱食醉过后，欣赏走绳、马术武艺、农乐或传统婚礼，如置身韩剧之中。

哪里玩?

交通：地铁水原站(P155)乘搭免费接驳巴士，从11:00~15:00每小时一班。
地址：京畿道龙仁市器兴区民俗村路 90号（甫罗洞） 경기도 용인시 기흥구 민속촌로 90（보라동）
电话：031-288-0000
开放时间：11月~2月平日09:00~17:00，周末09:00~17:30；3月平日 09:00~17:30，周末 09:00~18:00；4月平日 09:00~18:00，周末 09:00~18:30；5月~6月平日 09:00~18:30，周末 09:00~19:00；7月~8月平日 10:00~19:30，周末 09:30~20:00；9月平日10:00~19:30，周末 09:30~20:00；10月平日 10:00~17:30，周末 09:30~20:00。全年无休。
门票：成人₩15 000、青少年₩12 000、小孩₩8000　网站：http://www.koreanfolk.co.kr

●龙仁电视剧摄影场 MBC DRAMIA 용인 문화동산 MBC 드라미아 MAP | P168.C3

曾经为《拥抱太阳的月亮》《善德女王》《朱蒙》大型古装剧的拍摄棚，MBC DRAMIA前年才开放给公众参观，面积达16万平方米，如一个传统韩国村落，里面的布景精心考究，包括烽火台和战地沙场、济州村落、王宫贵族两班家、官衙，城郭等，经常会遇上韩剧拍摄中的情况，可以同演员合照，极为难得。

哪里玩?

交通：地铁江边站(214)3、4号出口，直行约60米至东首尔综合客运站搭车往安城巴士客运站，约1.5小时，再转搭35号公交车于龙川下车，再步行约15分钟即抵。
地址：京畿道龙仁市处仁区白岩面龙川路 330号 경기도 용인시 처인구 백암면 용천로 330
电话：031-337-3241
开放时间：3月~10月10:00~18:00（开放入场至15:00止）；11月~2月10:00~17:00（开放入场至16:00止）。
门票：₩7000元
网站：http://withmbc.imbc.com/dramia/main/#

●水原华城 수원화성

MAP | P168.C3

位于京畿道的古城，由朝鲜时代第22代君主正祖（李算）亲手策划兴建，加入大量西方战堡元素，如小铨孔、暗门、射箭台和起重机，城内是父亲的陵墓，正祖经常借出行水原而离开王宫，沿途听取民意，水原华城自落成以来从未举行过战事，200多年来保存完好，1997年成为联合国教科文组织认定的世界文化遗产，城内有多种表演和体验活动，很受外国朋友的欢迎。

哪里玩？

交通：乘搭地铁沿1号线南行可到水原(P155)，约需1小时。
地址：京畿道水原道八达区 仁溪洞、长安区、劝善区一带 경기 수원시 팔달구 인계동，장안구, 권선구 일원
电话：031-251-4435　开放时间：夏季09:00～18:00，冬季09:00～17:00
网址：http://www.suwon.ne.kr　入场费：₩1000 (成人)、学生₩700、孩童₩500

●小法国村 쁘띠프랑스

MAP | P168.C1

为纪念法国史上最畅销文学作品《小王子》而建的主题村，曾为多个韩剧：《秘密花园》《个人取向》《贝多芬病毒》和《Running Man》的拍摄场地。从村内最高点可望到北汉江的美丽景色，里面不同展馆各有特色。其中一住宅展馆按照200年前的传统法国古宅建造，而迷你演奏室亦按《贝多芬病毒》场景摆设原封不动。

哪里玩？

交通：乘搭地铁1号线或2号线转中央线到上凤Sangbong상봉(720/K120)，再转乘接驳京春线(경춘선)到清平청평。下车后可到清平市外客运站乘搭加平观光巴士₩5000 、或31绿色小巴₩1000或转乘计程车₩16 000。
地址：京畿道加平郡清平面古城里616-2 경기도 가평군 청평면 고성리 616-2
电话：031-584-8200　开放时间：09:00～18:00
网址：http://www.pfcamp.com（韩）
费用：成人₩8000、学生₩7000、孩童₩5000

●Heyri艺术园 헤이리전시안내

MAP | P168.B1

附近是临津阁和乌头瞭望台。Heyri艺术园代表着韩国人希望和平统一的渴望，里面是与世无争的艺术家住所、展览室和私人博物馆，还有不少餐厅和咖啡馆，如走进一个色彩缤纷的欧洲小城。

哪里玩？

交通：合井站(地铁2、6号线)1或2号出口， 搭乘200、2200号红色巴士车程约45分钟。
地址：京畿道坡州市炭县面普贤里 경기도파주시탄현면법흥리
电话：031-946-8551
网址：http://www.heyri.net（韩、英）
费用：免费入园，个别博物馆或展馆收费不一。

住在首尔

特色旅宿任君挑选

首尔地价与香港相差无几，市内酒店房间供应极少，近年旅客数量暴增，房价更是水涨船高。青年旅馆、韩屋旅馆、民宿和家庭旅宿如雨后春笋般冒出，民宿和家庭旅馆亦提供体贴入微的服务，如主人家亲自下厨、代订演唱会门票等。传统韩屋更是独一无二的体验，并非晚上一张床、一间浴室那么简单。

1 特式民宿

有没有想过住进韩国人的家里？为了应付日渐增加的旅客量和供不应求的房间，首尔市政府鼓励居民将家里的空房租给外国人。首尔市内有不少长者会说中文，而年轻家庭大都能说英语。既然语言不是障碍，给自己多一种体验吧。

●126 Mansion

MAP | P140.A3

位于景福宫和三清洞之间的旧楼改装，只有5间房的民宿，楼下是咖啡室和书屋，还有主人亲自设计的新派韩服衣饰、床上用品展览室，民宿内可以租借单车，在三清洞穿梭于巷弄间，极为写意，甚得游客青睐。

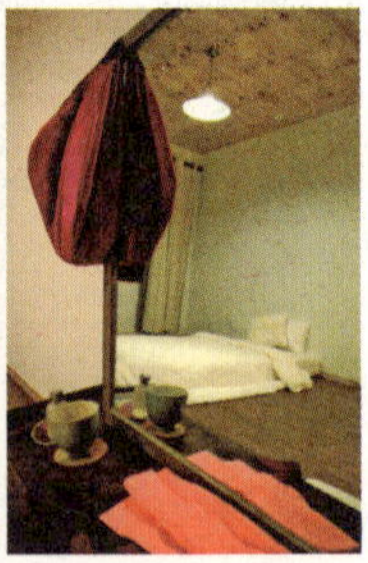

哪里住？

交通：地铁安国站(328)2号出口，步行约16分钟。
地址：钟路区八判洞126号
종로구 팔판동 126
电话：02-722-1126
网址：http://www.126mansion.com
电邮：126mansion@naver.com

入住民宿必知：Good Stay 认证

不少旅客爱入住民宿，贪其价格实惠，又能结识来自各地的旅行人士。民宿的种类、设施和价格差异甚大。韩国观光公社实行Good Stay认证，派出专员亲身考核民宿的接待服务和设施水平，通过审查和专家评价才发证，得到Good Stay的民宿语言能力较高、设施干净且能较切合旅客的需求，基本服务如机场接送、英语查询、早餐等都能妥善供应。

●翠云亭 취운정

MAP | P140.B2

前任韩国总统李明博曾经住过的房子，现改成韩式传统酒店翠云亭。老板经营韩国料理餐厅，装修布置非常讲究，花了1年时间改建，名字“翠云亭”更大有来头，据说附近本来有座翠云亭，朝鲜皇帝曾路经此地并在翠云亭歇息。

翠云亭只有4间客房，每间房都分为客厅、睡房和独立浴室，里面的家具都是主人的私人古董珍藏，至于床铺更是自己动手设计，酒店内附设汗蒸幕，不少住客一整天不出门，坐在亭子里喝茶赏花，疗养身心。

哪里住?

交通：地铁安国站(328)2号出口，出站后右转沿北村路直行，步行约13分钟。
地址：钟路区嘉会洞31-53 종로구 가회동 31-53
电话：02-765-7400
房价：双人房₩150 000起
网址：http://www.chiwoonjung.com
电邮：chiwoonjung@naver.com

●Seoul Guest House

MAP | P140.C4

平易近人的韩国传统民宿，建于北村山坡上，并按传统在山上最高位置设有一间书房Sarang chae，是民宿内规模最高的房间，设有专用浴室（大部分韩式民宿房内没有浴室）。其他房间分为单人房、双人房和套房。每晚房费由₩50 000~₩130 000，Sarang chae则要₩200 000。

哪里住?

交通：地铁安国站(328)2号出口，出站后右转沿北村路直行，步行约6分钟。
地址：钟路区斋洞135-1 종로구 계동 135-1　电话：02-745-0057
房价：单人房₩50 000起；双人房₩50 000~₩100 000
网址：http://www.seoul110.com
电邮：hanok110@yahoo.com

●乐古斋 락고재

MAP | P140.C4

最有韩屋味道的北村民宿——乐古斋，保留了传统石墙、凉亭、莲花池、酱缸台、筒、松树、竹子等各种韩国特有的景物，房间内有浴室和洗手间。每天在庭院里有伽倻琴和大笒的演出，对于专程来体验韩国传统文化的旅客，如鱼得水。全舍最多容纳10人，因此相当安静，亦适合团体全包入住。

哪里住?

交通：地铁安国站(328)2号出口，出站后右转沿北村路直行，至嘉会洞居民中心对面巷子右转可抵。
地址：钟路区桂洞98号 서울시종로구계동98（계동）
电话：02-742-3410
房价：单/双人房₩200 000起
网址：http://www.rkj.co.kr

2 背包客栈

莫欺少年穷，背包客栈将奢侈玩意旅游变成年轻人付得起的课外活动，是年轻人最好的交友平台。来自世界各地、五湖四海的旅游爱好者能在客栈内找到同伴，交流信息和心得。

●Namshan Guesthouse

MAP | P127.C6

位于南山脚下的南山民宿现有两家分店（原来的第一家已不再营运），一家按地中海小别墅模式，另一家是现代简约风格的公寓，合共约有70间客房。第2家店有电梯，方便行李过重的女士。这在一般民宿是非常难得的设备，唯一遗憾的是房间较迷你，但都是睡暖坑，按民宿条件算是不俗的。

哪里住?

交通：地铁明洞站(424)2或3号出口，往南山缆车站方向步行约5分钟。
地址：钟路区南山洞32-13 종로구 남산동 32-13
房价：单／双人房₩55 000起
电话：02-752-6368　网址：http://www.namsanguesthouse.com

●Hostel WOW

MAP | P132.B1

距离光化门约10分钟路程，在土俗村参鸡汤附近，静中带旺。这家民宿可提供50个房间，为日韩式混合风格，订房流程也简单，只要在网上填写订房表格，主人会在3天内回复客人，然后你必须在出发前7天再重新确认房间，不用先付订金。

哪里住?

交通：地铁光化门站(533)7号出口，往A Twosome Place方向步行5分钟，见A Twosome Place后第一条小巷左转直行。
地址：钟路区唐珠洞167-3 종로구 당주동 167-3
电话：02-723-6020
房价：单人房₩50 000；双人房₩60 000起
网址：http://www.hostelwow.com

●Backpackers Korea

一家开在东大门，另一家开在新村，Backpackers Korea走收费老实的路线：全年房费统一、单人入住双人房可减₩5000，另外大部分房间都设有独立洗手间。新村分店走舒适路线，装修非常女性化，浴室空间大、东大门分店走家庭、朋友同游路线。

哪里住? MAP | P135.B1、155.A4

交通：地铁新设洞站(126/211-4)11号出口，步行2分钟；地铁新村站(240)7号出口，左转直走到警察局后过马路，直走进巷子，上斜坡后左转，左侧可见。
地址：钟路区新设洞1054（东大门分店）종로구 숭인동 1054；麻浦区老姑山洞106-195（新村站）마포구 노고산동 106-195
房价：单人房₩35 000；双人房₩50 000起
网址：http://backpackerskorea.com/

●Hostel Korea MAP | P135.B1

非常非常之便宜的民宿，单人房竟低至₩29 000成交！虽然有点残旧，不失为背包客和学生的最佳选择，但便宜的代价是要共用浴室和洗手间。Hostel Korea旗下尚有K Hostel 和KPOP Hostel，都设于东庙和新设洞之间，同区之内无对手。

哪里住?

交通：地铁新设洞站(126/211-4)11号出口，往东大门方向前行100米，看见"C-Space便利商店"右转直走，于第二条大巷子左转前行约50米，左侧即是。
地址：钟路区崇仁洞178-65 종로구 숭인동 178-65
电话：02-762-7406
网址：http://www.hostelkorea.com

其他推荐背包客栈

●Capsule Guest House MAP | P155.A4

2013年新开幕的民宿，亦是全幢公寓进行改建而成，房间类型多元化。单人房设有独立卫浴和洗手间，不过面积很小，要有住在日本胶囊旅馆的心理准备，6人房更设有两个洗手间，非常体贴。住满3天以上开始打折，采用留言订房（当然是非公开信息）。主人会在24小时内回复，适逢新开张，在网络上的宣传优惠特别多。

哪里住?

交通：地铁新村站(240)8号出口过马路，走180米看到Crocodile Lady再往前走120米，见Coinwash 24的后面。
地址：麻浦区老姑山洞54-50 마포구 노고산동 54-50
电话：070-7620-6080
房价：单人房₩50 000；双人房₩60 000起
网址：http://www.roominkorea.com

●IB Ville Guest House MAP | P127.D6

极像韩国家庭睡房布置，全部房间都有独立浴室和洗手间，最大的房间有3张床，另外还有一种公寓式房型配备厨房和微波炉，邻近明洞和南山，价格比一般民宿要高一点（单人房就要₩50 000），但双人房也不过₩60 000，按舒适度和房间面积，性价比很高。订房也相当容易，在网站填上表格，以信用卡结账就行。（如以信用卡付款需加10%销售税），也可在AGODA和TRIP ADVISOR订房。

哪里住?

交通：地铁明洞站(424)3号出口从Pacific Hotel左边向南山方向步行约5分钟。
地址：中区南山洞2街19-13 중구 남산동2가 19-13
电话：070-7725-4372
房价：单人房₩50 000；双人房₩60 000起
网址：http://www.ibville.com

●BLU Guesthouse MAP | P150.A2

在新村和弘大共开了4家民宿，全馆以蓝色为主，甚有型格，相对新村和东大门区，弘大区的房价较贵，BLU的4家民宿针对不同住客：1号店是多人宿舍（最多有8人房）、2号店外墙和公共空间都很有个人风格并以独立房为主（最多为4人房）、3号店以上下床架最多、4号店则是清新开朗色调的独立房，甚有精品酒店风格。要留意每家BLU的大堂装修都不一样。

哪里住?

本店：麻浦区西桥洞464-63 마포구 서교동 464-63
房价：单人房₩50 000；双人房₩60 000起
网址：http://www.bluguesthouse.com

●K Hostel (Hostel Korea 6) MAP | P135.B1

位于东庙站附近的多房型民宿，设有电梯，房型由单人房至家庭房，每层楼拥有不一样的色调，有点精品酒店的感觉，预订时不需要付款，是近期最热门的民宿之一。

哪里住?

交通：地铁东庙站前(127) 11号出口，过马路在NH BANK旁小巷入进。
地址：钟路区崇仁洞202-13 종로구 숭인동 202-13
电话：070-8181-0677
房价：单人房₩50 000；双人房₩60 000起
网址：http://hostel6.hostelkorea.com

●KPOP Hostel (Hostel Korea 10) MAP | P135.B1

Hostel Korea 旗下的其中一家开设于东庙附近的民宿，名字改得超级易记，房型只有双人房和3人房，位于平价小食甚多的东庙区，房间不大，但整齐、干净，民宿内有厨房、洗衣机和微波炉等基本设施，可免费打国际长途电话，相当划算。

哪里住?

交通：地铁东庙站前(127)3号出口，经过6002机场巴士站右转入小巷内。
地址：钟路区崇仁洞200-33 종로구 숭인동 200 - 33
电话：070-8976-0030
房价：单人房₩50 000；双人房₩60 000起
网址：http://www.kpophostel.com

3 自助酒店

人长大了，自然希望住得舒适，对私隐度的要求也高了，但不想将旅费花太多在星级酒店，为年轻中产阶层而量身定造的自助型酒店就相继出现了。这样的酒店不供应啤酒、饮料，浴室里没有牙刷、毛巾，连早餐也是自助式。韩国的自助酒店主要分为商务和家庭两种，档次和设施也相对不同。

●首尔索菲特国宾酒店

Grand Ambassador Seoul associated with Pullman

面向明洞地铁站的国宾酒店经过翻新后，由国际高级自助酒店品牌Pullman共同营运，400多个房间设施焕然一新，还增加了自家寝具品牌“大使床”，比起南山区的其他酒店，吸引力大增！

哪里住？ **MAP | P127.D5**

交通：地铁明洞站(424)1号出口，往南山韩屋村方向步行约5分钟。

地址：中区退溪路337番地

电话：02-2275-1101　房价：双人房₩150 000起

网址：https://grand.ambatelcn.com

●高爷公寓Co-Op

在东大门拥有两幢公寓式酒店的高爷会馆，分别为Western Co-op Residence和Ulji-Ro Co-op Residence，相隔不过几幢楼，房间内都有厨房、微波炉等设施，曾经是去东大门买货商务客人的最爱，现在都是自由行的天下。

哪里住？

■Western Co-op Residence

MAP | P135.A3

交通：地铁东大门历史文化公园站(205/422/536)12号出口，向乙支路4街站步行约8分钟。

地址：中区乙支路5街77-2 주구 을지로5가77-2

电话：02-2279-4500

网址：http://rent.co-op.co.kr

■Ulji-Ro Co-op Residence

MAP | P135.A4

交通：地铁东大门历史文化公园站(205/422/536)12号出口，向乙支路4街站步行约6分钟。

地址：中区乙支路6街32 주구 을지로6가32

电话：02-2279-4500

房价：双人房₩150 000起

网址：http://rent.co-op.co.kr

其他推荐自助酒店

●东横INN / Tokyo Inn（₩60 000起） MAP | P135.B4

日本廉价连锁自助酒店，网上预订不用预先付款，且机场巴士6001直接送你到酒店门口，从酒店步行5分钟就是东大门购物区，唯一缺点是，非会员要2个月前才预订，会员则可以6个月前开始预订，但事实上，要住进首尔的唯一东横INN，会员也要在2个月前就开始找房间。

哪里住？

交通：地铁东大门历史文化公园站(205/422/536)4号出口。

地址：中区退溪路337番地 중구 광희동2가 73　电话：02-2267-1045

房价：双人房₩150 000起

网址：http://www.toyoko-inn.com/c_hotel/00208/index.html

●Sa Service Apartment（₩200 000起） MAP | P130.A2

主营复式套房的公寓式酒店，房间装修得像住宿一样，很受三五知己或家人出游，最大容纳人数可高达5人，房内有厨房、洗衣机。公寓管理人还可代订门票、免税品代购及短线旅行团等。

哪里住？

交通：地铁首尔站(133)1号出口在乐天超市后门，过对面马路见Mini Stop后的商业大厦。

地址：龙山区西界洞219-17 서계동219-17

电话：070-8743-1120　房价：双人房₩100 000起

网址：http://www.saseoul.com

4 精品酒店

适合情侣和中产人士入住的精品酒店，设计走个性化，服务贴心但不扰人，只是酒店设施不如星级酒店的齐备，一般只有健身室、没有泳池或汗蒸幕。但由于选址多在市中心，最适合纯粹为购物和美容而来的血拼族。

●首尔索默塞皇宫饭店 MAP | P140.A6

Somerset Palace Seoul（房价由₩200 000起）

近期最受欢迎的公寓式酒店，经常爆满，预订最少要一个月前，位于钟路区的安国站附近，交通条件优越，与北村、景福宫和教保文库只是5分钟距离之隔，附近咖啡店、餐厅和书店都不缺，而且治安极佳，最适合单身女子下榻。

哪里住?

交通：地铁线安国站(328)3号出口。
地址：钟路区小公洞85 종로구 수송동 85
电话：02-6730-8888　房价：双人房₩150 000起
网址：http://www.somersetpalace.co.kr

●首尔时代广场万怡酒店 MAP | P168.B2

Courtyard by Marriot

建于汝矣岛的永登浦区Times Square商场内，有著名韩食店韩一馆、教保文库和戏院，地库有E-Mart、旁边有新世界百货，连接地铁的有地下商店街，酒店房间舒适且价格合理。双人房的空间够大，够两名购物狂把行李箱全开摆放战利品，最方便莫过于在E-Mart买完伴手礼后可以“入箱”。

哪里住?

交通：地铁永登浦站(139)时代广场之上。
地址：永澄浦区永登浦洞4街442 영등포구 영등포동 4가 442
电话：02-2638-3000　房价：双人房₩150 000起
网址：http://www.marriott.com

其他推荐精品酒店

●The Plaza MAP | P132.C4

2010年开业的精品酒店，走型格设计的小房间概念，即使是套房也感觉迷你。意大利籍设计师大玩几何图案，在租金高昂的市厅和明洞之间，可以提供舒适的休憩空间，夺得2012年《韩国时代》评选的豪华精品酒店之称，是不少中产阶层喜爱的选择。

哪里住?

交通：地铁市政厅站(132/201)5号或6号出口。
地址：中区小公路119 중구 소공로 119
电话：02-771-2200、02-310-7800
房价：双人房₩200 000起
网址：http://www.hoteltheplaza.com

●Ip Boutique Hotel MAP | P166.B2

梨泰院新开业不到3年的Ip Boutique Hotel大玩主题特色房间，只有132个房间有6种不同色调和气氛，有玛丽莲梦露、草莓、樱桃、红唇、普普艺术和西瓜，门口有立体侍卫雕像，大堂里设有秋千，很配合汉南洞的设计小区氛围，令人不自觉地沾上一分品位。

哪里住?

交通：地铁梨泰院站(630)2号出口往下坡路步行约10分钟。
地址：龙山区汉南洞737-32
电话：02-3702-8000　房价：双人房₩150 000起
网址：http://www.ipboutiquehotel.com

●沙威酒店SAVOY（房价由₩120 000起） MAP | P127.C5

开业于1957年的老酒店，极有古色古香的味道，里面装修还保留着英伦风采，深咖啡色家具、木质扶手楼梯无不令人感觉时光倒流。最关键的是这家酒店位置在明洞的购物街上，令人流连不已。

哪里住?

交通：地铁明洞站(424)6号出口。
地址：中区明洞8街10
电话：02-772-7700　房价：双人房₩150 000起
网址：http://www.savoyhotel.co.kr

●Oakwood Serviced Apartment MAP | P168.C2

近年流行公寓式酒店。这种酒店备有厨房、洗衣机，让旅客能到市场买菜，一尝自己动手煮韩菜的乐趣，而且公寓的环境较轻松，把不必要的酒店设施和服务省去，将服务投放在房间里的舒适度，而装修亦模仿外国公寓环境，不少曾在海外读书的朋友都有亲切的感觉。

哪里住?

交通：地铁三成站(219)COEX MALL出口。
地址：江南区三成洞159 강남구 삼성동 159
电话：02-3466-7000　房价：双人房₩200 000起
网址：http://www.oakwoodasia.com/seoul/oakwood-seoul.php

5 星级酒店

首尔的星级酒店多集中在龙山区、江北的峨嵯山和江南区，出入可选酒店专车，星级酒店的服务达国际水平，绝不会出现鸡和鸭讲的情况，照顾周到，最适合对生活有高要求并且不熟悉韩文的朋友。

●君悦酒店 Grand Hyatt Hotel　MAP | P166.B1

位于南山山腰上，是首尔最早的国际星级酒店，遐迩闻名的除管家级服务水平外，还有最受外国人欢迎的酒店JJ's Mahoney及私家溜冰场。酒店内的SPA结合汗蒸幕和水疗SPA。该酒店有600个房间，但还是经常爆满。

哪里住?

交通：地铁梨泰院站(630)外搭乘酒店专车。
地址：龙山区汉南洞747-7 용산구 한남동 747-7
电话：02-797-1234　房价：双人房₩300 000起
网址：http://www.seoul.grand.hyatt.com

其他推荐星级酒店

●首尔W华克山庄　MAP | P168.C2

“形象百变”的W华克山庄，近年在亚洲极受欢迎，尤其符合年轻情侣的口味，设计走时尚、创新的视觉刺激。房间内用料讲究，配套细心，水疗中心Away SPA的土耳其浴备受赞赏。酒店位于旭山之上，可看到汉江夜景，因此成为商务出差或懂得享受人士的首选。

哪里住?

交通：地铁明洞站(424) 搭乘酒店专车或于地铁广渡口站(546)搭乘酒店专车。
地址：广津区华克洞21 광진구 광장동 21
电话：02-465-2222　房价：双人房₩400 000起
网址：http://www.wseoul.com

●乐天酒店　MAP | P127.A2

占尽地利的乐天酒店就在明洞乐天百货的旁边，去年获TTG会员选为“首尔最佳城市酒店”，里面人气最高的是免税店和星光大道，虽然后者只是“迷你版”星光大道（正宗的大道在蚕室乐天世界旁），但设有许愿树，每天大批韩粉来为偶像写信。

哪里住?

交通：地铁乙支路入口站(202)7号出口。
地址：中区乙支路30 중구 소공동 1　电话：02-771-1000
房价：双人房₩300 000起　网址：http://www.lottehotelseoul.com

●首尔威士汀朝鲜酒店 The Westin Chosun Seoul　MAP | P132.C4

深受金融界朋友喜爱的Westin 家族首尔酒店刚好在市政厅旁，位于明洞和德寿宫之间，占尽地利。房间设计舒适，并有独家开发的“天梦之床”床褥，一睡上瘾，令不少跨国出差人士死心塌地。

哪里住?

交通：地铁市政厅站(132/201)5号或6号出口。　电话：02-771-0500
地址：中区小公洞87 중구 소공동 87　房价：双人房₩300 000起
网址：http://www.echosunhotel.com/Eseoul.action

●首尔洲际酒店 Grand InterContinental Seoul Parnas　MAP | P168.C2

洲际集团在首尔江南拥有两幢酒店，在首尔世贸中心COEX的两边，近8成住客都是为了参加展览会议而来，这家Grand Intercontinental走奢华享受型，有私家高尔夫球练习场，旁边是三成洞地铁站、现代百货和机场的市内Check-in服务站，为商务旅客节省了不少时间。

哪里住?

交通：地铁三成站(219)COEX MALL出口。
地址：江南区德黑兰路521 강남구 테헤란로 521
电话：02-5555656　房价：双人房₩500 000起
网址：http://www.grandicparnas.com

●首尔世贸中心洲际酒店 InterContinental Seoul COEX　MAP | P168.C2

离三成地铁站远一点的世贸中心洲际酒店，房间数量多达1000间，以吸纳商务会议客人为主，附近是奉恩寺，并有不少江南区市民喜爱的夜店和食肆。

哪里住?

交通：地铁三成站(219)COEX MALL出口。　地址：江南区奉恩寺路524 강남구 봉은사로524　电话：02-3452-2500
房价：双人房₩500 000起　网址：https://www.iccoex.com

节庆活动年表

与当地居民欢庆佳节

首尔贵为一国之都，节庆活动规模也要比省会级别高一级、尊贵些，切合国际大都会形象，朝鲜时代流传下来的庆期有浓厚宫廷色彩、国际赛事也是相当热闹、首尔世界烟火节更是全球盛事之一，不过最动心的还是圣诞过后举行的购物节，以首尔为首，釜山和济州同时响应。

月份	庆典名称及说明
1月~2月	**韩国购物优惠季** 韩国最大型的购物季，首尔、釜山和济州同时响应，参与的百货公司、免税店、酒店、超市和便利店超过20 000家，折扣低至50%！优惠季期间在明洞有美食、时尚和彩妆等不同主题的体验，旅游局还安排了巡回巴士将游客乘载到京畿道的折扣店、江南名店和东大门成衣卖场，认真细心之至。
3月	**首尔国际马拉松大会** 1931年举办的首尔国际马拉松，每年3月第三个星期日举行，路线由光化门跑到蚕室，是迎接春天的最佳活动。报名查询：http://marathon.donga.com
4月中	**汝矣岛樱花节** 1600棵樱花树与杜鹃、迎春花、山踯躅在轮中路国会议事堂后的5.6公里长行人路争艳斗丽，为期约10天的汝矣岛樱花祭白天有传统舞蹈表演，樱花树枝挂满灯饰，太阳下山后更是夜色诱人。
4月21日	**高宗／明成皇后嘉礼：春季庆典** 只演一场，由13:00~15:00在仁寺洞附近的云岘宫特设舞台重现高宗和明成皇后大婚，朝鲜时代王室婚礼的进行步骤、规矩，不但严格且复杂，婚礼的进行步骤更是完整地被制定为国家准则。朝鲜时代君王出宫时象征的黄龙旗、五方旗、六宗旗等传统宫中服饰及装备等的“御驾行列”，不只是在韩剧中才看得到。礼成后，各位工作人员还与游客合照，万万不可错过。
5月	**Hi首尔自行车大游行** 为期10天的自行车活动，在首尔光化门广场举行，经首尔站、汉江大桥到世界杯公园平和广场，全长约21公里，只需2小时。
5月	**灯燃会燃灯庆典** 为庆祝佛诞而举行的灯燃会已有600多年的历史了。庆典期间市政厅前广场以点燃象征佛教及释迦诞辰日的大型庄严灯来拉开序幕，并举办包含从仁寺洞到曹溪寺间的燃灯游行等各式燃灯活动。同时，江南区三成洞的奉恩寺也会举行传统灯展示会，在街上布置灯饰，期间有莲花灯制作的体验活动，极受游客欢迎。
10月	**Hi首尔文化节** 樱花祭过后，代表春天降临的“Hi首尔文化节”，以户外表演为主，在光化门、市厅、清溪川文化广场、南山公园上演不同的街头艺术，有动有静，将首都粉饰一番，添上春夏新景象。
10月	**首尔药令市韩方文化庆典** 为期只有两天的首尔药令市韩方文化庆典为纪念朝鲜时代普济院为穷人看诊赠药的德行，庆期期间有韩医免费诊疗、制作韩方香包、足浴等活动，亦有现场煎制的韩方茶、韩方马格利酒免费喝。游客也可借此机会在全国最大的药令市场内选购人参。
10月	**首尔世界烟火节** 今夜星光灿烂，首尔世界烟火节是首尔最受欢迎的节日之一，来自韩国和世界各地的烟火与民共赏，结合流行乐队和艺人表演，还有镭射灯光秀，在汉江两岸都能投入于这个节日当中，最佳欣赏位置是江南63大厦前的空地(即游览船码头)、鹭梁津地铁站外的停车场、江北地区则以龙山区的二村最为不俗。
11月	**首尔灯节** 首尔市内最受欢迎的节庆之一，灯节期间准备了数十款来自中国、日本、新西兰和中国台湾地区艺术家的灯饰作品在清溪川内展览，主角当然是首尔象征“獬豸”灯。游客可体验制作许愿灯和亲自放灯等活动。

七大步骤
顺利出国！

准备工作流程表

步骤1 收集信息

利用旅游书、旅游网站、论坛、韩国旅游发展局的实用资讯和近期折扣优惠，做足功课，让出游更自主、更轻松自在。

▶详见P.064

步骤2 准备证件

护照是出国最重要的证件，已过期或是没护照者应及早办理，亲自办理，或是请旅行社代办，都是可行的方法。

▶详见P.067

步骤3 规划行程

对游玩地区有相当概念后，可以列出必玩及必吃的清单，根据天数、预算、时令、特定活动着手规划旅游行程。

▶详见P.070

步骤4 购买机票

利用比价网查询航班、淡旺季价格，也可利用各旅行社和航空公司推出的“机+酒”优惠方案，时下风行的廉价航空更是小气旅行不可不知的交通利器。

▶详见P.072

Chapter 2
彻底准备篇

步骤 5

准备旅费

首尔生活指数逐年攀升。在了解当地货币、物价、汇兑之余，食、衣、住、行怎样更省钱，将钱花在刀刃上，就能够避免不必要的浪费。

▸详见P.074

步骤 6

预订旅馆

除请旅行社代订或在旅馆英文官网上订房外，旅客也可自行上附有详细资讯及比价功能的中、英文订房网站，价格通常更优惠。

▸详见P.076

步骤 7

打包行李

打包行李是一门儿大学问，除个人使用便利外，行李限重、禁带物品、首尔天气变化、易碎物品、退税化妆品等，样样都要事先考量。

▸详见P.079

收集信息

畅游首尔EZ GO

1 挑选旅游书

从线下收集资料，到线上搜罗热门信息，首尔旅游信息大致上可以分为：旅游书路线指引、旅游网站和论坛的热门行情、韩国旅游发展局的实用资讯和近期折扣优惠，做足功课，即使第一次出游首尔也是轻松自在。

韩国（文化震撼之旅）

旅游教育出版社出版

拥有《文化震撼之旅・韩国》，你就拥有了一本全方位的韩国文化指南！韩国人普遍的性格特点和价值观是什么？如何避免在社交场合失礼？翻开本书，初入韩国的你，绝大部分疑问都可以一一得到解答。本书还列出了在韩国申请居留证件所需的文件清单，以及一些用以学习的有用韩语。阅读本书，你可以轻异国文化带来的震撼，尽情体验在韩国的美好时光！

本书不是一般的旅游指南，而是一本精彩纷呈、不可或缺且人人必备的韩国深度旅游文化读本，专为想要真正了解韩国文化的旅游者以及移居、留学韩国或长期访问居留者所作。本书作者都亲身经历过文化适应过程中的酸甜苦辣，他们有足够的资格向那些希望完全融入各种相关文化的人提供热情而详尽的建议。作者以活泼、诙谐的笔调，呈现了以下内容：

深刻剖析当地的文化传统；
建议如何适应当地的环境；
提供日常生活的基本窍门及语言方面的帮助；
介绍如何充分享受旅行带来的乐趣。

韩国玩全指南

旅游教育出版社出版

清晰条理的编排，强化实用性与阅读性，以分区地图作为本书最有效的工具，对韩国首都首尔及其他地区的分区深入报道，热门景点全都收录！主题行程从首尔魅力、怀旧古都、浪漫赏枫、爱恋雪景等韩国最吸引人的面向切入，让第一次到韩国自助旅行的读者能马上掌握重点，安排行程超轻松！

第一次自助游韩国超简单 2015—2016年版

旅游教育出版社出版

以图解旅游指南的方式，从买机票、办护照证件、准备旅费、订旅馆、整理行李，step by step简单呈现出国际旅行的每一步骤，让你带着一本书就能轻松玩韩国。本书并附有最实用的分区导览，从首尔及近郊、江原道、忠清道、庆尚道、全罗道、济州道，都列举出当地最受欢迎的景点，让你按图索骥轻松到达。

2 推荐网站

从查找最新旅游资料、优惠信息，到线上订房、订机票，以及分享路线、景点的最有效途径就是上网。旅游部落客对于韩国最新旅游信息的报道几乎取代了传统媒体，成为多数游客获取信息的最佳途径。此外，多运用相关智能手机APP，也能让计划旅行的过程更加便利有趣。

韩国旅游发展局

http://chinese.visitkorea.or.kr/chs/index.kto

韩国政府亲自主持的官方网站，为全球各地旅客服务，抢鲜报道各类韩国旅游信息，如优惠券、节庆、春秋两季等热门活动，更少不了首次出行必须的入境、交通等详尽资料。网站分为：前往韩国、观光及庆典、韩国文化、住宿指南、交通指南、美食天地、购物专栏和走近韩国，借由多角度介绍迎合不同口味的游客，目前主打话题故事，利用专题报道，深入浅出地介绍韩国文化。

韩国自由行品牌（中文）

http://www.freeatkorea.com

韩国观光公社为推广自由行而架设的入门网站。网站内收集了大量旅游部落客文章，以分享游韩心得和经验为主，亦有观光公社举办的旅游讲座、KPOP相关活动和各种优惠换领方法等。

穷游网

www.qyer.com

2004年成立于欧洲的留学生宿舍，是我国最大的出境游社区，提供原创实用的出境游旅行指南和旅游攻略、旅行社区和问答交流平台，并提供签、保险、机票、酒店预订、租车等。穷游的服务宗旨是“让中国人的出境旅行更加容易，帮助大家获得更好的旅行以及生命体验”。

韩巢 Konest

http://cn.konest.com/（简体中文）

http://www.konest.com （日文）

全名为Korea Society Networking Nest，2001年成立，最初以日本游客为服务对象，拥有最全面的韩国地图及餐厅资料，去年推出简体中文版网站，内容分类是美食、购物、景点、美容、韩国文化和优惠券，重点推荐的餐厅还有图文引导前往方法，即使不懂韩文也能按图索骥轻松到达。

首尔 NAVI（日文）

http://www.seoulnavi.com

日本入门网站NAVI架设的首尔旅游资讯网，形式类似雅虎奇摩一样包罗万象，贴近首尔的生活潮流，并附设预订酒店、美容等服务，还有不少“揭秘式”专题内容，例如，韩医偏方，内容惊奇且多样化。

3 旅游信息中心

韩国旅游业官方代表韩国旅游发展局旗下有多个为旅客服务的单位，位于清溪川的旅游发展局总部备齐全国旅游资料。首尔市内多个旅游区也均设游客中心，人潮较多的明洞、新村、南大门等，更常驻义工，派发地图及解答各种查询，十分贴心。

韩国旅游发展局

韩国官方设立的旅游机构，除丰富的官网旅游信息外，还提供各种旅游指南、手册，可免费索取，规划旅程时可附回邮索取，到韩国后也可至清溪川旁的本社了解更多、更新的玩、乐、吃、买资讯。

· 韩国旅游发展局韩国总社

MAP | P146.A3

地址：40 首尔市中区清溪川路서울특별시 중구 청계천로40
电话：(02)1330（24小时中文旅游咨询服务专线）
网址：http://big5chinese.visitkorea.or.kr
开放时间：09:00~20:00

· 韩国旅游发展局北京办事处

地址：朝阳区光华路光华西里1号韩国文化院3层 100020
电话：010-6585-8213/4
传真：010-6585-8147
E-mail：beijing@visitkorea.or.kr
工作时间：周一至周五09:00~18:00（中午休息）

旅游中心

位于热门点入口处的八个旅游中心，有分区地图、热门行程、特色表演等资料索取，除韩文外，还有会说中、日、英文的服务人员可咨询相关问题，一般开放时间为09:00~22:00。

咨询中心	位置	电话号码	服务时间	可用语言
韩国旅游发展局 TIC	中区清溪川路40韩国旅游发展局地下一楼	(02)1330	09:00~20:00	中、英、日
首尔市政厅旅游咨询中心	中区太平路1街25号新闻舆论中心三楼	(02)735-8688	09:00~18:00	中、英、日
东大门旅游咨询中心	中区乙支路6街17-2号（美利莱后方、Cere Star旁）	(02)2236-9135~6	09:00~22:00	中、英、日
明洞旅游咨询中心	中区明洞1街53-1号（Woori银行前）	(02)774-3238	3~11月 09:00~22:00 12月~次年2月 09:00~21:00	中、英、日
梨泰院旅游咨询中心	龙山区梨泰院洞梨泰院站地下一楼	(02)3785-2514	09:00~22:00	中、英、日
南大门旅游咨询中心	中区南仓洞49南大门市场内	(02)752-1913	09:00~18:00	中、英、日
北仁寺咨询处	钟路区宽勋洞130-4	(02)731-1621	10:00~18:00	英、日
仁寺洞旅游咨询中心	钟路区宽勋洞155-20地铁3号线安国站6号出口	(02)734-0222	10:00~22:00	英、日

4 24小时手机求助翻译服务

即1330旅游咨询热线，是韩国全境适用的旅游咨询服务热线（中、英、日等语言），提供外国旅客24小时的旅游咨询服务，举凡交通、食宿等问题，都可经由这支热线寻求解答，通话费以当地通话收费标准计费，使用市内电话或公共电话时直拨1330，使用手机拨打为(02)1330。

5 名誉翻译导游

由居住在首尔的义工提供免费中、英、日文导览服务，申请者负责导游的门票、车资、餐费。申请者需于出发前10~30日上网申请。
网址：http://big5chinese.visi tkorea. or.kr /cht / GK/GK_CH_1_6_1_1.jsp

准备证件

行前第一步

1 办理护照

如何办理护照

到首尔旅游要事先办理好护照，一般建议至少在出国前 1 个半月办理护照申请手续。

中国公民赴首尔旅游或探亲访友、自费留学等，需办理因私普通护照。原则上中国护照发给 16 周岁以上中国公民。不满 16 周岁者，则随其父母或监护人公用一本护照，在必要时，也可为 16 周岁以下的儿童单独发相应的护照。

中国公民因私出国申领普通护照，须向本人户籍所在地县级以上公安机关出入境管理机构提出申请，递交申请材料，回答有关的询问并履行相关手续。

申办护照时间

办理护照所需的工作天数为：收到申请材料之日起 15 日内签发，偏远地区交通不便或特殊情况的，签发时间可延长至 30 日。

首次申请、换发、补发（不含丢失补发）护照，收费 200 元人民币，丢失补发护照再加收 20 元。

申办护照所需证件

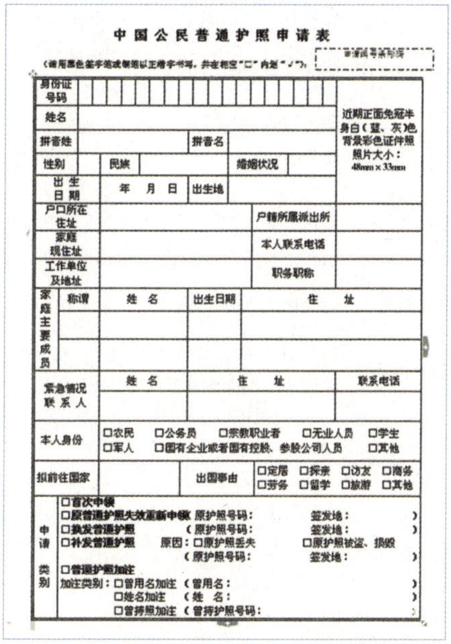

中国公民普通护照申请表

（请用黑色签字笔或钢笔以正楷字书写，并在相应“□”内划“✓”）

身份证号码					近期正面免冠半身白（蓝、灰）色背景彩色证件照 照片大小：48mm × 33mm
姓名					
拼音姓		拼音名			
性别		民族	婚姻状况		
出生日期	年 月 日	出生地			
户口所在住址			户籍所属派出所		
家庭现住址			本人联系电话		
工作单位及地址			职务职称		
家庭主要成员 称谓	姓名	出生日期	住址		
紧急情况联系人	姓名	住址		联系电话	
本人身份	□农民 □公务员 □宗教职业者 □无业人员 □学生 □军人 □国有企业或者国有控股、参股公司人员 □其他				
拟前往国家		出国事由	□定居 □探亲 □访友 □商务 □劳务 □留学 □旅游 □其他		
申请类别	□首次申领 □原普通护照失效重新申领（原护照号码： 签发地： ） □换发普通护照（原护照号码： 签发地： ） □补发普通护照 原因：□原护照丢失 □原护照被盗、损毁（原护照号码： 签发地： ） □普通护照加注 加注类别：□曾用名加注（曾用名： ） □姓名加注（姓 名： ） □曾持照加注（曾持护照号码： ）				

一般公民（年满16周岁）申办普通护照所需证件		
首次申办护照（必须亲自办理）	申换护照	遗失补发
1. 近期免冠照片（白底彩色）一张。 2. 填写完整的《中国公民因私出国（境）申请表》。 3. 居民身份证和户口簿及复印件，在居民身份证领取、换领、补领期间，可以提交临时身份证和户口簿及复印件。 4. 未满16周岁的公民，应当由监护人陪同，并提交监护人出具同意的意见，监护人的居民身份证或者户口簿、护照及复印件。 5. 国家工作人员提交本人所属工作单位或上级主管单位出具的同意出境的证明。	除提交首次申办护照规定的材料外，还应该提交原普通护照及复印件。	普通护照遗失或被盗的，可申请补发。申请时，除提交首次申办护照规定的材料外，还应当提交报失证明和遗失或者被盗情况说明。

（白底彩色照片规格：不含边框，竖 48mm×横 33mm，光面白色背景照片）

北京市何处申办护照

申办地点	地址	交通	办公时间
出入境管理接待大厅	东城区安定门东大街2号	乘坐44、13、116、807、117、特2路公交车	星期一至星期六 8:30~16:30
东城分局	东城区金宝街52号	乘坐108、106、111、24路公交车	星期一至星期六 9:00~11:30；13:30~16:30
西城分局	西城区二龙路39号	乘坐7、10、477、46、626路公交车	星期一至星期六 8:30~11:30；13:30~17:00
朝阳分局	朝阳区京广大厦商务楼二层	乘坐402、420、507、801、858、特8、运通107路公交车	星期一至星期五 8:30~11:30；13:00~17:00
海淀分局	海淀区阜成路67号	乘坐505、733、746、748、846、849、850、967、977、运通106、102路公交车	星期一至星期六 8:30~11:30；13:00~17:00
丰台分局	丰台区科技园区外环西路16号	乘坐353、354、451、477、811、 480、744、937支、944支、967、特7路公交车	星期一至星期六 8:30~11:30；13:30~17:00
通州分局	通州区新华北街35号	乘坐342、372、435、728支、938、938支2、938支4、938支6、938支9、 322、647、667、 649、924、991、648、675、615、930路公交车	星期一至星期六 8:30~11:30；13:30~17:30
顺义分局	顺义区顺平西路8号	乘坐955、顺义环1、915路公交车	星期一至星期六 8:30~11:30；13:30~17:30
昌平分局	昌平区南环东路与亢山路十字路口东南角	乘坐345快、357、919、947、 376、493、小5路公交车	星期一至星期六 8:30~11:30；13:30~17:30

如何看懂电子机票

旅客前往机场办理航空公司柜台登机手续时，首先必须出示护照与机票。机票又分为实体机票与电子机票两种。

实体机票为传统的有形票券，电子机票则将旅客资讯与各项资料储存在电脑资料库中，省去开立纸本机票的步骤，旅行社或购票网会将机票收据打印，寄送或传真给旅客。目前使用实体机票的航空公司越来越少，因为电子机票比较方便和环保，旅客只要在出国当天，带着电子机票订票资料打印件、护照，即可至机场柜台办理划位和搭机手续。

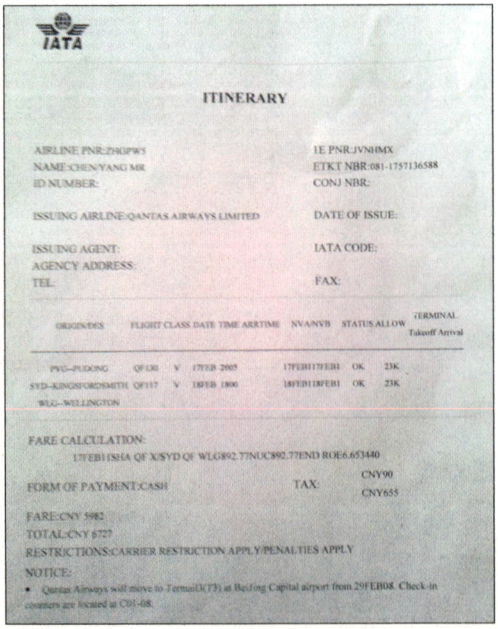
IATA

ITINERARY

AIRLINE PNR:ZHGPW5 　　IE PNR:JVNHMX
NAME:CHEN/YANG MR 　　ETKT NBR:081-1757136588
ID NUMBER: 　　CONJ NBR:

ISSUING AIRLINE:QANTAS AIRWAYS LIMITED 　　DATE OF ISSUE:

ISSUING AGENT: 　　IATA CODE:
AGENCY ADDRESS:
TEL: 　　FAX:

ORIGIN/DES	FLIGHT	CLASS	DATE	TIME	ARRTIME	NVA/NVB	STATUS	ALLOW	TERMINAL Takeoff Arrival
PVG--PUDONG	QF130	V	17FEB	2005		17FEB117FEB1	OK	23K	
SYD--KINGSFORDSMITH	QF117	V	18FEB	1800		18FEB118FEB1	OK	23K	
WLG--WELLINGTON									

FARE CALCULATION:
17FEB11SHA QF X/SYD QF WLG892.77NUC892.77END ROE6.653440

FORM OF PAYMENT:CASH 　　TAX: CNY90 CNY655

FARE:CNY 5982
TOTAL:CNY 6727
RESTRICTIONS:CARRIER RESTRICTION APPLY/PENALTIES APPLY
NOTICE:
- Qantas Airways will move to Termail3(T3) at BeiJing Capital airport from 29FEB08. Check-in counters are located at C01-08.

万事达卡白金秘书

万事达卡和中国银行、招商银行、交通银行等推出的白金秘书，是为中高端客户精心设计的私人贴身管家服务，提供全球商务旅行助理、高品位餐饮助理、高雅文化艺术和体育活动助理服务等，包括机票、酒店、租车查询和预订，全球奢侈品采购服务，全球餐饮预订服务。

白金秘书专线

中国银行白金客服专线：
40066-95569

交通银行白金客服专线：
4008-666-888

中国农业银行白金客服专线：
400-619-5599

中国建设银行白金客服专线：
400-62-95516

上海市何处申办护照

分局	地铁	电话	办公时间
市局	浦东民生路1500号	28951900	
浦东	丁香路655号	28945077	周一至周六8:30～17:00
长宁	古北路788号	62193808	周一至周六8:30～17:00
黄浦	延安东路147号	63280123*33567	周一至周六8:30～17:00
卢湾	建国中路22号	64735330*35533	周一至周六8:30～17:00
徐汇	天钥桥路901号	64868911*37225/37226	周一至周六8:30～17:00
静安	胶州路415号	62588800*38368/38340	周一至周六8:30～17:00
普陀	大渡河路1895号	52809966*49436	周一至周六8:30～17:00
闸北	天目中路578号	63172110*41033	周一至周六8:30～17:00
虹口	闵行路260号1号楼213室	63242200*32326	周一至周六8:30～17:00
杨浦	平凉路2049号	65431000*31277	周一至周六8:30～17:00
闵行	银都路3700号	34120844	周一至周五8:30～16:30
宝山	盘古路588号	56608111*30520/30298	周一至周六9:00～17:00
嘉定	塔城路东路400号	69989125	周一至周五上午8:30～11:30 下午1:30～5:00
松江	中山东路290号	57825713	周一至周六8:30～16:30
金山	金山石化街道卫零路809号	37990110*65297	周一至周六8:30～16:30
青浦	青浦镇城中北路485号	69714193	周一至周六上午8:30～11:30 下午2:00～5:00

2 其他国际证件

国际学生证

韩国是个观光国，学生的优惠并不多，票价都只分为成人与孩童居多。不过申办一张在身边也许会有帮助。

国际青年证

在韩国使用度不高，不常见。建议不用特别办理或携带。

Tip 国际学生证、国际青年证这里办

国际学生证协会中国办公室

地　　址：北京市东三环北路甲二号京信大厦2142-2145室（100027）

电　　话：010-65981876，010-65981976

网　　址：http://www.isiccard.com.cn/

国际学生证办理中心

（国际学生证申请费用140元，国际青年证申请费用160元）

地　　址：北京市东城区东直门外大街48号东方银座C座21A（100027）

电　　话：010-84549302/03

工作时间：周一至周五9:00~18:00（周六、周日休息）

网　　址：http://www.chuguo.cn/study_abroad/campaign/isic/

国际学生证上海办证中心

（国际学生证申请费用85元，国际青年证申请费用85元）

地　　址：上海市南京西路580号南证大厦23层2320室（200041）

电　　话：021-62180690，021-62189050

工作时间：周一至周六9:00~18:00（上门办理者立等可取）

规划行程

韩流热点·美味韩食一网打尽

1 列必访清单

时间宝贵，为避免忙中出错，每次出行前列出一张必访清单，再按清单上的地点编排行程，最能善用仅仅数天的假期。将要玩、要买、要吃的项目顺地点路线安排在一天的行程里，节省车费和时间，还有朋友、同事托买的礼物，最好编在同一天、同一区（明洞或新村）全部买好，一件都不能少。

必玩景点

- 景福宫
- 非语言音乐表演（如乱打、JUMP秀等）
- 韩服体验
- 光化门门将换班仪式
- 传统市场
- N首尔塔+泰迪熊博物馆
- 汗蒸幕
- 潮流热点弘大或新沙

必吃美食

- 烤韩牛
- 五花肉
- 参鸡汤
- 韩定食
- 紫菜包饭
- 辣炒年糕
- 生章鱼或辣炒章鱼
- 渔市场的海鲜料理（皇帝蟹、刺身、鲍鱼）

必买好物

- 东大门时尚服饰
- 明洞化妆品
- 超市零食
- 折扣市场下架货
- 新村便宜女装

2 按天数计划

除非你是决心离职来个“空档年(Gap Year)”旅游，否则假期长短决定你的旅行模式，现实就是如此残酷。不过也因为这样你才会稳稳妥妥地做计划，不要浪费有限的假期。如以日数计划，第一次游首尔可分为5天内和7天内，行程计划可参考：

5天内

两天瞎拼（江北、江南各1天）+1天古迹王宫+1天经典或韩剧景点+最后半天韩国文化体验（如，汗蒸幕、美容……）。

7天内

5天行程+1天郊外游（如南怡岛、小法国村、Heyri艺术园）；也有不少朋友会到釜山或全州来个“2日1夜”的短线游。

3 按预算做计划

按预算来计划的话，不妨考虑趁淡季出行（即5~8月、11月、3月）。这时候首尔的机票和酒店房价低，游客亦不多，但也没有太多节庆活动，比较适合喜欢安静，一人享受旅行或进行深度旅游的背包客。游韩最主要的开支还是住宿，其次是吃、景点门票和交通费用，至于买东西，大多游客都不设上限。

游首尔一天的预算

豪华型，约人民币2160元（韩国文化体验费用另计）

- 住：星级酒店（双人房，约人民币600~800元/人）
- 吃：正餐（午、晚餐）吃宫宴、烤韩牛、皇帝蟹（约人民币400~800元，零食消夜不计）
- 看表演：约人民币300元
- 景点门票：约人民币100~200元
- 交通：市内坐计程车3~5次（约人民币80元）

中价位型，约人民币1400元（韩国文化体验费用另计）

- 住：商务酒店（两人房，约人民币300~500元/人）
- 吃：正餐（午、晚餐）吃韩定食、烤海贝、烤韩牛（约人民币300~400元，零食消夜不计）
- 看表演：约人民币300元
- 景点门票：约人民币100~160元
- 交通：搭地铁（约人民币40元）

节省型，约人民币350元（韩国文化体验费用另计）

- 住：民宿（两人房，约人民币160~200元/人）
- 吃：正餐（午、晚餐）吃街头小吃、小锅物、炸鸡（约人民币60~80元，零食消夜不计）
- 看表演：向韩国观光公社索取免费票券或参加任何形式的抽奖
- 景点门票：只看景福宫（约人民币40元）或免费的博物馆
- 交通：搭地铁和走路（约人民币30元）

4 按时令规划

韩国四季分明，春天看樱花、秋天看红叶和冬天滑雪，这三大时令活动几乎令世界各地游客疯狂。每逢4月初至4月中旬的樱花季、9月中旬至10月中旬的枫红时节及冬日的圣诞节和农历年，机位都是一票难求，而且酒店房价升近一倍！要知道韩国节日几乎与中国相同：中秋、农历年也是韩国人回乡过节的高峰期，因此最好把握中秋、农历年之后的日子出行。

5 按特定节目规划

大部分的哈韩族也是追星族，每次韩流演唱会、韩星生日会前后，首尔民宿都会被无数外来的追星女生挤爆，即使你不是哈韩族，也要留意并避开这些日子。想知道最新鲜的KPOP消息可到韩娱最前线：http://kpopn.com/

购买机票

让梦想起飞！

何时该购买机票

一旦前往首尔的日期确定好后，便可购买机票，而且越早预订，能够选择的舱等越多，票价也越便宜；尤其是出发日期正好碰上寒暑假与旅游旺季，这时候如果没有提早订好机票，经常会发生一票难求的状况，虽然有时候会碰上旅客临时取消，而在出发前数小时于航空公司柜台给出的退票或剩余机票，但不确定因素太高，并不建议冒险。

订票流程

1. 输入计划出发日期、回程日期和同行人数。
2. 网站会显示当日不同时段的行程和票价（如果是比价网站，则会出示所有航空公司航班）。
3. 选择心仪的行程（如，加入购物车）。
4. 确认机票日期、种类、退票或改期款项（这个阶段不能急）。
5. 输入个人资料（联络资料、护照上的姓名、护照号码或个人出生日期、信用卡等）。
6. 部分网络会提供保险、订餐、线上划位等额外服务，可一并选购。
7. 确认付款资料，即付款。

注意事项

- 机票有效期：一般为7天、14天内、1个月或1年期，价格根据停留时间增加。如打算长途旅行，应先了解机票有效期。
- 机票改期：有时候，特价机票不能改期，如果要改的话，手续费可能比机票价格更贵。

机票种类

旅游票

也就是所谓的个人票，而且越早预订，越能买到便宜的舱等；虽然个人票的票价较贵，但限制相对也少，比较有弹性，如果行程的不确定性高，就适合购买这种旅游票。

团体票

很多旅行社都有这种航空公司配额的团体票，票价比较便宜但必须跟团进团出，出发与回国日期完全无法更改，而且也不能选位。

促销票

若碰上新成立的航空公司，或是新航线的启动，再就是旅游淡季期间，经常会推出便宜的促销票，不过这种票的限制很多，可能一预订就要马上开票，而且开票之后不能更改出发与回国日期；如果要改，就要加收一笔费用，退票还要多扣高额的手续费，所以在开票之前，一定要详细阅读相关的规定。不过若是行程非常确定，倒是建议购买这种促销票，因为可以节省不少费用，加上不能更改，更能坚定出游的决心。

学生票

某些航空公司会针对学生推出便宜的学生机票，但要附上仍在有效期限内的学生证或入学通知书。

航空公司的“机＋酒”套票

有些航空公司会推出机票加上几晚住宿的套装行程，一般是5~9天，费用包含机票与3到6晚的旅馆费用，而且旅馆的级数还算不错，会比分开个别预订便宜，所以可以考虑。

Tip 机票的价格

一般而言，直飞的机票都比较贵，而转机的次数越多票价也越低，然而有些非常便宜的机票，可能转机的等候时间很长，有时甚至达8小时以上。机票的票面价也是一门学问，因为还要加上税金才是实际要付的价格，所以会多出大约人民币1200至3700元不等。各家航空公司的机票税金也不一样，欧洲的航空公司比较高，中东的航空公司就便宜很多。

廉价航空

现在有越来越多的廉价航空公司加入空中交通的市场，提供给旅费比较有限制的乘客更多的选择，不过这种航空公司大多以短程的路线为主。

廉价航空注意事项

廉价航空为了降低票价，所以相较于一般航空会有不同的做法，在选购时需考虑：

- 不提供餐点，若要点餐，得额外付费。
- 不提供视听娱乐，若想看电影、听音乐，得额外付费。
- 降落非主要都市或机场。
- 行李限重极端严格，一般航空通常会有2到3公斤的宽容，廉价航空则无。

搜寻廉价航班

目前很多的订票网站都设有比价的网页，建议对自己即将出发日期的航空公司推出的机票票价先做概略性的涉猎，并仔细阅读限制的条件，再选择合适的航班与接驳预订购买。

去哪儿网

http://www.Qunar.com

进入首页后，只要输入出发地、前往的国家与城市，就会出现各航空公司的票面价、效期、舱等、票种、限制，然后再点入税金及票价说明，便可计算实际应付的价格，选定出发、回程日期，便可直接网上订购机票。

艺龙旅行网

http://www.elong.com

进入网页后，只要打上目的地与出发、回国日期、人数，便会把符合的航班依据票价罗列出来，还可选择直飞或是中途停几站，当然转机的次数越多，票价也越便宜；确定之后，就可直接进入订位程序购买。

Volare.com

www.volare.com

这是许多廉价机票网站的集合，提供的语言服务以英文为主，不过需要花点时间上网页里的各个廉价网站去搜寻。

准备旅费

精打细算游首尔

近年韩元汇率上涨，首尔消费水平为韩国之首，要好好计划自己的旅费，是穷旅游还是要享受好旅游，难得来到梦想之地，应花的就得花，为自己留下美好的回忆。

首尔的消费水平

首尔物价与中国比较，以咖啡为例，首尔大型连锁咖啡店的咖啡一杯约为₩5000~₩7000，而首尔过去3年的通货膨胀幅度约每年5%~10%，地铁单程票价也在2012年加价₩1000，对市民来说是个很大的升幅。

在首尔一天的费用估算

支出项目	金额
早餐（三明治、饭团、紫菜包饭）	₩2000~₩3000
饺子店用午餐	₩5000~₩8000
下午茶或消夜（咖啡、甜甜圈、雪糕）	₩4000~₩8000
晚餐	
（烤五花肉、烤贝）	₩15 000~₩25 000
（腌蟹，烤韩牛）	₩30 000以上
市内地铁交通费	₩5000~₩7000
郊区交通费	₩10 000~₩15 000
景点门票	₩3000~₩30 000
三星级饭店住宿一晚	₩70 000
伴手礼、纪念品	₩5000~₩10 000
累计一天费用	₩109 000~₩174 000

游首尔省钱秘诀

多尝尝路边小吃

依据个人喜爱与旅游信息推荐列出必吃的韩国料理清单，早餐就在住宿点享用，其他餐除犒赏自己一天辛劳的大餐外，可多尝试路边小吃摊的紫菜饭卷、辣炒年糕、鱼糕串等平价小吃 。此外，到旅游发展局或旅游中心所索取免费观光手册，里面附的各式折价券是省钱啖美食的好法宝。

多方比价并注意机＋酒与旅馆折扣优惠

预订旅馆时务必多方比价，并以民宿、青年旅馆或平价舒适的商务旅馆为优先考量，且大多民宿、旅馆都有连泊优惠方案，可省下不少住宿费用。此外，订房前不妨浏览一下旅行社提供的机+酒自由行，会比单独订房来得划算。

多利用大众运输工具

步行是近距离串游的最佳方式，不同区域移动则多利用地铁、公交车等大众运输工具，避免搭乘计程车。此外，搭地铁、公交车时别忘了用提供地铁车资和转乘优惠的T-Money交通卡，省下的钱积少成多，可用来多吃点美食。

免门票艺文活动与星光票

景福宫与德寿宫的古代门将交换仪式、依时令举办的传统祭典、弘大壁画街、骆山公园……首尔有不少这类免门票又极具特色的景点或活动，安排行程时可多上网查找确认。此外，看早场电影、利用傍晚入场的游乐园星光票等也能省下不少钱。

美妆店、百货公司捡便宜

韩国美妆店都会大方提供免费的试用包，不但能省钱，还可试用后依个人需求购买。选购服饰除多逛新村、梨大平价服饰店外，百货公司地下一楼的花车商品店也是挖宝的好地方。

韩国货币

韩国的货币基本单位为韩元（₩）（念法：won）。

纸钞

₩50 000 오만원o-man-won

₩10 000 만원 man-won

₩5000 오천원 o-cheon-won

₩1000 천원 cheon-won

硬币

₩500 오백원 o-baek-won

₩100 백원 baek-won

₩50 오십원 o-sip-won

₩10 십원 sip-won

各种汇兑方式与汇率

机场汇兑柜台

到达首尔机场之后，如果身无韩元怎么办？机场出关前已有银行兑换韩元，汇率与出关后一样，一般做法先换一点零钱，足够坐车到市区就可直接在旅游区再兑换（机场汇兑柜台营业时间06:00~20:00）。

市区内银行

市区内各银行也有兑换韩元服务，汇率与机场相同，营业时间为08:30~16:30，周末休息。

市区内换钱所（两替、换钱）

明洞和东大门的换钱所汇率最有利，而且这两区的兑换店都全年无休，营业时间也最久（09:00~20:00），明洞更有一家7-11店提供24小时兑换服务。

跨国ATM提款

比汇兑另一个更简单的做法，就是在当地银行提款机利用PLUS提取现金。只要你的提款卡印有PLUS，国外提款机只收取一次性的手续费，一般为3美元，但提取的金额有限制，通常每次为₩1 000 000（约人民币28 000元）。唯须注意的是，韩国境内只有首尔仁川机场和釜山金海机场的提款机有提供PLUS服务，境内其他地方的提款机就没有了。

纸钞上的历史故事

₩50 000 o-man-won

50 000韩元纸钞上的肖像申师任堂（신사임당）被称为“韩国之母”，也是第一位登上韩国钞票肖像的女性，为朝鲜史上贤淑女子的象征，绘画、诗文、画法、刺绣无一不通。另一面则是她的画作《月梅图》及《风竹图》。

₩10 000 man-won

10 000韩元纸钞的肖像是朝鲜王朝第四代皇帝——世宗大王，以创造韩国文字及科学成就著称，钞票上的自动水漏就是科学家蒋英实依世宗大王之命在西元1438年建立的，虽然原制品未能保存下来，但西元1536年根据此基础改良的水漏至今仍保存在德寿宫内。背面为世宗大王的父亲太宗下令修建的景福宫庆会楼，曾是举办国家大型庆祝活动及宴请外交使臣的地方。今貌为西元1867年重建，东西长128米，南北宽113米，屋檐高翘，非常雄伟。

₩5000 o-cheon-won

5000韩元纸钞的人物是韩国名才子李珥。他在29岁前参加过9次官吏考试，每次都名列第一，并大胆提出多种政治思想和性理学理论，成一代“风流人物”。背面的建筑乌竹轩位于江原道江陵市，是李珥的故居，也是他的母亲——朝鲜时代第一位女画家申师任堂（西元1504—1551年）的出生地。

₩1000 cheon-won

1000韩元纸钞的人物是李滉，和李珥并列性理学两大先驱，培育英才无数。纸币上的投壶是一种用箭往罐子里投的游戏。李滉幼时非常喜爱这种游戏。据说他曾借助这个游戏，了解前来求学者钻研学问的潜能。另一面为庆尚北道安东市的陶山书院，为李滉的学生在他去世后所创办，也是朝鲜时期仅存的三座书院之一。院内藏书4000多册，并保存了李滉生前使用过的物品。

预订旅馆

根据个人需求选择落脚处

由于土地用途的法律追不上需求，目前韩国正在闹酒店荒，订一间普通的酒店房价格动辄200美元以上，遇上复活节、中秋、圣诞和农历新年等旺季，更让订好机票的游客为住宿烦恼。如有计划出游，建议最少一个月前要订好房间，若临时决定出行，可考虑酒店以外的其他住宿选择。

首尔住宿类型

首尔住宿选择丰富，举凡奢华的设计酒店、可体验韩国传统文化的韩屋民宿、价格低廉便利的青年旅馆，甚至与当地人一起生活的寄宿家庭，应有尽有。主要分为下列几种：

- **大型国际连锁饭店**

多通过旅行社或航空公司套票销售，直接从官网订购反而更贵。

- **韩国本地品牌饭店**

以无穷花分级的韩国本地饭店，历史悠久的五朵花级房价每晚可高达₩500 000。

- **公寓旅馆(Condo/Serviced Apartment)**

有洗衣机、厨房，可容纳4～8人入住的公寓旅馆，房价约₩50 000～₩200 000。

- **汽车旅馆(Motel)**

房价约₩50 000～₩80 000。无法网络预订。房数虽多，但不适合带小朋友的家庭或两名男生入住。

- **民宿（家庭旅馆）**

分为传统韩屋和一般住宅，传统韩屋价格在₩60 000以上，一般住宅更便宜，利用民宿官网即可订房，少数须预付定金。但部分民宿没有牌照，住宿条件、管理也参差不齐。

- **青年旅馆**

有申请牌照且管理有规模的平价住宿，可从官网预订，一般不须预付定金，住7天以上多有提供折扣。

- **Homestay家庭寄宿**

选择多且可练习韩文，价格便宜，但要有文化冲突的心理准备。

通过国内旅行社

由于从旅行社拿到的房价，往往比饭店官网上的公定牌价还优惠，所以，牌价多为参考，实际房价仍需询问旅行社最清楚。向旅行社订房步骤如下：

- Step1 选择饭店

依喜好、预算、地区，将欲选定的饭店及入住日期告知旅行社，由承办人员查询报价。

- Step2 选择房型

澳门饭店最常见的是一张双人床。双人床的床型从标准双人床、Queen Size（加宽不加长）到King Size（加宽加长）都有。每家饭店不一样。若为两张床的房型，则有两张标准双人床、两张单人加大床、两张单人床三种床型。由于饭店房型多元，对于带小孩同行的家庭旅游，床型大小也会影响到住宿品质，最好在订房时询问旅行社承办人员。

- Step3 等候承办窗口回复。

- Step4 旅行社完成订房后

旅客再依照规定填妥订房单与刷卡单E-mail回复，并以刷卡或转账方式预付部分定金或全额房价。

向饭店订房

饭店官网上也常有限定优惠方案，也是订房的好选择之一。首尔大多星级酒店、商务旅馆、青年旅馆、民宿都有英文网页，也有通英文的服务人员，部分甚至有通中文的服务人员。旅客若有任何问题可直接上官网查询，或用E-mail向饭店询问清楚。订房时可直接用E-mail或网上预约，并且需要依照各饭店的规定，通过网络刷卡预付定金或全额费用。饭店网上订房步骤可参考下述订房网操作。

通过订房网站

通过各大旅游网、订房网，代为预订客房，同样可以取得比饭店牌价更优惠的房价。许多订房网也会推出早鸟优惠专案，同时，旅客也可看到其他消费者对饭店的评语，作为选择参考。

线上订房步骤如下：

- **Step1 选择饭店**

详阅网页介绍的各饭店设施资讯，以自己的喜好、预算、地区来决定饭店。各大订房网的标价单位不同，请注意是以人民币、韩元或美元计价，再自行换算。

- **Step2 选择房型**

一般常见房型包括单人房(Single)、一张大床的双人房(Double)、两张标准单人床的双人房(Twin)，其他加大床型、三人房、加床等费用及规定则各家设计不同，必须上网查看房型和床型的标示。

- **Step3 选择入住与退房日期**

查询是否有空房及网络房价。

- **Step4 输入各项订购者的资料。**

- **Step5 依照各订房网规定**

以网上刷卡或转账方式，预付部分定金或全额房价。

（一般的线上订房步骤仅供参考，每家订房系统略有不同）

推荐订房网站

- 跨国网上订房http://www.agoda.com
- 韩国饭店订房网http://www.hotelkorea.com
- 家庭寄宿http://www.airbnb.com、http://www.homestaykorea.com
- 世界民宿青旅网http://www.hostelworld.com
- 首尔青年旅馆http://seoulyh.go.kr

网络聪明订房Step by Step（范例说明HotelClub订房网http://www.hotelclub.com）

Step1登入订房网站

1. 输入电子邮件信箱和密码登录，登入订房网站首页。

2. 非会员者请点选**登记**，接着进行注册程序，依照步骤格式填写电子邮件、密码，重新输入密码。

3. 然后点选**注册**，即完成注册程序，再返回订房主页面。

Step2搜寻饭店

1. 决定饭店搜寻方式：点选◎以城市、景点、地区或机场搜寻。

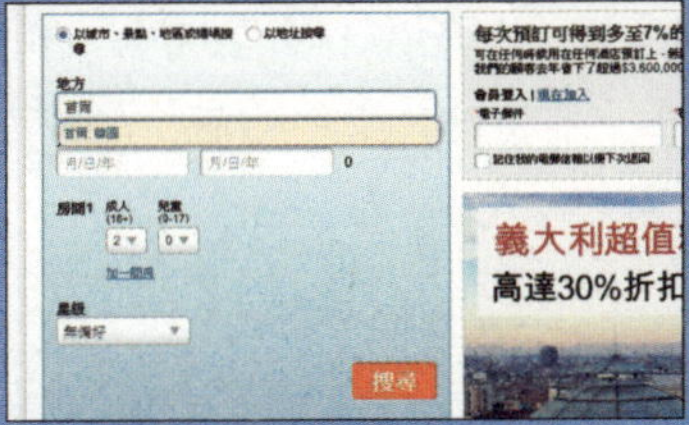

2. 地方：输入**首尔**两字，会显示分区选项。

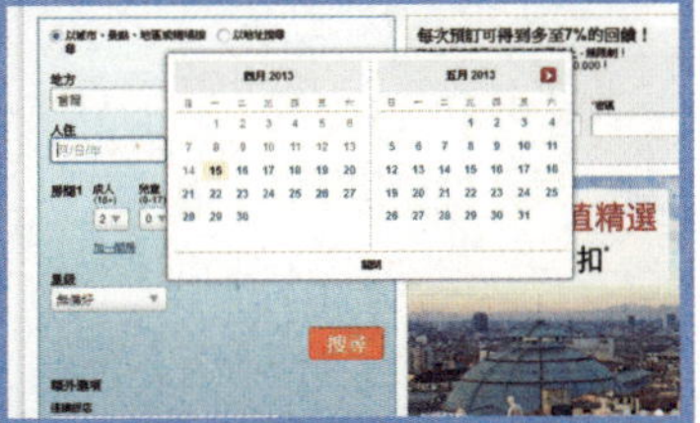

3.入住、退房、晚数：鼠标点至入住和退房空格，会显示行事历，直接点选预订入住和退房日期，接着点选入住数（入住几晚）。

4. 房间：点选◎成人几位◎儿童

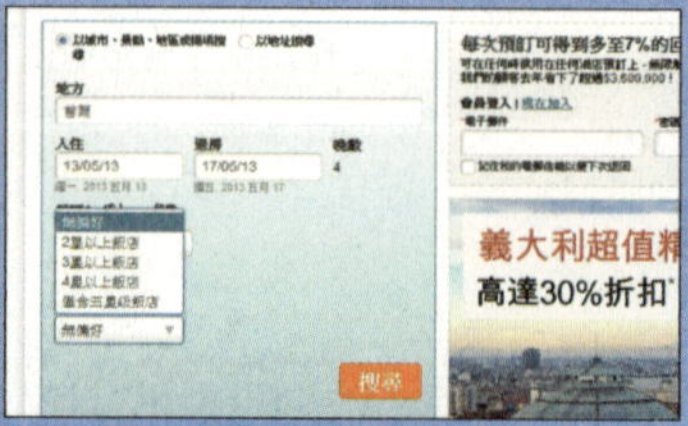

5. 星级：鼠标点至星级空格，会显示2星级至5星级选项，点选希望的饭店星级。

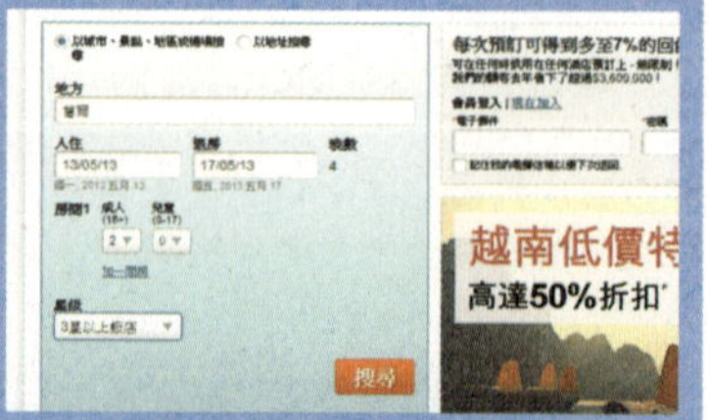

6. 完成上述步骤，即可点选**搜寻**，展开饭店搜寻。

Step3 选择饭店

1. 完成搜寻步骤，页面会显示所选地区、星级的各式饭店选项与介绍，同时于网页左侧显示饭店位置图、右侧显示房价（已换算成人民币）及对会员的奖励。

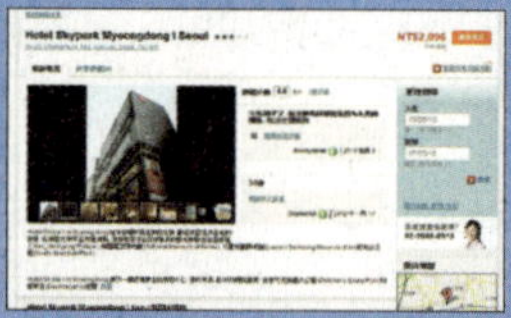

2. 逐一点选符合自己需求的饭店，查看更多饭店介绍与图片，此时页面下方也会显示已选房型的每晚房价及其他房型的优惠价和差价。

3. 陆续看完饭店介绍与图片，返回上一层的饭店选项页面，决定所选取的饭店。

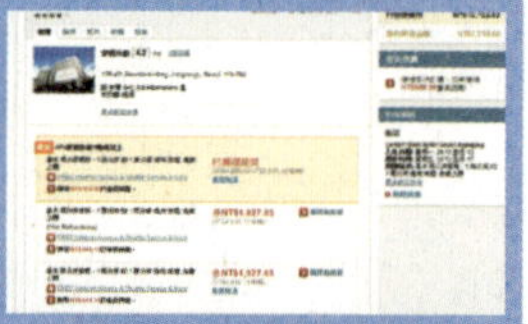

4. 点选最右侧的预订两字，进入实际订房程序。最后再次确认该饭店的入住、退房日期，若不需再重选饭店或房型，即可点选右上角的**继续预订**，进入下一个结账程序。

Step4 结账（旅客资讯）

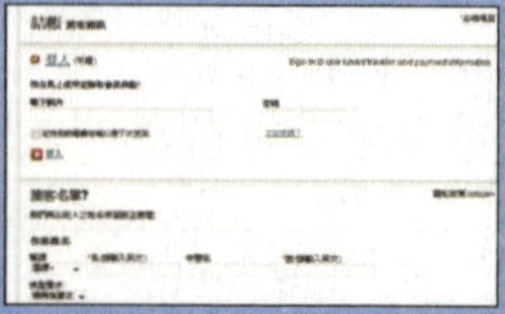

1. 登入：输入会员电子邮件信箱和密码，完成登入。

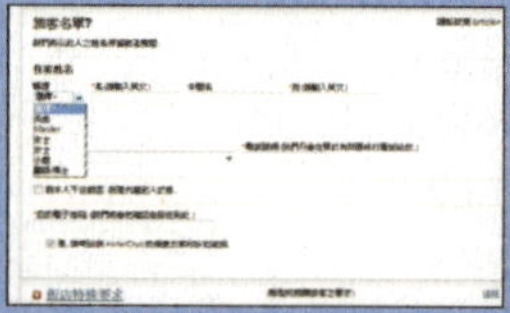

2. 旅客名单：输入住客英文姓名、称谓，房型要求（吸烟、非吸烟），电话号码等资料，输入完毕后，点选最下方的**继续预订**，进入下一个页面。（在结账页面操作时，页面的右侧边栏会显示订房协助的服务电话，并再次显示锁定饭店的天数、人数、房价、入住与退房、房型等资料，以方便核对确认。）

Step5 填写账单资料

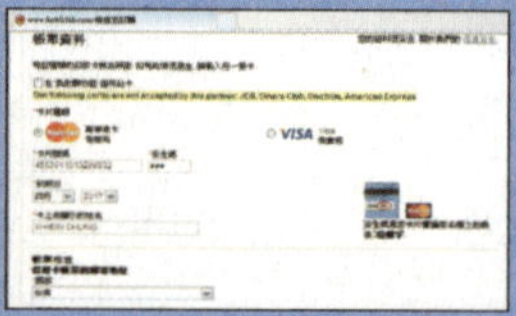

1. 输入资料：依照步骤指示，陆续输入信用卡种类、号码、到期日、信用卡显示的姓名、账单地址（输入国家、街道、城市、邮递区号）、持卡人电话号码等资料。

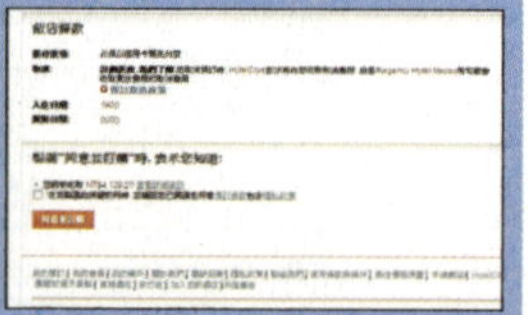

2. 同意并订购：填写完上述资料，本页面最下方会显示饭店条款，点选**同意并订购**，即可完成订购，进入下一个显示订购已完成的页面。

打包行李

精简行李轻松上路

行李箱就如流动的家，里面装着大家的战利品和宝贝，以及日常生活不可缺少的日用品。这也是一门大学问。去首尔旅行，无可避免地会买很多化妆品，记得在机场Check-in前要办理退税，所以除顾及布局和重量外，回程打包时要把退税货品放于最上层。

首尔天气

气温及出游服装

除下列四季建议服装外，太阳眼镜、帽子、防晒乳等配件也是不可少的。此外，因首尔气候较干燥，护唇膏等肌肤保湿用品也属必备。

季节	气温	出游服装
春（3~5月）	8℃~20℃	长袜、中厚度防风外套、帽子
夏（6~8月）	25℃~30℃	防晒乳液、遮阳帽、墨镜
秋（9~11月）	12℃~20℃	长袖薄上衣和风衣、围巾、身体乳液、护手霜
冬（12~2月）	-5℃~5℃	保暖衣物、羊毛袜、帽子、围巾、手套、包脚防滑鞋、身体乳液、护手霜

选购行李箱

硬行李箱

外形时尚、颜色鲜艳的高品质行李箱，近年设计改用轻巧材料，防撞能力强且有不少品牌提供保固，极受商务旅客青睐。缺点是打开后必须全开平放，很占空间。

软行李箱

轻巧且使用较柔软材质的纤维箱近年相当受欢迎。软纤维材质可卸力，不怕被压、抛烂和撞坏，唯一要小心的是拉链位置可被插入直接打开箱子，外置锁只有阻吓作用，不建议入住青年旅馆者使用。

尼龙制行李箱

开盖式廉价的行李箱，虽比软行李箱笨重，但较容易存放，最好购买加4个边角有强保护的款式。

注：现在市面上的行李箱多设有4个滑轮，一个行李箱失去一个轮就像一张三脚椅，购买时务必多加留意滑轮的接合部是否稳固，基座的材质是否为强化胶。

行李托运限重

手提行李限5~7公斤，托运行李各家航空公司规定有所不同，一般为：

- 经济舱：一件限20公斤。
- 商务舱：托运行李两件共30公斤。
- 头等舱：托运行李共40公斤。

此外，如超过规定（长90厘米×宽45厘米×高75厘米，重50公斤）的超大行李得另支付附加费用，并使用另一种托运服务。

随身携带包

1. 准备一个可以完全密封的证件袋，一旦完成通关、验照、登机程序，立刻将护照、钱包、信用卡、机票等重要证件，全部收纳起来，避免有所遗漏。

2. 液体胶状药品、保养品每瓶不超过100ml，总数不超过10瓶，剪刀型的指甲刀等刀剪类不可随身携带。

3. 为了避免相机、笔记本电脑、手机在托运时碰撞，建议随身携带。

4. 相机、笔记本电脑、手机专用锂电池短路起火会引发飞行安全意外，现在就连备用的电池也规定必须随身携带，禁止托运。

5. 秋冬到首尔，切记将御寒外套放在手提行李里，不要放入行李箱内，以免行李误寄到当地才发现，机场内可没有卖衣服的地方！

个人旅行免费托运行李打包秘诀

1 将箱子划成4个区，哪个区放什么要养成习惯，如，外衣左上角、袜子右上角（外衣和袜子都是最重最厚）。以三明治方法把箱子分为三层，最易碎的放中央，上下放衣物保护。

2 将电器用品和充电设备等较重物品，单独收纳于具有防水保护功效的盒子或袋内，并放置在行李箱的最下方位置。

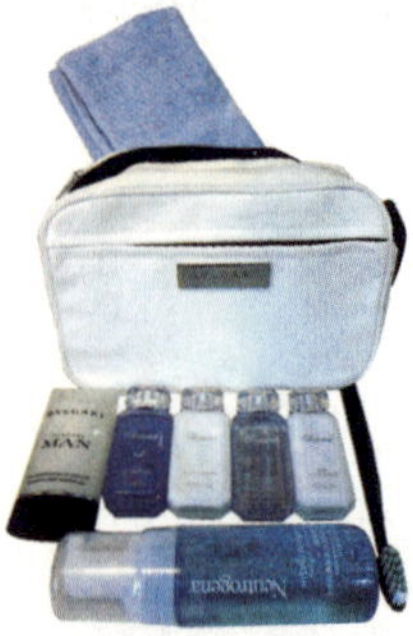

3 瓶瓶罐罐等个人清洁保养用的镜子、药水及毛巾，单独收纳于能保湿的袋内，放置在行李箱的中部，以免流质物品打破流出。

4 将衣物折叠平整（或卷起），放入可透气的单独收纳袋中，避免衣物露出和其他物品混合交叠，并可将贴身内衣、裤，外衣、袜子，分别收纳在不同的袋子里，拿取时一目了然。

5 药品、小型理容刀剪组、针线等收纳在一个小袋内。

6 将各式杂物收纳于小型杂物袋中，如，备用的湿纸巾、女性卫生用品等。

7 将零食饼干与个人习惯的茶包咖啡等食物，单独收纳在独立的袋子里，避免和衣物混合。

8 将备用的便鞋收纳于鞋袋中束紧，避免异味飘出。

9 将折叠伞收纳于各收纳袋的缝隙间即可。

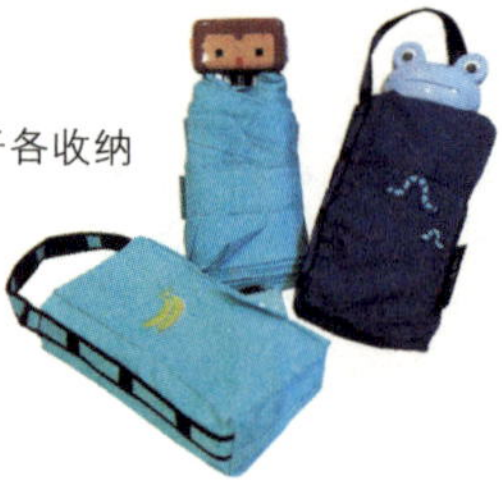

10 准备一个折叠式的备用购物托运袋及数个简易备用塑胶袋以收纳脏衣物。

11 硬壳行李箱的中间网状隔板，可收纳行程表、地图、旅游参考书籍。

12 如果要拖运酒类液体物品，须单独将酒瓶以袜子或毛巾包裹，再置放于防水的塑胶袋内，避免不小心打破漏出。同时，托运行李时提醒机场报到柜台承办员贴上易碎物标志贴纸。

13 如果纸盒非要拿回家，可将里面的物品拿出来，按第三项处理，纸盒拆开压平，放在夹层或外层，既省空间又不怕纸盒被压至变形。

14 尽量用透明袋子放置小物品，免得来回翻找。

15 全家同游者，可准备两个行李箱，打包方式如上述事项，如果考量携带方便只带一个行李箱，仍可将父母、孩子的衣物分开置于3个收纳袋内。

16 四角塞入袜子、手帕、围巾等物件，尽量不留空隙。

行李检查清单（非常必要：◎，建议要○，视个人需要△）

	品名	必要度	已放入行李箱	备注
贵重品和证件类	护照（签证）	◎		确认有效期限是否长于6个月。
	旅行支票T/C	◎		记住支票号码，遗失才能补发。
	现金（英镑）	◎		抵达时再换也来得及，但最好入境时已持有小额。
	现金（人民币）	○		保留回国时从机场搭车回家的费用。
	机票	◎		确认好登机门和转机航厦。
	网络预订记录	◎		饭店、车票、表演等。
	信用卡、国际金融卡等	◎		国际学生证、青年旅馆证。
	国际驾照	△		搭配信用卡；能准备一份英文的国内住址证明最好。
	2英寸照片四张	◎		遗失护照或现场临时办证时可用。
盥洗用具	肥皂、沐浴乳	○		旅馆几乎都有。
	牙刷、牙膏	◎		韩国的旅馆普遍没有，许多五星级的也不主动提供。
	刮胡刀	△		若带手动刮胡刀最便利。
	吹风机	△		一般都会有，没有的话通常柜台可以借Hair Dryer。
	常用药物	◎		伤风头痛药等有备无患。
	洗衣粉	△		可以肥皂代替，尽可能带小包装。
	生理用品	○		到了韩国再买也行，但亚洲的选择较多。
	护唇膏、滋润乳液	◎		须带滋润肌肤用品。
衣服和杂货	内睡衣、袜子	○		洗完很难快干，多准备几件较好。
	替换衣物	◎		如须出席正式场合，得带称头的服装。
	拖鞋	○		去海边或飞机上时换着穿较舒服。
	毛衣	◎		天气变冷时套上就好，很便利，又轻。
	风衣或防水外套	◎		野外必备，夏天夜游时也需要。
	雨伞或雨衣	◎		韩国多雨，雨具以轻便为佳。
	手套、围巾和帽子	◎		冬天必备。
	泳衣	△		夏天要游泳的人必备。
	墨镜	△		夏天租车出游时，可防强烈阳光。
	餐具（如筷子）	◎		会自炊或购买泡面的话，带个耐热器皿与餐具。
	万用瑞士刀	△		登机时勿随身携带。行程都在城市的话，请不要带刀。
	塑胶袋	○		当作衣物的分类，或装垃圾用。
	转换插头、变压器	◎		若要带电器、充电器，要确认规格。
	手表	◎		最好有闹钟功能。老是拿手机看时间容易被抢。
	手机、电池	○		电池很贵，当地买不划算。
	数码相机、记忆卡	○		小型轻便者为佳。
	计算器	○		需要时可换算汇率。拿手机算的话怕被抢。
参考书和重要电话	电子字典	△		帮助紧急会话用。
	地图、旅游指南	◎		按图索骥找路比较轻松。
	信用卡24小时服务电话	◎		信用卡遗失或刷不过（decline）时，可去电确认。
	旅行支票挂失电话	◎		万一遗失时可派上用场。
	航空公司当地电话	◎		确认机票改期或延期事项。
	饭店或旅馆电话	◎		找不到路时可打电话求助。
	驻韩使领馆电话	◎		有急难状况时可求助。

转换插头与变压器

韩国电压大部分是220V，定格电波数为50Hz／60Hz。插头为圆头两孔或三孔，并有特定圆形凹槽（约3厘米）。出国前最好先购买转换插座和变压器，如须使用多种充电用品，可自带多插座延长线。

管制携带的物品

压缩气体（如，罐装瓦斯、喷漆、防身喷雾器）、枪炮、爆裂物（如，火药、爆竹）、易燃物、氧化剂等，是飞机上的违禁品。动植物、毒品妨碍公共安全之物品、伪造货币或证券、仿冒品、无线电机用品等，不能携带入韩国海关。而瑞士刀组、刮胡刀、指甲刀等贴身小物，则需要置于托运行李中。

符号代表讯息

交 交通方式 网 相关网址 时 营业时间 票 参观门票 费 费用

地 地点位置 址 详细地址 电 相关电话 注 备注事项

Chapter 3
快乐出发篇

出入机场

顺利出游去

1 前往机场

北京首都国际机场

北京首都机场为国际机场，距离北京市区20多公里，除自行开车前往、租用机场接送服务或搭乘计程车外，往返的客运种类多、班次密集，可视自己的居住地区和航班时间进行选择。

● 机场巴士路线表

	路线号	运营时间	行车路线
市区↓机场	1线	5:00~21:00	方庄（方庄体育公园东门南侧）—国贸—首都机场
	2线	5:00~21:00	西单—车公庄—雍和宫—首都机场
	3线	5:00~21:00	北京站—国际饭店—东直门—亮马河大厦—首都机场
	4线	4:30~22:00	公主坟—友谊宾馆—北太平庄—安贞桥—西坝河—首都机场
	5线	6:00~19:10	中关村—北航—惠新西街—首都机场
	7线	4:50~22:00	西客站环岛火炬东侧—广安门—磁器口—朝阳公园桥—首都机场
	8线	5:10~20:50	上地—西三旗—龙泽城铁站—龙华园—矩阵小区—天通西苑一区—白坊（天通东苑）—首都机场
	10线	7:00~19:30	北京南站北出口公交枢纽站台—首都机场
	11线	8:00发车	亦庄兴基铂尔曼饭店—丰大国际大酒店—锦江富园大酒店—北环西路—首都机场

机场快轨搭乘指南

机场快轨运营车时间	乘坐位置	换乘站提示	发车间隔	计价方式	温馨提示
T2：06:35~23:10 T3：06:20~22:50 东直门：06:00~22:30	2号航站楼：2号停车楼地下二层 3号航站楼：3号停车楼二层	三元桥站可换乘10号线，东直门站可换乘2号线和13号线	全天均为10分钟一班	单程：25元/人	机场快轨共设4站：东直门、三元桥、3号航站楼、2号航站楼

机场巴士搭乘指南

市区旅客可方便乘坐机场巴士往返首都机场与方庄、西单、北京站、公主坟、中关村、奥运村、西客站、上地、亦庄、通州、北京南站的16条市区巴士线路，周边城市旅客可乘坐省际旅客班车往返机场与天津、廊坊、秦皇岛、塘沽、保定和唐山的6条省际巴士线路。

● 计价方式

市内巴士：详见机场巴士阶梯票价路线表

省际巴士：北京→天　津：82元/人（单程）
北京→塘　沽：94元/人（单程）
北京→秦皇岛：140元/人（单程）
北京→廊　坊：40元/人（单程）
北京→保　定：95元/人（单程）
北京→唐　山：80元/人（单程）

自2014年1月1日起，旅客乘坐首都机场省际巴士时需携带有效身份证件购票和乘车。

● 购票位置

1号航站楼：一层7号门内巴士售票处
2号航站楼：一层9号门外巴士售票处
3号航站楼：一层7号门外巴士售票处

温馨提示：位于3号航站楼3号门内的省际巴士售票柜台迁移至1号门内，同时增加空地联运身份证识别器。

● 咨询热线

北京市内机场巴士服务热线：
010-64573891/64594376/64594375
省际机场巴士服务热线：010-64558718

温馨提示：乘坐省际巴士前往首都机场乘机的乘客请注意登机时间，国内航班乘客建议提前6个小时乘坐巴士，国际航班乘客建议提前7个小时乘坐巴士。

机场出租车搭乘指南

● 乘坐位置

1号航站楼：一层1号门外外车道。
2号航站楼：一层5~9号门外中车道。
3号航站楼：请参照航站楼内指示牌。

● 计价方式

1.公里租价2.3元，基价3公里，起租价13元。

2.燃油附加费每运次1元。

3.低速行驶和等候费，时速低于12公里时，每5分钟早晚高峰期间［7:00（含）~9:00（不含），17:00（含）~19:00（不含）］加收2公里租价（不含空驶费），其他时段加收1公里租价（不含空驶费）。

4.提前4小时以上预约每次6元，4小时以内预约每次5元。

5.单程载客15公里以上部分，每公里租价加收50%费用。

6.往返载客，即起点和终点在2公里（含）运营时，每公里加收20%费用。

7. 23:00（含）至次日5:00（不含）运营时，每公里加收20%费用。

2 从机场出发

机场出租车调度管理电话：010-64558892

北京出发的旅客可从首都机场、上海出发的旅客可以从浦东机场搭乘航班前往仁川机场，无论在哪座机场出发，出入关的程序并不会有所差异，必要的手续及关卡都大致相同。

Step 1 机场 Check In

在飞机起飞前至少两小时前抵达机场，预留突发的交通状况时间，并确保自己机位不会被取消，亦可有较多选择机会，例如可向航空公司提出欲划位在靠窗位置等。抵达机场航空公司柜台后，将护照和电子机票复印单交给服务人员，划位后领取登机证。若发生临时事件，最迟也应于航班起飞前40分钟办理登机，否则可能面临关舱、无法登机状况。部分航空公司有开放旅客办理预先登机和选位的功能，可事先上网查询，以节省时间。

Step 2 行李托运

确认机位后，将行李交给柜台称重并办理托运，接着将行李送上输送带，通过X光检验。此时柜台服务人员会请旅客确认行李件数、公斤数和托运单(会直接粘贴于登机证上)，以及运送至运输带上的过程。为避免行李遗失，可在行李箱上挂载写有中英文姓名、地址的辨识名牌，或是易于辨识、颜色鲜艳的物品，届时出关领取行李时较不易与他人行李混淆。

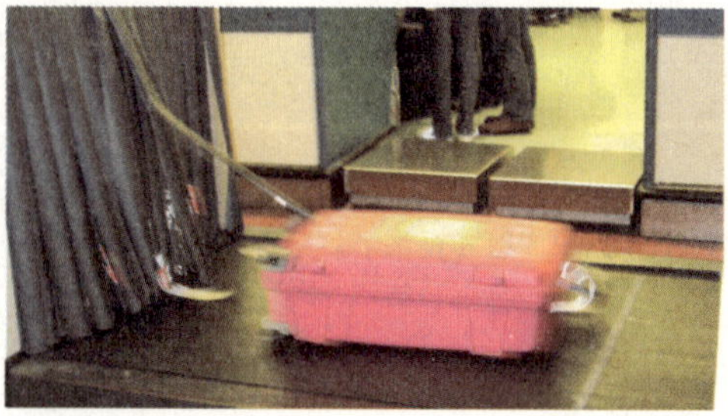

Step 3 证照查验

办理证照查验，必须出示护照和登机证。

Step 4 安全检查

进入出境登机入口，送行人员在此时已不可随行。在这里办理安全手续，旅客除了需要将随身物品取下，部分金属用品（如皮带）也需解下一同送入X光检查仪器，部分物品（如超过100毫升的液体、刀剪等尖锐用品等）必须在此丢弃。

Step 5 准备登机

在登机证上会载明登机门，但有时因班机调度也有可能会临时更改，必须随时注意机场信息。在登机前，使用信用卡或航空公司的会员优惠条件，享受贵宾室的服务，只要在登机证上指定时间前抵达登机门即可。

3.抵达首尔

Step 1 填写入境申请书、旅客海关申报单

在飞机上或于等候入境通关时填写入境申请书及旅客海关申报单，表格上除入境申请书汉字姓名可使用中文外，其余资料须用英文填写，姓名罗马拼音须与护照相同。每位乘客须填写一张旅客海关申报单，如有家人同行时则由一名代表填写即可。

入国申请书（中、英文）

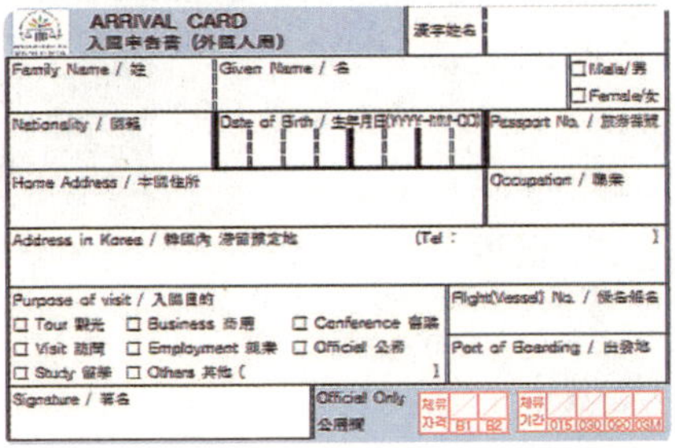

Step 2 入境审查

缴交入境申请书及护照，然后根据指示将两手食指置放于指纹辨识器上，等待指纹存取并进行脸孔辨识相片拍摄（拍摄相片过程中请勿使用移动电话或戴太阳眼镜或帽子等各式配件）。

Step 3 领取行李

完成入境审查后，到领取行李转台内看板前确认搭乘班机的行李领取转台号码，在转台前等候领取自己的托运行李。

韩国入境通关注意事项

1. 自2012年起，凡年满17周岁的外国人入境韩国时在海关柜台都要作指纹和脸孔登录手续（17周岁以下之入境者、外交官员、国际机关相关人员及其家族、韩国中央政府首长招待访韩之外国人可豁免。）

2. 所有入境韩国之旅客（除空服人员外）皆能享有同等额度之免税物品通关许可，无条件免税物品有：酒类一瓶（一公升以下／海外购买价格低于400美元）、香烟200根（雪茄50根／其他烟类250克)、香水2盎司（约60毫升）。

Step 4 缴交旅客海关申报单后入境韩国

除非你有必须通报海关的物品，否则不需要往Goods to declare（通报海关），领取行李后通过绿色出口即可，中间会经过海关人员，有时会有抽样检查行李的动作。

旅客海关申报单（英文）

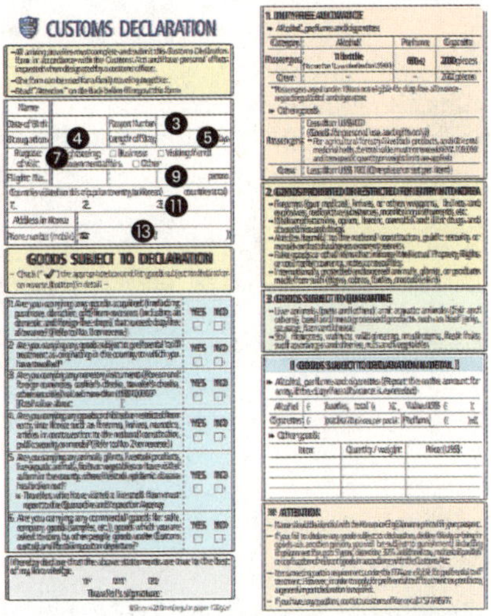

旅客海关申报单这样写

❶ Name（姓名）
❷ Date of Birth（出生日期）
❸ Passport Number（护照号码）
❹ Occupation（职业）
❺ Length of Stay（停留日数）
❻ Purpose of Visit（访韩目的）
❼ Sightseeing（观光） / Business（商务）/ Visiting friend（访友）/ Government affairs（政府事务） / Other（其他）
❽ Flight no.（航班号码）
❾ Persons（同行人数）
❿ Countries visited on this trip prior to entry to Korea（来韩国前曾去过其他国家）
⓫ ____countries total（如有，填上多少国家的数字）
⓬ Address in Korea（在韩国停留期间的地址）
⓭ Phone Number(mobile)（手机号码）

然后要回答：

1. 是否有携带超出免税限额的物品?
2. 是否有携带在原产地未完税货品?
3. 是否携带超过10 000美元的货币?
4. 是否有携带被韩国法律禁止的物品?
5. 是否有携带曾发生疫症国家内的动物、农作物等?
6. 是否有携带可售出之商品?

最后，在表格最下方要填上日期和签名。

背面：如携有超过韩国免税入境条例的酒精和烟草类须填写。

4.离开首尔

Step 1 抵达机场准备Check in

飞机起飞前两小时要到达机场离境大厅。

Step 2 办理退税

退税物品先拿到D、J柜位或Gate 1、2、3、4的海关专柜办理退税，须出示货品、护照和退税发票，海关确认会盖上印章，货品可放回托运行李内，退税发票则待出境审查完成后领取。

Step 3 Check in并托运行李

按指示到航空公司柜台办理报到划位、托运行李手续。托运行李一般限重是20公斤，巨型行李（如高尔夫球袋）则要往D或J区进行特殊托运（须收附加费）。

Step 4 随身行李安检

进入离境禁区，手提包、随手物品和鞋子要进行安检。身上如有金属物品（如皮带扣）尽量取下，方便过关。

Step 5 领取退税

海关出境审查完成后，到28号登机口前的退税窗口出示退税发票和行李托运收据可退还增值税，如窗口无服务人员，可将发票和信用卡号码寄往Global Blue TAX FREE或Tax Free KOREA退税办公室。

Step 6 等候登机

起飞前30分钟至候机室等待搭机返国。

江南登机柜台（都心机场客运站）

位于江南世贸中心对面的都心机场客运站（KCAT, 도심공항터미널）是专为搭乘韩亚(OZ)或大韩航空(KE)的旅客进行登机服务的，但请留意这些柜台不设海关退税检查。

DATA

地 **江南区三成洞159-6 강남구 삼성동 159-6** **电** (02)551-0790、551-0745 **时** 06:30~18:00 **网** http://www.kcat.co.kr **交** **地铁三成站5号出口**

韩国退税制度（Tax Refund）

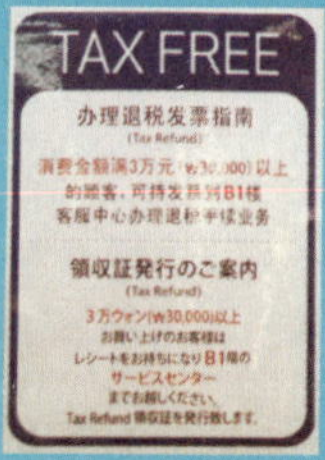

在标有“Tax Free Shopping”标志的商店或商场，一次购买₩30 000以上，自购买日起3个月内出境，即可申请退税，退税金额约为购买金额的7%（可于购物前询问店家）。付款时需出示护照，告诉店员要申办退税，由店员帮你填写“免税购物发票”或“退税申请书”。

注：申请退税的商品在海关检验盖章前不能托运。

如何托运退税商品

将所有申请退税的商品集中打包在行李容易取出的上层。抵达仁川机场后，到航空公司柜台报到划位时，告知空姐需盖退税章。接着再带着装有退税商品的行李，到D或J柜台区找Tax Refund的海关检查核对商品与申请单。

海关盖章后，再将商品放进行李，并直接在查验台旁托运行李即可。拿到盖了章的退税单后，在28号登机门即可凭单直接领取现金。若是到金浦机场，由于Tax Refund的柜台旁不能办理行李托运，所以建议可先办理退税，再前往航空公司柜台报到划位及办理行李托运等手续。

首尔机场对外交通

前往首尔市区超便利

1.仁川国际机场

AREX 机场铁路

机场铁路于2011年开通，连通首尔市区与仁川、金浦两大机场，为旅客带来无限便利。由仁川国际机场出发，一小时内就可到达首尔市区，不用受塞车之苦，也不用在机场外受尽风吹雨打地等候巴士。此外，机场铁路可用T-Money付款，车上又有Wi-Fi，好处多不胜数。

AREX网址：http://china.arex.or.kr

机场铁路路线图

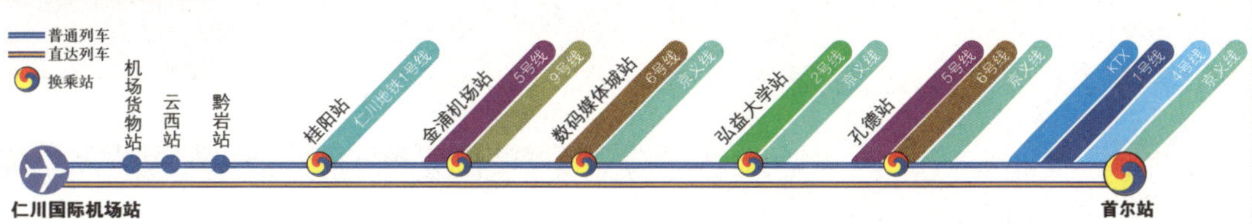

车次与票价

● **直通列车**

直通列车中途不停站直达首尔车站，全程43分钟，每半小时一班。车内有洗手间、Wi-Fi及可免费使用的平板电脑，对号入座，并提供乐天免税店优惠券，百分百VIP待遇。

起站	首班车	末班车	车资
仁川国际机场	05:30	21:30	成人₩8000 儿童₩6900
首尔站	06:00	22:00	

优惠方案

● **直通列车＋市内登机**

持韩亚、大韩、济州航空三家航空公司的电子机票可享有直通车票价八折优惠，还可于飞机起飞前3小时在首尔站地下二楼柜台办理Check-in、托运行李（如须退税则要在机场海关办理）等手续，并完成出境检查，然后乘坐直通车到机场经专属通道进入候机室。

首尔车站相关柜台服务时间

行李托运：05:20～19:00

出境检查：08:00～19:00

● **直通车＋KTX**

如在仁川机场购买直通车和KTX车票，直通车可享7折优惠。

普通列车

AREX分各站停车的普通车和不停站的直通车两种，目前有10个站点。其中6个与首尔地铁站相连。票价按距离而定，由₩900~₩3950，全程只需53分钟，迅速又便宜。

普通列车票价表（以₩为单位）

站名	首尔站	孔德站	弘大入口站	DMC站	金浦机场站	桂阳站	黔岩站	云西站	机场货物站
孔德站	1050								
弘大入口站	1050	1050							
DMC站	1050	1050	1050						
金浦机场站	1250	1250	1150	1150					
桂阳站	1450	1350	1350	1250	1050				
黔岩站	1550	1450	1450	1350	1150	1050			
云西站	3250	3150	3150	3050	2850	2450	1700		
机场货物站	3650	3550	3550	3450	3250	2850	2100	900	
仁川国际机场站	3950	3850	3850	3750	3550	3050	2400	900	900

机场巴士

仁川国际机场机场巴士分为一般巴士、高级巴士(Limousine)和通往首尔以外地区的高速巴士三种。一般巴士和高级巴士都是开往首尔市内各大旅游区，后者停靠站较少，主要是星级酒店，行车时间较短，车资较高；一般巴士多为巡环线，需时较长，从仁川机场到明洞就算不塞车车程至少也要一小时。

行驶时间

营运时间一般为05:30~22:30，依据各航班飞行抵达时刻不同，巴士营运时间保有变动之可能性，适合搭乘深夜到达或早班飞机的旅客乘坐。

机场巴士洽询电话：032-741-6400

机场巴士票价表

起讫站	车资
仁川机场→金浦机场	₩7000
仁川机场→首尔市区（一般巴士）	₩9000~₩10 000
仁川机场→首尔市区（高级巴士）	₩14 000~₩15 000

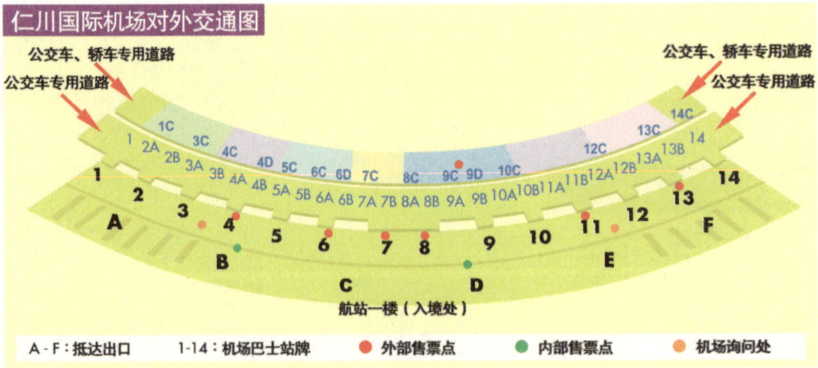

票价与购票

仁川机场购票站设于一楼入境大厅内，4、6~8、9C、11、13号等出口旁的户外候车区亦可购票。购票时只需表明巴士规格（高级或一般）和出示酒店地址，售票人员会告之票价及等候站位。

主要路线与班距

● 仁川机场→首尔市区

巴士类型	路线名称	停靠站	所需时间（分钟）	班距（分钟）	首末班车		票价（₩）
					仁川机场	首尔市区	
高级巴士	江南、驿三（6703）	宫殿饭店、里次卡尔顿饭店、诺博特尔国宾饭店、新生饭店	80	30	05:15~22:20	05:15~19:00	15 000
高级巴士	蚕室（6705）	乐天世界、东首尔巴士客运站、广津站、华克山庄	90	20	04:50~22:45	05:00~19:05	15 000
高级巴士	金浦机场（6105）	金浦机场	30	20	05:20~22:00	05:10~21:00	7000
高级巴士	COEX市中心机场客运站	三成站(COEX)、洲际饭店	60	20~25	05:30~22:30	05:20~20:00	15 000
高级巴士	明洞（6001）	金浦机场、汉江大桥北段、龙山站、三角地站、淑大入口站、首尔站、南大门市场、明洞（ibis饭店）、乙支路入口站（Royl饭店）、乙支路四街站（Best Western Gookdo饭店）、Acacia饭店、Eastgate Tower饭店、Toyoko-Inn、明洞站（世宗饭店）	90	30	05:55~22:25	05:25~19:50	14 000（金浦机场7000）
高级巴士	市政厅（6701）	皇宫饭店、乐天饭店、朝鲜饭店、Koreana 饭店、西小门KAL大厦、首尔花园饭店	70	30	04:47~22:30	05:20~19:15	15 000
高级巴士	南山（6702）	首尔站、希尔顿饭店、索菲特尔国宾饭店、新罗饭店、药水站	90	30	04:50~22:26	05:15~19:05	15 000
高级巴士	首尔站	龙山站、首尔站	60	15	05:20~22:15	05:20~21:40	15 000
高级巴士	上一洞（6006）	三成站、综合运动场站、新川站、奥林匹克Parktel、江东区厅站、千站、吉洞十字路、上一洞	100	30	05:30~23:00	04:00~21:00	10 000
一般巴士	首尔大学（6003）	金浦机场、耸听、山站、88体育馆、乡愁饭店、江西区议会、大一高中、木洞十字路、木洞站、葛山国小前、工具商家、九老站、九老区厅、大林地铁站、乐天百货公司冠岳店、新林站、奉天站、首尔大学入口站、冠岳区厅、首尔大学	90	20	05:00~22:45	04:40~20:00	9000（金浦机场5000）
一般巴士	清凉里（6002）	合井站、西桥饭店、新村捷运站、梨大站、阿岘站、忠正路站、光化门站、钟路1街、钟路2街、钟路3街、钟路4街、东大门站、新设洞站、清里站、首尔市立大入口、典农十字路口、新踏站、东大门区厅、新设洞站	95	15	05:30~23:30	04:30~21:00	10 000
一般巴士	明洞（6015）	马山站(首尔花园饭店)、孔德站、麻浦警察局、忠正路站、首尔站、南大门市场	75	35	05:35~22:45	04:50~20:30	10 000

● 仁川机场→其他地区

路线名称	停靠站	所需时间（分钟）	班距（分钟）	首末班车		票价（₩）
				仁川机场	目的地	
光州高级巴士	光州综合巴士客运站（光川洞）	270	60	06:50~21:20	00:30~13:50	29 900
大田一般巴士	大德文化中心、大田政府厅舍、大田东部市外巴士客运站	180	170	06:50~17:00	03:40~19:10	14 000
忠州高级巴士	东首尔巴士客运站、忠州市外巴士客运站	200	220	06:30~19:10	06:20~18:40	忠州14 700 东首尔 6500
全州高级巴士	金浦机场(国内线航站楼七号)、国际线一号乘车场、益山交流道（Woori加油站内）、全州（Core饭店）	240	60	06:30~22:30	02:30~19:00	全州28 000 益山27 000
春川市外直达	金浦机场、清平市外巴士客运站、加平市外巴士客运站、春川市外巴士客运站	150	180	08:00~21:30	04:30~16:00	春川16 000 金浦机场3100

计程车

首尔计程车分为一般计程车、模范计程车、大型计程车三种。一般计程车与模范计程车限载四位乘客，大型计程车最多可搭载9位乘客。仁川机场计程车站设在入境大厅一楼4~8号出口外，过马路到4D~8C站可搭。

车资

● **一般计程车**：起价₩2400（首两公里）、每144米加₩100；深夜时段（24:00~04:00）加收附加车资约20%。

叫车电话：1330

● **模范计程车、大型计程车**：起价是₩4500（首3公里）、每164米加₩200，不收取附加车资。由仁川机场到首尔车资约₩80 000，另加收₩7700路费。

叫车电话：(02)558-800（中、日、韩文）

投诉电话：02-731-6800（中、英、日文）

仁川机场计程车搭乘区域

· 4D：Yeong-jong、Yong-yu方向
· 5C：大型计程车　· 6C：首尔方向
· 6D：京畿方向　· 7C：仁川方向
· 8C：模范计程车

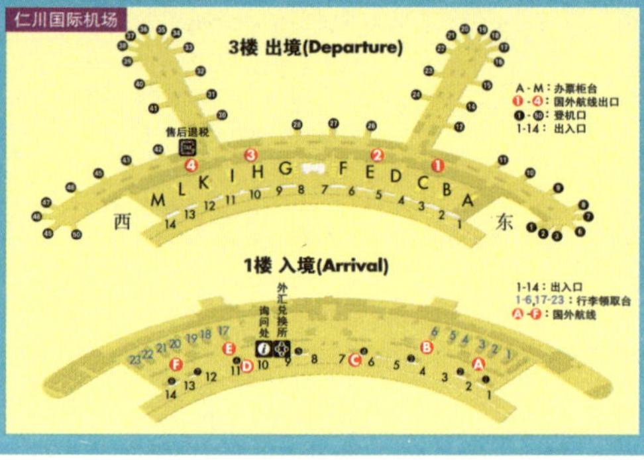

国际计程车

专为旅客而设的国际计程车，司机大都懂得一点外语（但不多），收费不按表，以出租时间计算。收费方法是将首尔分为三个区域，收取定额车资的区域计价制、时间计价制与距离计价制，车资比一般计程车高20%。举例来说，搭乘3小时为₩50 000，一天约为₩120 000。此外，搭乘新型国际计程车时，可用现金或信用卡来支付车资。

国际计程车服务柜

仁川国际机场：航站楼入境大厅4、5号出口间（电话：070-7508-2255）

金浦国际机场：国际线航站楼抵达大厅2、3号出口间（电话：1644-2255）

● 国际计程车车资（仁川机场至首尔市区）

地区	目的地	经过主要饭店	中型车	模范/大型车
A	恩平区、西大门区、麻浦区、江西区、阳川区、九老区、永登浦区	Grand Hilton、Mayfield, Lexington、Premier Seoul Garden等	₩55 000	₩80 000
B	钟路区、城北区、中区、龙山区、东大门区、城东区、铜雀区、冠岳区、 衿川区、瑞草区	JW Marriott、Lotte, Shilla、Westin Chosun、Plaza、Grand Hyatt、Millennium Hilton、Sofitel Ambassador、President、Koreana、Sejong等	₩65 000	₩95 000
C	道峰区,江北区、芦原区、中浪区、广津区、江南区、松坡区、江东区	Grand Intercontinental、COEX Inter continental、Ritz Carton、 Park Hyatt、Imperial Palace、Sheraton Walkerhill、Renaissance、Lotte Hotel World等	₩75 000	₩110 000

2.金浦国际机场

金浦机场主要是飞往釜山、济州的国内线，目前只与台北松山机场、东京羽田机场和大阪、名古屋、北京、上海间有国际航班往来。机场分国际线和国内线航站楼，每幢四层。一楼是入境大厅、二楼是报到大厅、三楼是出境大厅、四楼是商店。金浦机场因离市区较近，搭乘机场铁路、地铁、机场巴士、计程车往来首尔市区车程更短，且附近有乐天折扣店，还可轻松转飞国内航线。对于旅客来说，是更加方便和受欢迎的选择。

机场铁路与地铁

因为首尔市区地铁站大多没有设置电梯，所以尽管机场铁路与地铁较快速且平价，仍仅适合行李少的旅客运用。连通仁川、金浦两大机场及首尔市区的机场铁路，是最快速的交通选择。若想更省车资，金浦机场可连接首尔地铁5、9号线，再经沿线各转乘站改搭其他地铁线，车资约₩1250~₩1450。5号线沿途经永登浦区厅、汝矣岛、忠正路、光化门、钟路三街、东大门等市中心地铁站；9号线则可抵堂山、汝矣岛、鹭梁津、铜雀、高速巴士客运站、新论岘等江南各站，车程约20~50分钟。

计程车

金浦机场距首尔市区较近，机场巴士路线也较少，若数人同行或行李较多时，不妨直接搭计程车较为便利，机场对面就可直接搭乘。计程车分黑色模范计程车、橘色车身印有international taxi 的国际计程车、9人座的大型计程车及银白色、橘色的一般计程车等种类。从金浦机场到首尔市中心，若不塞车的话，车程约30~40分钟，一般计程车车资约人民币140~160元，模范、大型、国际计程车则贵20%~30%。

机场巴士与市区公交车

无论是金浦或仁川机场，机场巴士都是行李笨重的国际旅客往来首尔市区的首选交通工具。机场巴士类似高级长程客运巴士，不仅座位宽敞、有大型行李放置区，还提供外语广播服务，于8号出口的3、4、5号乘车处即可搭乘，可前往明洞、光化门和江南等地。位于首尔市区的金浦还可以选择搭一般市区公交车，虽然票价更便宜，却不适合不懂韩文和行李多的旅客乘坐。

● 金浦机场→首尔市区公交车路线

路线名	经由	所需时间(分)	发车间隔(分)	车费(₩)	机场车站号码
贸易中心（三成洞）	直达（三成洞，COEX）贸易中心	45~55	20~30	7000	国际航线6号 国内航线3号
乐天世界（蚕室）（6706）	直达乐天世界（蚕室）	60	20~30	7000	国际航线6号 国内航线5号
明洞（6001）	金浦机场、汉江大桥北段、龙山站、三角地站、淑大入口站、首尔站、南大门市场、明洞（ibis饭店）、乙支路入口站（Royl饭店）、乙支路四街站（Best Western Gookdo饭店）、Acacia饭店、Eastgate Tower饭店、Toyoko-Inn、明洞站（世宗饭店）	50	30	7000	国际航线6号 国内航线4号
蚕室（6000）	金浦机场、松亭地铁站、钵山站、韩国瓦斯公社、KBS Sports World、江西区厅十字路口、登村中学、江西保健所-盐仓站、高速巴士客运站、盘浦站、论岘十字路口、论岘站、新论岘站、江南站、驿三站、Tomato储蓄银行、宣陵站、Posco十字路口、三成站、综合运动场站、蚕室综合运动场交叉点、新川站、蚕室乐天世界、蚕室站	70~80	12~15	7000	国际航线6号 国内航线4号

首尔市区交通

市区大小景点趴趴GO

1.地铁

首尔是全世界拥有地铁系统路线最多的城市之一，由1~9号线外加6条地区线（首尔市以外地区）组成，覆盖地区甚广，不仅可以轻松到达市区各主要景点，还可串游春川、南怡岛、水原华城和盘唐亭子洞咖啡街。

认识首尔地铁

运行于首尔特别市内的地铁主要有9条路线、共约300个停靠站，并在不断陆续增站中，绵密的网络将首尔各地彼此串联，如同蜘蛛网般的便利相通。首尔所有的地铁站都按照线路编制三码的流水编号。每个站均有自己的号码，如明洞是424，第一个数字即表示属于第几号线，各站名称中、英、韩三种语言并行标示，各出口也都以编号显示，让各国旅客不懂韩文也可在地铁沿线来去自如。

换线转乘

在首尔搭地铁自由行，必然会碰到中途换线的情况。在交会站下车后，可在月台看到交会地铁线的颜色和编号，一路沿着墙上换线的地铁线路颜色标示走，就可以到达该线的搭车月台。

※注意事项：

1.首尔多数地铁站都很大，每次下车换线，在地铁站中常常得走上很长一段路，尤其大多没有电梯。如1、3、5号线三线交会的“钟路三街”，1号线与5号线的换线，直线距离就超过500米，得在地铁站里爬上爬下走8~10分钟。

2.设计行程时，前往单一目的地，尽量只换车一次，即使稍微绕路，却能节省时间和体力。

3.若同样可在大站或小站换线，尽量选择在小站换线，人较少、站体也较小，省时省力。

↑首尔的地铁站，最多同时有三线交会，在月台上就可以看到交会的路线。

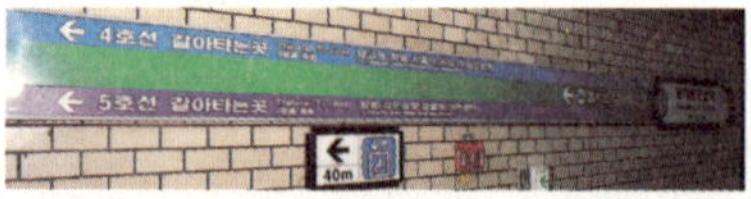

↑沿着墙上的地铁路线颜色标示走，前往要搭车的月台。

↑“转乘方向”与“出口”标示常常挤在一起，需要特别留心注意。

↑有时换线转乘会花费很多的时间与体力，如果不小心走错就更累人了。

地铁营运时间

首尔9条地铁线平时与假日的首、末班车时间不尽相同，大体是在05:30~23:30之间。市郊的末班发车在22:30左右，市中心尽量赶在23:30之前到地铁站才能确保有车可搭。之后多半是区间零星发车，深夜01:00结束所有营运。

※注意事项：

2号线是环状的市区循环线，起讫站多在211圣水、217新川、219三成，末班车到这几站就停驶，搭乘午夜12:00前后的列车，乘客必须自行利用巴士或计程车转乘。

各站详细时刻表，请上网查询：http://www.seoulmetro.co.kr/eng/index.jsp。

↑注意月台分流方向指示，必要时可以询问路人。

地铁旅行贴心叮咛

注意前往站别的终点站韩文站名

部分地铁站上下行月台分设两边，月台分流方向指示，仅以韩文（部分有加英文）标示终点站和途中大站，因为没有中文，容易被忽略。有的月台分流方向很早就出现，部分车站（2号线较常见）甚至要前往不同月台方向，还得进入不同的票闸口，若到了月台才发现走错方向，有时会绕上很远的路，甚至必须退回入站票闸，从另一个闸口重新进入。

※解套方法：

1. 将前往地铁站该线的终点抄在纸上，一路注意指引方向是否正确。

2. 遇到分流点，不确定走哪一边，可在地图上指出前往的站名，请站务人员或路人告知你方向。

3. 由于有不少人进站后才发现走错闸口，首尔地铁站在每站的闸口旁设置了较宽的出入口。旅客们不仅可携带大型行李轻松出入，走错边时按一下出入口的红色按钮，告诉站务人员说走错方向的话，不用再刷卡就可以轻松到对面换车。

注意出口编号指示

首尔地铁站站体大，出口通常很多，一下车应先在地图上确认自己要去的方向，知道离目的地最近的出口编号，按出口编号指示一路走出地铁站。若没有事先确定，任意选择地铁出口走出，即使是首尔本地人也很容易迷路。

地铁票价

年龄	T-money	单程票	备注
普通乘客（满19周岁以上）	₩1050	₩1150	10公里以内，价格如左列起价；10公里以上，每5公里加₩100；40公里以上，每10公里加₩100。首尔以外地区，超过30公里，每5公里加₩100。
青少年（13~18岁，外国旅客须持外国人登录证）	₩720	₩1150	
儿童（6~12岁）	₩450	₩500	

购买车票（一次性交通卡）

需缴交₩500作押金，退还时可拿回。

购买流程

Step 1 在自动售票机上选“中文”。

Step 2 点选画面最左边橙色的“一次性交通卡”按钮，这时会出现各个地铁站名。

Step 3 选择目的地站名。

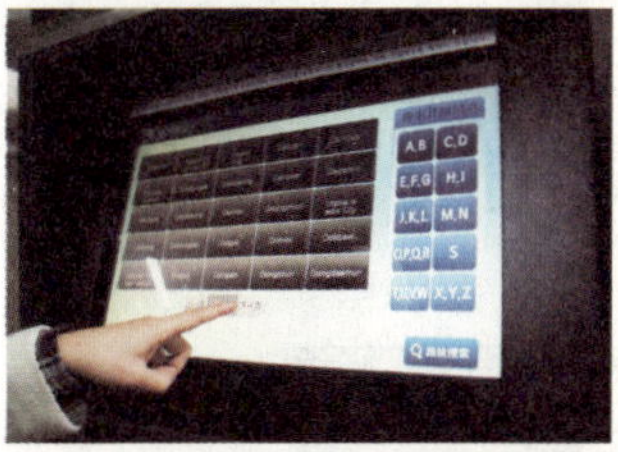

Step 4 选择购买的张数后，支付包含押金的金额。

Step 5 最后取回零钱和一次性交通卡。

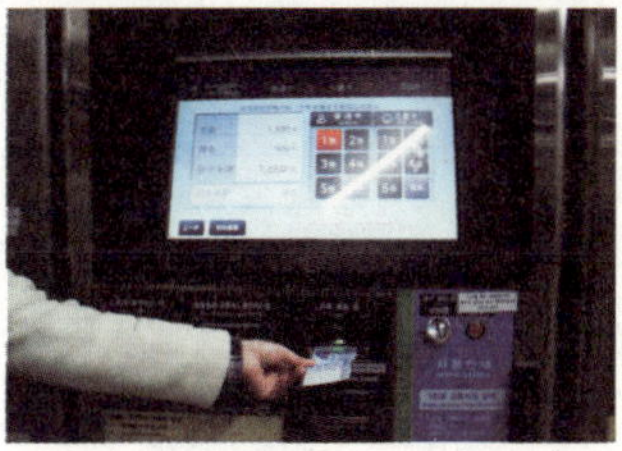

T-Money

韩国最通用的电子货币T-Money，可作交通卡和消费储值卡。搭乘地铁时使用T-Money可获得10%车资扣减，与巴士互相转乘亦有优惠。

T-Money 种类

T-Money可于机场的AREX柜台、地铁站或贴有T-Money标示的便利商店（如GS25、Familymart便利商店）、自动贩卖机、车站小摊贩购买。购买时依类型须付押金₩1500~₩7000（退卡可退押金）。种类分为下列三种：

1.一般T-Money（₩1500）

最基本、低廉且好用的交通卡，可使用在首尔及京畿道地区的地铁及巴士，但首尔地区不易买到，一般在京畿道才有贩售。

2.专用T-Money（₩2500）

首尔地区最普遍的交通卡。使用范围限首尔市区地铁、巴士，京畿道地区无法使用。专用Smart T-Money分为一般、青少年（12~18岁）和儿童（12岁以下）三种，还有针对旅客推出的SEOUL CITYPASS PLUS，可享有景点、餐厅的优惠折扣。

3.饰物型T-Money（T型 ₩7000/ I型 ₩5000）

做成手机吊饰型的T-Money有不同的图案和形状，而且携带十分方便。分为一般和青少年两种。

T-Money 的使用方法

搭乘地铁或巴士时，把卡放在感应器上会自动扣除车资，地铁转巴士或巴士间互转，30分钟内都有转乘优惠。但须留意韩国车资按距离收费，无论在地铁或巴士，出站或下车前须再感应一次，否则巴士会按最长的距离收费，也得不到转乘优惠。

如何储值

购买时卡片内无可用金额，第一次购买时须先储值才可使用，每次可储值₩1000~₩90 000。地铁站或便利商店都可储值。首尔几乎所有便利商店都能为T-Money储值，但在釜山、光州等地则储值点少，较不便利。

1. 于机器画面上选择语言（中、英、日、韩）。
2. 点选画面右侧的T-Money卡片图示。
3. 在储值标示处放上T-Money。
4. 选择储值金额。
5. 投入所选择的金额纸币。
6. 完成储值后，确认画面上显示的储值前后金额并取出卡片。

退还T-Money

若T-Money剩下的金额少于₩20 000，可到任何销售处退还；超过₩20 000就要到韩国Smart Card公司申请退还。退还时能正常辨读的话，可立即得到退款；若不能辨读就必须到GS25或Familymart便利商店申请退款，10天内可通过银行户头收到退回款项。

T-Money保证期

一般型T-Money和饰物型T-Money分别有一年和半年的保证期，在保证期内，若T-Money在非人为因素下不能使用，可获退回卡内剩余的金额。

	T-Money	SEOUL CITYPASS PLUS
卡片样式与说明	除卡片样式的基本型外，还有手机吊饰、项链、迷你卡片型等。	除了有“T-Money”的基本交通卡功能外，在首尔主要景点可享折扣，同时可获得餐厅打折券。
购买地点	首尔市内的各地铁站、路边小杂货亭和GS25、7-ELEVEN等便利超商标示有“T-Money卡贩售”的地点都可以买到。	首尔市内的GS25、7-ELEVEN等便利超商和旅游咨询处都有贩售。
空卡费用	₩2 500（基本型）	₩3000
储值金额与方式	购买空卡后，再依个人计划行程估算储值费用。每次储值最低金额为₩1000，一般可先储值₩5000或₩10 000。在大部分贩售T-Money的地方都可直接储值。除此以外，也可在地铁站使用自动售票机，按照机器上标示的步骤，就能轻松完成储值。	
储值余额退款	离开韩国前，可以在GS25便利店退回未使用的余额，当初购卡时缴付的金额不能退，退费另会酌收₩500的手续费。卡片可留做纪念，或下次使用。	
使用方式	进出地铁站票闸口时，都可看到有T-Money字样的平台在上方或侧面，直接放上去感应，听到“哔”的一声，就表示感应与扣款成功。入闸口统一先扣₩1050，如超过10公里的距离，出站时会再自动扣除不足的票价。若是用来搭乘巴士，同样上下车都必须感应机器一次。	

Korea Pass

除T-Money，短期游首尔也有不少旅客选用Korea Pass，同样可用于交通工具上。

购买Korea Pass

Korea Pass可在仁川机场、首尔和釜山的7-11、首尔乐天超市购买，并附带免税店、乐天百货、N首尔塔和63City等地消费优惠。但要留意除韩国观光公社送的特别版Korea Pass外，一般Korea Pass分为预付卡和含交通卡功能的预付卡两种，后者要另外储值，建议购买前考虑是否确实需要利用此卡消费再行购买。

退还Korea Pass

在7-11和全国Tax Free Korea柜台即可退卡。注意事项如下：

1.预付卡剩余金额若超过面值的20%，须扣余额5%；低于20%则不收手续费。

2.含交通卡功能的预付卡退卡时须扣₩500手续费。

外国旅客专用M-Pass

与T-Money相似的交通储值卡，只限地铁使用。一天（至晚上12:00为止）最多可搭乘地铁1~9号线、机场快线（普通列车）和仁川地铁共20次。M-Pass包含N首尔塔、贞洞剧场、乐天世界等景点的10%~20%优惠券。用户若另外储值后，也可在便利店和计程车上使用。

票种价格

有效期间	票价
1日	₩10 000
2日	₩18 000
3日	₩25 500
5日	₩42 500
7日	₩59 500

购买地点

可于仁川国际机场一楼5号、10号出口前的首尔市旅游咨询中心购买（退卡在同一地点）。购买时要另支付₩4500押金和₩500手续费，退卡时将退还₩4500押金。

地铁站储物柜

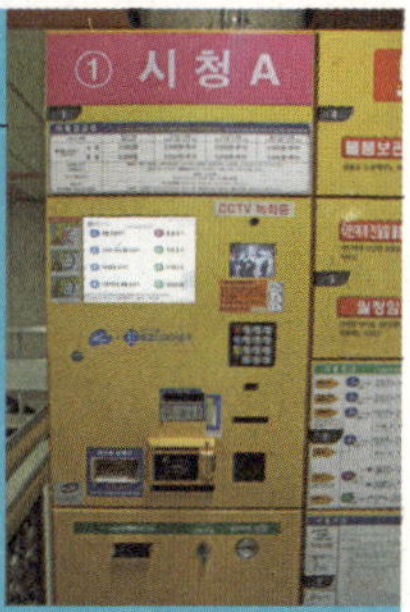

说首尔是购物天堂一点没错，首尔站、首尔地铁线、乐天超市和E-Mart都设有储物柜，按时收费，超市内还有免费大型行李寄存服务，方便整天逛街的购物狂寄存战利品。

● 置物柜收费标准

一般储物柜的收费时间以4小时、12小时或24小时为单位，储存期限最多为3天。长途巴士站内亦有储物柜，款式可能较旧。

- 地铁1~4号线EZ Locker收费（韩文）：小型₩2000/4小时、大型₩3000/4小时。
- 地铁5~9号线T-Box收费（英文）：小型₩1500/4小时、大型₩2500/4小时。

● 寄物操作步骤

1 选择“寄存物品”（품보관하기）

2 选择使用储物柜的号码。

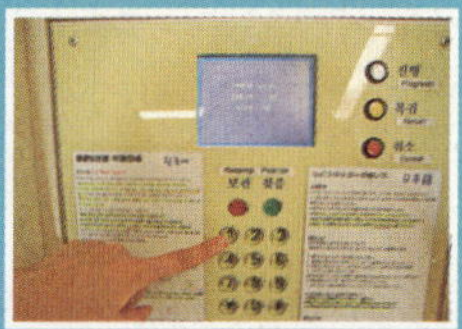

3 选择付款方式：T-Money交通卡 / 信用卡（신용카드）/ 行动(手机)（휴대전화） /现金（현금）(信用卡和手机只限韩国居留证持有人)。

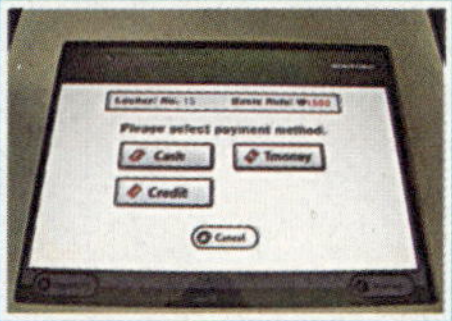

4 在感应器上刷卡或投币。

柜门打开后，将物品放置红色的感应器上，随后柜门关闭。

5 取出收据（确认时间、费用、储物柜号码）。

※取出物品时选择“取出物品（물품찾기）”，再输入编号、密码，确认付款或刷卡后即可取回物品。

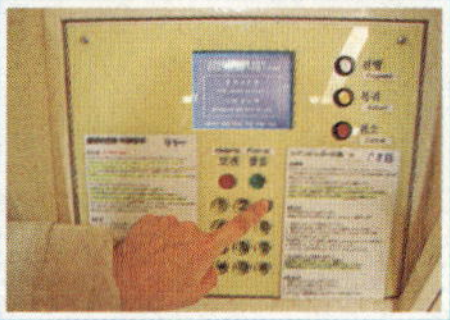

首尔地铁图

汶山 문산
坡州 파주
月龙 월롱
金村 금촌
金陵 금릉
云井 운정
炭岘 탄현
一山 일산
枫山 풍산
白马 백마
谷山 곡산
陵谷 능곡
幸信 행신
花田 화전
水色 수색
加佐 가좌
新村 신촌
逍遥山 소요산
东豆川 동두천
保山 보산
东豆川中央 동두천중앙
纸杏 지행
德亭 덕정
德溪 덕계
杨州 양주
绿杨 녹양
佳陵 가능
议政府 의정부
回龙 회룡
大化 대화
主叶 주엽
鼎钵山 정발산
马头 마두
白石 백석
大谷 대곡
花井 화정
元堂 원당
三松 삼송
纸杻 지축
旧把拨 구파발
延新内 연신내
佛光 불광
碌磻 녹번
弘济 홍제
毋岳齐 무악재
独立门 독립문
景福宫 경복궁
安国 안국
龟山 구산
鹰岩 응암
新寺 새절
缯山 증산
数码媒体城 디지털미디어시티
世界杯体育场 월드컵경기장
麻浦区厅 마포구청
望远 망원
合井 합정
弘益大学 홍대입구
新村 신촌
梨大 이대
阿岘 아현
忠正路 충정로
市厅 시청
首尔站 서울역
光化门 광화문
西大门 서대문
钟阁 종각
钟路3街 종로3가
乙支路入口 을지로입구
乙支路3街 을지로3가
孔德 공덕
麻浦 마포
汝矣渡口 여의나루
汝矣岛 여의도
国会议事堂 국회의사당
上水 상수
广兴仓 광흥창
大兴 대흥
梨泰院 이태원
龙山 용산
新龙山 신용산
三角地 삼각지
淑大入口 숙대입구
南营 남영
鹭梁津 노량진
鹭得 노들
黑石(中央大学) 흑석
铜雀 동작
梨水 이수
内方 내방
开花 개화
开花山 개화산
金浦机场 김포공항
机场市场 공항시장
新傍花 신방화
麻谷渡口(不开放)
阳川乡校 양천향교
加阳 가양
曾米 증미
登村 등촌
盐仓 염창
新木洞 신목동
仙游岛 선유도
堂山 당산
永登浦市场 영등포시장
永登浦区厅 영등포구청
新吉 신길
文来 문래
新道林 신도림
大方 대방
永登浦 영등포
傍花 방화
松亭 송정
麻谷 마곡
钵山 발산
禾谷 화곡
南芝山 우장산
喜鹊山 까치산
新亭 신정
木洞 목동
梧木桥 오목교
杨坪 양평
新亭十字路口 신정네거리
阳川区厅 양천구청
道林川 도림천
大林 대림
新丰 신풍
渡拉棚 보라매
新大方三岔路口 신대방삼거리
长承拜基 장승배기
上道 상도
崇实大学 숭실대입구
南城 남성
九老数码园地 구로디지털단지
新大方 신대방
新林 신림
奉天 봉천
首尔大学 서울대입구
落星岱 낙성대
舍堂 사당
南泰岭 남태령
总神大入口 총신대입구
桂阳 계양
黔岩 검암
云西 운서
机场货物厅舍 공항화물청사
仁川国际机场 인천국제공항
橘岘 귤현
朴村 박촌
林鹤 임학
京仁教育大学 경인교대입구
桂山 계산
鹊田 작전
葛山 갈산
富平区厅 부평구청
富平市场 부평시장
富平 부평
东树 동수
富平三岔路口 부평삼거리
间石五岔路口 간석오거리
仁川市政厅 인천시청
艺术会馆 예술회관
仁川巴士客运站 인천터미널
文鹤竞技场 문학경기장
仙鹤 선학
源仁齐 원인재
白云 백운
铜岩 동암
间石 간석
朱安 주안
道禾 도화
济物浦 제물포
桃源 도원
东仁川 동인천
仁川 인천
富川综合运动场 부천종합운동장
春衣 춘의
新中洞 신중동
富川市厅 부천시청
上洞 상동
三山体育馆 삼산체육관
掘浦川 굴포천
温水 온수
梧柳洞 오류동
开峰 개봉
九一 구일
九老 구로
驿谷 역곡
素砂 소사
富川 부천
中洞 중동
松内 송내
富开 부개
天旺 천왕
光明十字路口 광명사거리
铁山 철산
加山数码园区 가산디지털단지
南九老 남구로
秃山 독산
衿川区厅 금천구청
光明 광명
石水 석수
冠岳 관악
安养 안양
鸣鹤 명학
衿井 금정
军浦 군포
堂井 당정
义王 의왕
成均馆大学 성균관대
华西 화서
水原 수원
细柳 세류
饼店 병점
国际业务地区 국제업무지구
中央公园 센트럴파크
仁川大学 인천대입구
知识情报园地 지식정보단지
科技公园 테크노파크
大学城 캠퍼스타운
东春 동춘
东幕 동막
新延寿 신연수
延寿 연수
松岛 송도
元仁齐
仁荷大学
嵩义
仁川南洞工团
苏莱浦口 소래포구
月串 월곶
仁川论岘 인천논현
虎口浦 호구포
乌耳岛 오이도
正往 정왕
新吉温泉 신길온천
安山 안산
工团 공단
古栈 고잔
中央 중앙
汉大前 한대앞
常绿树 상록수
半月 반월
修理山 수리산
大夜味 대야미
政府果川厅舍 정부과천청사
贵川 과천
大公园 대공원
赛马公园 경마공원
立岩 선바위

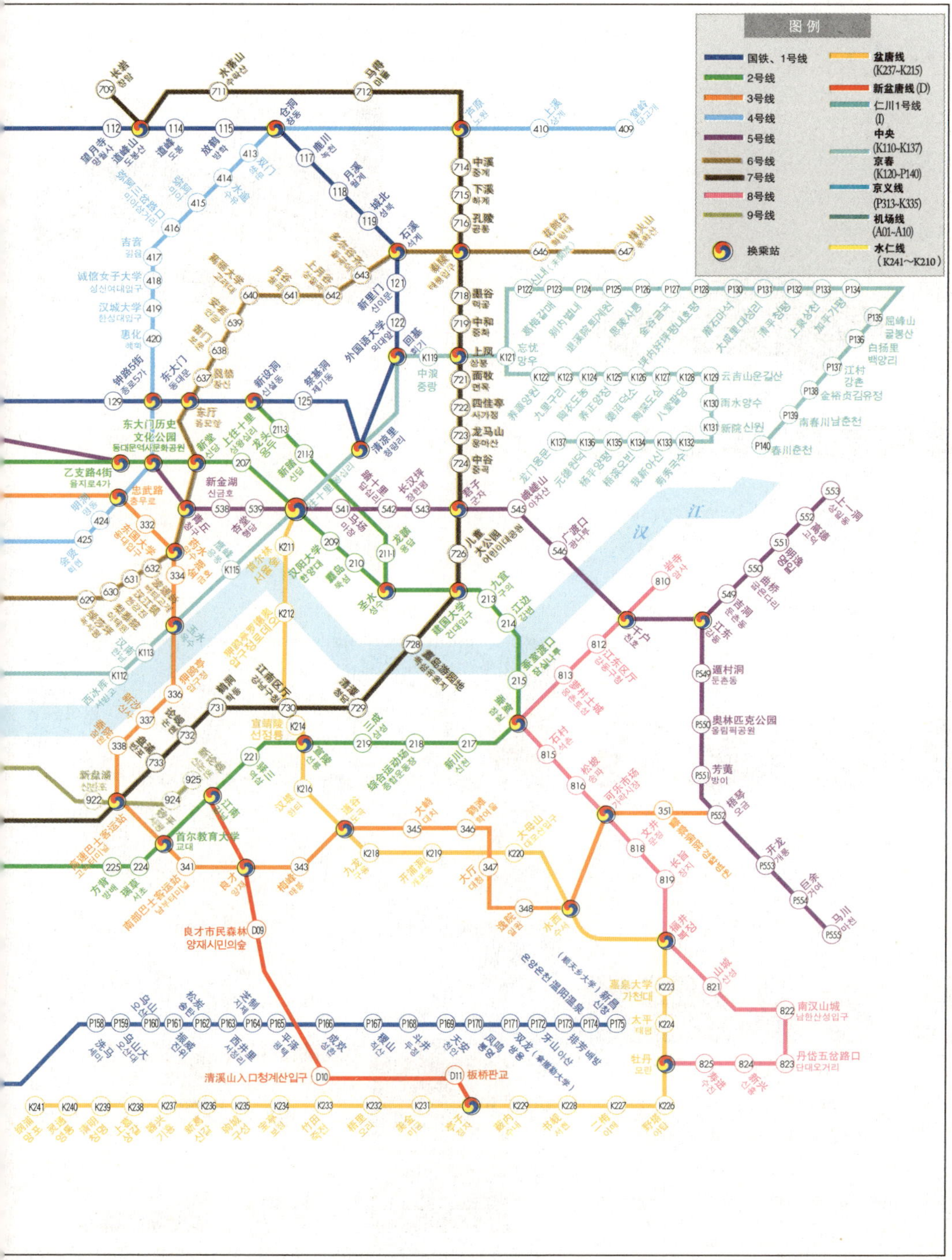
图例
国铁、1号线
2号线
3号线
4号线
5号线
6号线
7号线
8号线
9号线
换乘站
盆唐线 (K237~K215)
新盆唐线 (D)
仁川1号线 (I)
中央 (K110~K137)
京春 (K120~P140)
京义线 (P313~K335)
机场线 (A01~A10)
水仁线 (K241~K210)

2.计程车

首尔计程车分为普通计程车（白色、银色和橙色）、模范计程车（黑色）和大型计程车（黑色）。另外，若在橙色计程车上看见International字样，就是提供外语服务的Internationa taxi，但须预约且收费较贵，若4人以上同行远游可考虑包车。

● 一般计程车车资

类别	普通计程车	模范和大型计程车
基本起步价	₩2400/2公里	₩4500/3公里
路程追加费用	₩100/144米	₩200/164米
时间追加费用	₩100/35秒	₩200/39秒
夜间追加费用	00:00~04:00 加收20%	无
市外追加费用	有	无

● 一般计程车车资

类别	国际计程车（计费器计程制）	
	中型车	模范/大型车
基本起步价	₩2880/2公里	₩4500/3公里
路程追加费用	₩120/144米	₩200/164米
时间追加费用	₩120/35秒	₩200/39秒

注：时速低于15公里时，按时间计算费用。

● 出租计程车包车费用

包车时间	国际计程车（租赁制）	
	中型车	模范车
3小时	₩50 000	₩70 000
5小时	₩80 000	₩100 000
8小时	₩120 000	₩145 000
10小时	₩150 000	₩175 000
1天（12小时）	₩200 000	

注：超过租赁时间，加收₩20 000/小时；入场费、停车费、过路费须由旅客负担。

3.市区公交车

首尔市区公交车主要分为4种颜色，可用T-Money或零钱付款，车上可找零，服务相当周到。上车和下车都必须把T-Money接触感应器，因为巴士按距离收费，如果不在下车时接触感应器，那么车程会按最远来计算收费。

公交车类型

1.干线（蓝色）公交车：于首尔市区内行驶长距离的公交车。

2.支线（绿色）公交车：连接干线公交车与地铁，或在地区内行驶的公交车（接驳车）。

3.广域（红色）巴士：快速行驶于首尔与邻近首都圈城市间的巴士（如前往爱宝公园的长程巴士）。

4.循环（黄色）公交车：因应各种通行需求的机动型公交车（如，南山公园专车）。

i Tour Seoul

想让首尔行程更加畅行无阻，利用智能手机下载i Tour Seoul应用程序，就能使用iPhone或有Android、Window Mobile的手机来使用内建的定位系统在首尔各处寻找景点、餐厅、交通、住宿及季节活动等最精确又贴心的资讯服务。只要在首尔地区搜寻到免费的WiFi链接上网，即能马上阅读i Tour Seoul各项观光资料，还有韩文、英文、日文、繁体中文、简体中文等5种语言的显示方式，且还有提供路线、地图资讯。

● 路线资讯

i Tour Seoul会自动提供目前所在位置的周边资讯，和欲前往目的地的路线地图，在地图内就能直接查看需搭乘的地铁或巴士的交通信息。

● 虚拟地图

利用虚拟地图功能，可以查看周边资讯并知道景点关系位置，让人明了所在地特色物，但此功能只有iPhone 3GS以上的手机版本才能操作。

4.首尔城市观光巴士

首尔城市观光巴士循环路线，行驶于各主要景点，只需买一张车票City Tour Pass，就可在一天之内多次于各名胜古迹轻松自在上下车游览。且观光巴士上的座位宽敞。每个座位皆配有耳机，能选择中文、日文、英文、韩文等语言收听景点解说。

购票地点与方式

1. 光化门韩国饭店旁售票处（接受信用卡付费）。
2. 于停靠景点上车后，向车上导游购买。

备注：

・用T-Money购票可享95折优惠、每名成人可免费携带一名未满5岁的儿童乘坐。

・乘车日一周前皆可预订车票，但夜间路线只能当天购买。

・每周一停驶，若遇法定假日照常营运。暑假期间（7月第四周~8月15日）无停驶日。

官网：http://www.seoulcitybus.com

服务电话：(02)777-6090

行驶路线

传统市场路线

时间：09:30~18:30，每35分钟一班。

全程：待补。

票价：成人₩12 000、学生票₩8000。

路线：东大门斗山塔→中部市场→南大门→仁寺洞→广藏市场→崇仁洞跳蚤市场→首尔药令市场→马头洞肉类市场→新堂洞中央市场。

城市循环路线（单层巴士）

时间：09:00~21:00（末班19:00发车），每30分钟一班（暑假每20~25分钟一班）。

全程：2小时。

费用：成人票₩10 000，学生票₩8000。

路线：光化门→德寿宫→南大门市场→首尔站→USO→龙山站→国立中央博物馆→战争纪念馆→美军龙山基地→梨泰院→Crown酒店→明洞→南山韩屋村→Grand Ambassador Hotel→国立剧场→N首尔塔→君悦饭店→新罗饭店→东大门市场→大学路→昌庆宫→昌德宫→仁寺洞→青瓦台→国立民俗博物馆→景福宫→光化门。

清溪川·古宫路线（双层巴士）

时间：10:00~17:00（暑假09:00开始），每一小时一班。

全程：1.5小时。

费用：成人票₩12 000，学生票₩8000。

路线：光化门→德寿宫→清溪广场→东大门市场（东大门历史文化公园）→清溪川文化馆→首尔风物市场（黄鹤桥）→大学路→昌庆宫→昌德宫→仁寺洞→首尔历史博物馆→农业博物馆→光化门。

备注：清溪广场每逢周六（14:00起）、假期及庆典节日，不行经德寿宫、清溪广场。

夜间路线

仅提供车内观赏游览景点，全程不停站、中途禁止下车，仅于N首尔塔有停留可下车拍照。

时间：20:00，每日一班。

全程：1.5小时。

费用：单层巴士/成人票₩5000，学生票₩3000；双层巴士/成人票₩10 000，学生票₩6000。

● **单层巴士路线**：光化门→德寿宫→Best Western酒店→国会议事堂→西江大桥→江边北路→圣水大桥→汉南大桥→N首尔塔（休息20分钟）→南山图书馆→南大门市场→清溪广场→光化门。

● **双层巴士路线**：光化门→西小门→麻浦大桥→西江大桥→江边北路→汉南大桥→奥林匹克大桥→盘浦汉江公园→铜雀大桥→江边北路→圣水大桥→奥林匹克大桥→汉南大桥→北汉山三岔路→南山循环路→南山图书馆→南大门市场→清溪广场→光化门。

前往其他地区

长途串游超便利

1.火车

游韩国最方便、舒适且适合长途车程的交通工具，就是火车。路线以从首尔站连接至釜山站的“京釜线”与从龙山站连接至木浦站的“湖南线”为主轴，其他还有连接丽水或昌原等地区的“全罗线”与“京田线”，穿梭于主要城市和广域市（特别行政市）之间。火车班次分为高速列车**KTX**、新村号与无穷花号。

韩国铁路**korail**网址：**http://www.korail.com**

KTX

KTX以“京釜线”和“湖南线”为主，速度最快，票价亦最贵。

京釜线（首尔→釜山）

京釜线	光明	天安牙山	大田	东大邱	密阳	釜山
一般车厢	₩8100	₩13 600	₩22 900	₩41 100	₩46 000	₩51 200
特级车厢	₩12 700	₩19 000	₩21 100	₩57 500	₩64 400	₩71 700
所需时间（分钟）	—	34	49	99	—	160

湖南线（龙山→木浦）

湖南线	天安牙山	西大田	益山	松亭	光州	木浦
一般车厢	₩13 300	₩22 700	₩29 600	₩37 500	₩38 400	₩43 300
特级车厢	₩18 600	₩31 800	₩41 400	₩52 500	₩53 800	₩60 600
所需时间（分钟）	34	49	98	150	157	178

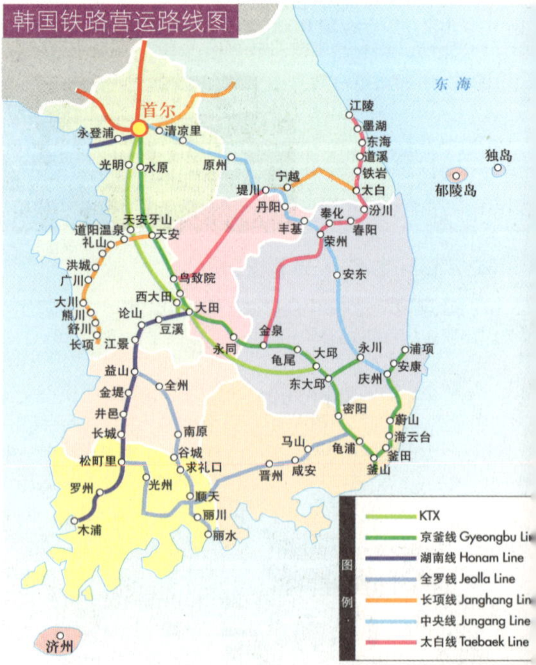

新村号、无穷花号

新村号和无穷花号能体验缓慢旅行，是韩国人比较常利用的车种，尤其是乘坐此车欣赏全罗南道的田野风景，令人心旷神怡。

外国旅客专用KR PASS

Korail特别针对外国旅客或短期居留不超过半年的外国人需求设定的火车通行证，可在有效日期内免费乘搭KTX、无穷花和新村号列车（观光火车和江原道海洋列车除外）。须留意的是，逢农历新年、感恩节、暑假、12月31日和元旦等韩国热门假期时，若经济座全满，只能加价乘坐商务座位。

购买KR PASS

旅客可于出发前向指定旅行社STA TRAVEL购买或用信用卡在官网上订购。二者都可取得兑换券（exchange voucher，使用期限为180天），抵达韩国后在火车站或仁川国际机场的Korail询问处换领。网络购票时须填写旅客身份类别、护照号码、预计抵达时间等个人资料并印出兑换券（exchange voucher，使用期限为180天）。

KR PASS线上预约：http://www.korail.com/2009/htm/htm41000/w_htm41210.jsp

STA TRAVEL：http://www.statravel.com/

KR PASS票价

通行证有效期	个人（成人/儿童）	团体优惠（2~5人）	青少年（13~25岁）
1天	₩58 200/ ₩29 100	₩52 400	₩46 600
3天	₩84 600 / ₩42 300	₩76 100	₩67 700
5天	₩127 000/ ₩63 000	₩114 300	₩101 600
7天	₩160 400/ ₩80 200	₩144 400	₩128 300
10天	₩185 100/ ₩92 500	₩166 600	₩148 100

2.高速巴士/市外巴士

韩国人经常使用高速巴士和市外巴士穿州过省，行走路线覆盖全国，各自分由数家公司营运。对外国旅客来说，二者不容易区分。长途巴士票可划位，车厢干净舒适，2小时以上的路线会有休息时间，沿途休息站设餐厅、洗手间、便利店。

高速巴士

主要行驶高速公路的巴士，多数行走大城市（地方首府或广域市）之间的路线，须至高速巴士客运站搭乘或下车，除休息站以外，一般行驶途中不停车或绕经其他都市。高速巴士又分“一般巴士”与座位宽敞的“高级巴士”两个级别，票价不同。

市外长途巴士

市外长途巴士多数行走于同一个道的城镇之间，分普通车与直达车。普通车会在所有的客运站停车，而直达车则直接开往目的地。在出发都市搭乘市外巴士，会在目的地的市外巴士客运站下车。车资不分级别，只有夜间行驶的“深夜巴士”价格较贵。

首尔市内主要高速巴士客运站

客运站名	主要行经路线	交通位置
首尔高速巴士客运站 (서울고속버스터미널)	湖南线（全州、光州、木浦、顺天、丽水） 岭东线（利川、江陵、束草、东海） 京釜线（釜山、庆州、大邱、浦项、大田）	地铁3、7号线高速巴士客运站
首尔南部客运站 (서울남부터미널)	大川、温阳、公州、扶余、俗离山、清州、水原、天安等京畿道和全罗南道城镇	地铁3号线南部巴士客运站
东首尔综合客运站 (동서울종합터미널)	水安堡、安东、骊州、利川、原州、春川、釜山、光州等忠清南道和江原道都市	地铁2号线江边站

预算 WON$

本单元预算金额包括住宿、交通、餐费、杂支等项目，再依行程天数来算，可能因个人行程规划、搭船、景点门票的差异导致总预算不同。

Chapter 4
达人行程篇

行程1 首尔流行潮买4日游

旅游焦点>>南大门、明洞、三清洞、梨大、新村、弘大、清潭洞、新沙、狎鸥亭、坡州OUTLET、乐天OUTLET、东大门

首尔集潮人之最，以崇尚自然品位为主流，切合自己风格而配衬衣服、饰物，并非盲目地追求昂贵名牌。走进首尔大街小巷，逛逛特色设计和个性小店，在首尔找灵感，将自己的个性带出来，就是首尔风格！

4日行程怎么玩

DAY 1

- 南大门（步行15分钟或地铁过一站）
- 明洞

早上来到**南大门市场**（见P.131），正好吃刀削面作早餐。南大门市场有超过百年历史，每天清晨至中午前依然维持着跑货的传统。虽然是传统市场，但货种能迎合不同爱好的旅客。喜欢煮韩国菜的朋友可在这里购买紫菜、韩国筷子、泡面锅和人参；潮流达人则不能错过南大门的眼镜百货；儿童服装市场的款式连大朋友也想买回家。南大门外则是摄影器材街和户外用品街，就算陪女友来购物的男士们也不会觉得百无聊赖。

南大门与**明洞**（见P.126）相隔一个地铁站，步行也不过是15分钟。中午至晚上在购物天堂明洞，主角当然是化妆品，大方的赠品也相当吸引人，还有让女性为之疯狂的当季潮流服饰、鞋子、包包、韩流唱片、DVD和路边摊的零食。明洞入口对面的乐天百货内有免税店，要购买雪花秀的朋友别忘记在柜前问哪种信用卡有优惠。

DAY 2

- **三清洞**(地铁)
- **新村**(车程5分钟)
- **弘大**

青瓦台旁边的**三清洞**（见P.139）充满欧洲风情，一早到**首尔第二名的店**（见P.141）吃过红豆汤后，精神奕奕地由三清洞往**北村**（见P.141）方向漫步。道路两边都有设计师品牌专卖店，别出心裁的手工限量版帽子、定做皮靴、独一无二的限量版首饰，从头到脚的服饰搭配一气呵成。

中午来到**新村**（见P.155）又是另一番景象。这是韩国大学最密集之地。吃完知名的**春川家辣炒鸡排荞麦面**（见P.156）后，从新村往**梨花女子大学**（见P.157）方向游逛，一路上都是女大学生最爱的廉价时装店，来到梨大入口前Kosney的**梨大步行街**（见P.157）更令人惊叫不已，超便宜小物忍不住想通通带回家。

下午可在**弘大**（见P.150）享受一段咖啡时光。弘大的小店又与新村和梨大不同，充满艺术气息和个人品位。如果是周末来到弘大，还可在**自由市场**（见P.151）寻宝，或让艺术系学生帮忙绘制肖像。晚餐推荐**678烤肉**（见P.153），餐后别白白浪费了弘大的夜晚时光。这里是江北年轻人最爱过夜生活的地方，到处都是特色酒吧、舞厅、音乐咖啡吧，每逢周五～周六晚上10:00起至凌晨，到处都是狂野的心！

DAY 3

- **合井**(巴士车程一小时)
- **坡州OUTLET**(巴士)
- **普罗旺斯村**(巴士)
- **乐天OUTLET**

早上从合井搭乘巴士到**坡州OUTLET**（见P.038），这里面积虽小，但五脏俱全，主要品牌折扣商品都找得到。中午来到浪漫的**普罗旺斯村**（见P.169），一边游逛，一边享受法式优雅气息。村内还有呈现原汁原味法式风情的咖啡厅和面包店，值得细心品尝。

回程时中途停靠本日最主要的景点——**乐天OUTLET**（见P.038）。整整5幢大楼内都是韩国和世界知名品牌的折扣店，还有童装、化妆品、戏院和网罗世界美味的美食广场，一直逛街瞎拼到晚上才心满意足地回酒店。

DAY 4

- **新沙**（计程车或地铁过一站）
- **狎鸥亭、清潭洞**（地铁）
- **东大门**

来到江南，脚步不能太快。这里的店铺一般上午11:00才开门，不妨先找一家甜甜圈店或咖啡馆吃个丰富早餐，慢条斯理地在**新沙林荫大道**（见P.158）的时尚折扣店寻宝，最后到林荫大道末端的Forever 21扫货。从新沙乘坐计程车到**狎鸥亭**（见P.033）的**罗德里奥街**（见P.164），除狎鸥亭周边的无数国际时尚旗舰店外，巷弄中的风格小店也相当值得一访，如，岛山公园附近的**kAoRi**（见P.037）及清潭洞的**10 Corso Como**（见P.163）都是非常具有特色的潮店。

晚上来到平民血拼天堂——**东大门**（见P.135），建议晚上7:00前先到**陈玉华元祖一只鸡**（见P.136）饱餐一顿，避免浪费排队时间。之后从**斗山塔**（见P.137）、**Hello apM**（见P.137），一直逛到**U:US**（见P.138），一网打尽东大门最出名的零售和批发区。

本行程预算

交通费	₩20 000
住宿费	₩120 000
饮食费	₩95 000
杂支费	₩10 000
总计	**₩245 000**

行程2 K-POP追星忘我4日游

旅游焦点>>南山公园、明洞、骆山公园、梨花洞路上美术馆、大学路、弘大、永登浦、新村、新沙林荫大道、狎鸥亭、梨泰院、北村韩屋村、三清洞、青瓦台、光化门、景福宫、东大门、汝矣岛

从最早期的《冬季恋歌》到2013年的《那年冬天，风在吹》，韩流魅力早就传遍家家户户。首尔市内无论是江南区的型格咖啡店，还是旧市区的壁画路都使人无限憧憬，回忆起韩剧画面上的浪漫故事。

4日行程怎么玩

DAY 1

- **南山公园**(步行)
- **明洞**(地铁)
- **骆山公园、壁画村**(步行)
- **大学路**

早上前往**南山公园**参观**N首尔塔**（见P.131）和**泰迪熊博物馆**（见P.050）后，步行到植物公园。这里是《阁楼上的王子》最后一集的取景地。然后到**明洞**（见P.126）购物，中午就选《原来是美男》取景地之一的**明洞饺子**用餐，餐后参观**明洞圣堂**（见P.128），如果运气好还能看到广告或电视剧在明洞取景。

傍晚来到**大学路**（见P.148）的**骆山公园**（见P.149），从**梨花洞路上美术馆**（见P.149）走上曾为多部韩剧取景地的骆山公园山顶欣赏日落，之后回到大学路，在地道的路边摊吃乌冬、生章鱼。

DAY 2

- **弘大壁画路（毕卡索路）**(步行)
- **aA设计博物馆**(步行)
- **四季小屋**(地铁)
- **新村**(地铁)
- **永登浦**

早餐先到曾拍摄《金丝草》的**弘大壁画路**（见P.152）。每隔一段时间，弘大艺术系学生就会来此翻新壁画，带给旅客新的惊喜。从壁画路漫步至《玛丽外宿中》取景地——**aA设计博物馆**（见P.153），而弘大最经典的韩剧场景——**四季小屋**（见P.154）当然更不容错过。游逛一阵子后到《灿烂的遗产》拍摄地，也是韩星金贤重开的**Hotsun炸鸡店**（见P.153）吃午餐。

邻近弘大的**新村**（见P.155）是女性不能错过的购物天堂。在这逛街扫货后，搭地铁到永登浦时代广场的**E-Mart永登浦店**（见P.040）买杂货、零食，顺游新道林的商场D Cube City，再乘地铁二号线到永登浦市场，去CNBLUE敏赫爸爸开的황가네꼼장군烤肉店吃晚餐。

DAY 3

- **明洞**(地铁)
- **新沙**(步行20分钟)
- **狎鸥亭**(地铁)
- **三清洞**(地铁)
- **汝矣岛**

早上到**明洞**（见P.126）的韩流写真店拍摄“黄真尹”式写真并逛街。中午到**新沙林荫大道**（见P.158）的**烈凤辣鸡**（见P.161）吃午餐。林荫道上不时可见杂志社的摄影师和模特儿以时装店为背景在拍照。从新沙花20分钟一路漫步到**狎鸥亭**（见P.033），在《绅士的品格》场景**Mango Six**店内喝下午茶。

之后到韩国演艺圈明星经纪人公司最密集的**三清洞**（见P.139）游逛，再到**汝矣岛**的KBS电视台和MBC电视台参观，顺道游**汉江市民公园**。这是韩剧情侣谈心必到之处，可以租单车游览，并在汉江码头附近晚餐、看夜景。

DAY 4

- **青瓦台**(步行)→**北村韩屋村、三清洞**(步行)
- **景福宫**(步行)→**光化门、清溪川**(地铁)→**梨泰院**(地铁)→**东大门**

早上去**青瓦台**（见P.142）看看《城市猎人》场景，然后在**北村**（见P.141）寻找《个人取向》的韩屋。在北村或**三清洞**（见P.139）用餐后到**景福宫**（见P.143），试穿韩服体验古装剧气氛，参观后由正门离开就是曾封路拍《IRIS》的**光化门广场**（见P.143）和**清溪川**（见P.143）。晚上到**梨泰院Land汗蒸幕**（见P.047）纾压。这里是《秘密花园》的取景地之一，在汗蒸幕内吃过晚饭后，还可到**东大门**（见P.135）作最后的瞎拼。

S 本行程预算

交通费	₩30 000
住宿费	₩200 000
饮食费	₩120 000
杂支费	₩70 000
总计	**₩420 000**

加值行程 首尔近郊韩剧追星4日游

旅游焦点>>南怡岛、小法国村、一山湖水公园、水原华城、MBC 龙仁拍摄基地、Heyri艺术园、全州韩屋村

每个年代都有自己的偶像。80年代有张国荣，90年代有木村拓哉，到千禧年后百花齐放，韩流中的男子、女子组合，甚至是江南大叔PSY，通过网络无远弗届的力量把世界各地的粉丝触电击晕。韩剧不但吸引了海外粉丝，连韩国人也追着韩剧取景地而促进了国内的旅游风潮。

4日行程怎么玩

DAY 1

- **首尔**(轻轨电车、计程车、渡船)
- **南怡岛**(加平循环观光巴士)
- **小法国村**(巴士)
- **晨静树木园**

从首尔乘坐轻轨电车到加平，再转计程车到《冬季恋歌》的浪漫取景地——**南怡岛**（见P.169）。从《冬季恋歌》风行中国、日本以来，南怡岛早已成为无数粉丝必访的热门景点。午餐在岛上吃摇摇便当，游玩半天后再转乘加平循环观光巴士到**小法国村**（见P.053）。小法国村曾是知名韩剧《秘密花园》《贝多芬病毒》的取景地。这里还保留着拍摄时使用的衣服和道具，供游客拍照留念。从小法国村搭车回首尔的途中，还可顺访**晨静树木园**。

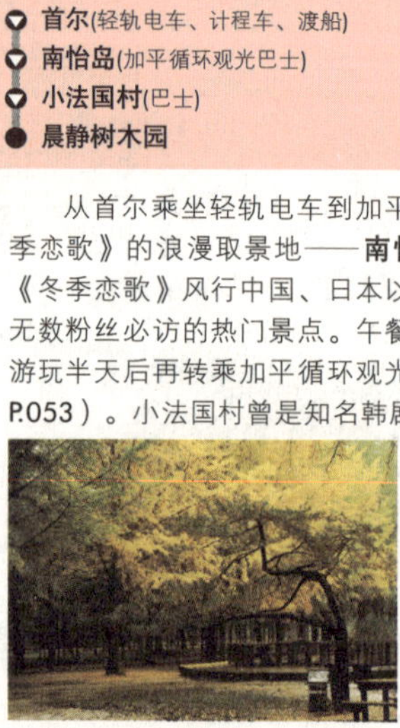

DAY 2

- 首尔(地铁)
- 一山湖水公园(地铁)
- 水原华城

韩国最大的人工湖——**一山湖水公园**位于京畿道的高原市，因环境优美且邻近MBC电视台，近年成为韩剧的热门取景地，《阁楼上的王子》《原来是美男》《灿烂的遗产》和《我女友是九尾狐》等都曾在此取景，在剧中却看不出是同一个公园，可见规模之大，值得花半天来游玩。下午可乘地铁到水原站，把握下午和晚上游**水原华城**（见P.053）。这座古城建好后没经历过战争毁损，是许多古装剧常拍摄的场景。

DAY 3

- 首尔南部客运站(长途巴士，车程约1.5小时)
- MBC龙仁电视剧摄影场(长途巴士，车程约1.5小时，接着转地铁)
- 首尔合井站(红色巴士，车程约1小时)
- Heyri艺术园

从首尔南部客运站乘长途巴士到龙仁白岩，再转乘计程车到**MBC龙仁电视剧摄影场**（见P.052），全程约1.5小时。这里是拍摄《李算》《马医》《善德女王》《拥抱月亮的太阳》等多部古装剧的片场，直到前年才开放游客参观，至少要安排两小时在此游览，幸运的话还能看到工作中的剧组人员，也可跟他们合照。

下午搭车回首尔，从合井站出口乘红色巴士到**Heyri艺术园**（见P.053），车程约一小时。可先到附近的**坡州英语村**参观。这里曾拍摄《你来自哪颗星》和不少音乐MV，再回到艺术园内拜访《秘密花园》《花样男子》的拍摄场景，晚餐当然要在《花样男子》里的学生食堂——**Farmer's Restaurant**吃西餐。

DAY 4

- 首尔(KTX或免费观光巴士)
- 全州韩屋村

今天稍微远离首尔，到全州的知名古装韩剧场景游赏参观。从首尔搭乘免费观光巴士到全州，车程约3小时，中午赶快吃个全州拌饭后搭巴士到**全州韩屋村**。韩屋村内以拍摄《成均馆绯闻》的场景——全州乡校最有代表性，入口处的庆基殿则是《明成皇后》拍摄地，春秋时分格外迷人。

本行程预算

交通费	₩40 000
住宿费	₩150 000
饮食费	₩120 000
杂支费	₩65 000
总计	**₩375 000**

行程3

美食市集4日游

旅游焦点>>广藏市场、药令市场、弘大、通仁市场、景福宫、仁寺洞、钟路、三清洞、鹭梁津水产市场、新村、南大门、南山韩屋村、龙山电子商街、梨泰院

品尝美食是体验异国文化最直接的方法，逛市集更是亲身观察当地民情的唯一途径。首尔汇集韩国古今各区的名物，令人垂涎三尺，市集里包罗万象，让人领略韩国人平常生活的点点滴滴，看似平凡但内容丰富的美食市集之行，会给你一个100%的首尔人旅游。

4日行程怎么玩

DAY 1

- 广藏市场(地铁)
- 药令市场(地铁)
- 弘大

早上到**广藏市场**（见P.138）品尝绿豆煎饼后，到首尔最大的传统市集——**药令市场**（见P.039）看土产、买人参，之后在清凉里火车站旁的**乐天超市**（见P.040）购买零食。中午到东大门附近的**陈玉华元祖一只鸡**（见P.136）饱餐一顿，若胃还有空间的话，不妨尝尝特色小吃“薯条热狗”，再把早上采购的战利品拿回酒店。

下午出发去**弘大**（见P.150），在弘大的咖啡馆吃蛋糕、喝咖啡。弘大停车场路至**KT&G 想像广场**（见P.152）两旁有不少路边摊可以吃到辣炒年糕、饺子，还有数家大学生最爱的饭团店，都是很适合边走边吃的新鲜现做美食。弘大除了可到**自由市场**（见P.151）看表演、逛Aland折扣店外，还可参观知名韩剧景点——**aA设计博物馆**（见P.153），晃到晚饭时间再到**678烤肉**（见P.153）吃济州黑猪五花肉。晚上的弘大更热闹，随处可见**特色小酒馆**（见P.022），浅酌时下流行的马格利浊酒，下酒的煎饼更是美味无穷。

DAY 2

- 通仁市场(地铁)→景福宫(地铁)→仁寺洞(地铁)→
- 土俗村参鸡汤(步行)→光化门、清溪川(步行)→钟路

早上来到景福宫旁的**通仁市场**（见P.039）品尝酱油辣炒年糕，一锅两种口味，带来无穷惊喜。参观**景福宫**（见P.143）和**青瓦台**（见P.142）后，午餐在**仁寺洞**（见P.144）吃**寺庙料理**（见P.028）、喝**传统茶**（见P.029）清清肠胃。饭后在仁寺洞可买现做的韩果子、糕点、龙须糖、鸡蛋糕，运气好的话还有现场打年糕示范表演。

晚上到**土俗村参鸡汤**（见P.026）饱餐一顿后，到**光化门**（见P.143）和**清溪川**（见P.143）步行帮助消化，一路漫步到钟路**普信阁**（见P.146）还有一整条街的小吃摊，现在吃消夜正是时候！

DAY 3

- 三清洞(地铁)
- 永登浦市场(地铁)
- 鹭梁津水产市场(地铁)
- 新村

首尔的甜品最吸引人，无论是杯子蛋糕、松饼和甜甜圈都是非常美味，早餐在**三清洞**（见P.139）来顿华丽丰富的松饼，然后搭地铁到永登浦市场站，再从永登浦到**鹭梁津水产市场**（见P.021），在水产市场与渔贩杀价，来个皇帝蟹、生鱼片、烤大虾和海鲜锅大餐。

之后到**明洞**（见P.126）和**弘大**（见P.150）逛街购物，顺道在明洞大啖炸鱼卷、糖饼、黑轮及冬季限定的烤番薯、蚕蛹等街头小吃。晚餐品尝新村的**春川家辣炒鸡排荞麦面**（见P.156），饭后在**新村**（见P.155）路边摊看看有什么饰品、眼镜等配件，亦可到**大创**（见P.040）买₩2000的零食。此外，新村地铁站后方还有布帐马车，里面有烤鱼、麻辣鸡脚、乌冬，是最佳的下酒菜。

DAY 4

- 南大门(公交车)
- 南山公园(地铁)
- 南山韩屋村(地铁)
- 龙山电子商街、Dragonhill SPA(地铁)
- 江南、狎鸥亭

早上**南大门**（见P.131）买伴手礼，举凡从紫菜、泡面锅、人参、传统茶到传统文具和小玩意儿应有尽有，买好后可请店家送到酒店，若意犹未尽，还可到**乐天超市首尔店**（见P.040）再瞎拼。购物完毕上**南山公园**游**N首尔塔**（见P.131），中午前到**南山韩屋村**（见P.131）的韩国之家吃韩定食。

午餐后出发到龙山，电玩迷和宅男可到**龙山电子商街**（见P.167），而女士则可在**Dragonhill SPA**（见P.047）休息数小时，然后坐地铁到汉江镇的**Passion 5**（见P.167）吃下午茶，再到**梨泰院**（见P.166）走一走。晚上到江南的**朴大监家**（见P.016）吃正宗韩牛，再去狎鸥亭的**Moon Jar**（见P.162）喝马格利酒作消夜。

本行程预算

交通费	₩15 000
住宿费	₩120 000
饮食费	₩200 000
杂支费	₩10 000
总计	**₩345 000**

行程4

文化古迹4日游

旅游焦点>>德寿宫、庆熙宫、光化门、景福宫、三清洞、北村、青瓦台、乱打秀、昌德宫、昌庆宫、宗庙、大学路、东大门、南大门、首尔站、水原华城

首尔为朝鲜国都，也是韩国近代文化发源地。首尔人创新之余不忘保留历史文化，五大宫阙和城郭将古都风景融入现代都市景观之中，还有写韩文、穿韩服等活动，让每名旅客深度体验汉阳古都的魅力。

4日行程怎么玩

DAY 1

德寿宫(地铁)→**贞洞**(步行)→**庆熙宫**(步行)→

光化门、世宗故事馆(步行)→**景福宫**(地铁)→

仁寺洞、清溪川

一早先到**德寿宫**（见P.133）看门将换班并试穿韩服，之后进入王宫参观韩洋混合风格建筑的喷水池、石造殿及俄罗斯风格的咖啡厅静观轩。德寿宫面积不大，约1小时可参观完毕，再沿石墙路到贞洞参观**首尔市立美术馆**（见P.134），或至贞洞路末端的**首尔历史博物馆**（见P.134），馆外有古董电车，历史博物馆后方就是**庆熙宫**（见P.132）。

不远处的**光化门广场**（见P.143）摆放了世宗大王时代的科学发明，还可至广场地下的**世宗故事馆**（见P.143）里看迷你龟甲船、韩文的组成和试玩韩国乐器，再到**土俗村参鸡汤**（见P.026）吃午饭。饭后到**景福宫**（见P.143）参观。这里的门将换班仪式规模更大，看完仪式后慢慢游览王宫、国立民俗博物馆，约2小时，游毕从建春门离开。然后到**仁寺洞**（见P.144）喝传统茶休息一会儿，购买韩纸伴手礼并用晚餐，餐后再到**清溪川**（见P.143）感受一下首尔最大的环保工程，若逢夏天不妨脱掉鞋子泡泡脚再回酒店。

DAY 2

- **三清洞**(步行)
- **北村**(步行)
- **青瓦台**(计程车)
- **西小门**(计程车)
- **弘大看乱打秀**

位于景福宫东面的**三清洞**（见P.139）和**北村**（见P.141），随处可见传统韩屋改造而成的精致手工艺工作坊、餐厅和民宿。其间又夹杂着时尚的设计师专卖店和咖啡屋，浓郁的韩国古风和异国风情交汇，令人流连忘返。北村有不少传统韩国料理可作为午餐地点，饭后至**青瓦台**（见P.142）参观，再搭计程车到**西小门城郭**，从城郭下行到**付岩洞**的咖啡厅喝下午茶。小憩后去**弘大**（见P.150）看**乱打秀**（见P.044），之后在热闹的弘大街区吃年糕锅，再逛逛各式潮店。

DAY 3

- **昌德宫**(步行)→**昌庆宫**(步行)→**广藏市场**(计程车)→
- **宗庙**(计程车)→**大学路**(步行)→**城郭**(步行或搭地铁)→
- **东大门**

昌德宫（见P.043）和后苑是韩国人最喜爱的古宫殿，喜欢韩国文化的朋友绝对不容错过。连着昌德宫的昌庆宫内有韩国第一座西式温室，可一并顺访，再坐计程车去**广藏市场**（见P.138）吃午饭。饭后从广藏市场步行到世界遗产**宗庙**（见P.043）参观，再搭计程车到拥有数十间小剧场和音乐咖啡厅的首尔学潮文化摇篮**大学路**（见P.148），从大学路沿**梨花洞路上美术馆**（见P.149）去**骆山公园**（见P.149），可看到南山公园的**N首尔塔**（见P.131）、北汉山景致。这里的城郭路也是首尔城墙最美的一段，黄昏过后灯光亮起更加浪漫。从城郭路步行或搭地铁到**东大门**（见P.135），在**东大门历史文化公园**（见P.136）内，看古迹二间水门和东大门城楼，然后吃晚餐和展开购物之旅。

DAY 4

- **南大门**(地铁)
- **首尔站**(地铁)
- **水原华城**(地铁)
- **鹭梁津水产市场**

早上来到刚刚修葺好的**南大门**，在**南大门市场**（见P.131）内吃早餐后，步行到对面的**首尔火车站**（旧站，见P.043）参观已有百年历史的车站大厅，再从首尔站搭地铁1号线直达**水原华城**（见P.053）。在水原华城内有机会欣赏到真正的正祖巡游，也参加韩国射箭体验活动。黄昏过后，灯光把城楼照亮，景色更加迷人，拍过夜景打道回首尔，可在地铁1号线沿线的**鹭梁津水产市场**（见P.021）用餐。

本行程预算

交通费	₩20 000
住宿费	₩120 000
饮食费	₩90 000
入场费	₩40 000
总计	**₩270 000**

行程5

亲子乐活4日游

旅游焦点>>N首尔塔、泰迪熊博物馆、景福宫、乐天世界、Coex Mall 、爱宝乐园、韩国民俗村、南怡岛、小法国村、Trickeye Museum、Hello Kitty Café

首尔不只是潮人韩粉的游园地，也很适合一家大小同行。这里有主题公园照顾年龄层，有爱好不同的各种旅客，还有特色博物馆可体验韩国文化或3D特殊视觉，增添旅游趣味，就连购物都分门别类：南大门的童装、明洞和钟路的文具店让大人和小朋友都能各取所需。

4日行程怎么玩

DAY 1

- **南山公园**(步行)
- **N首尔塔、泰迪熊博物馆**(地铁)
- **光化门、世宗故事馆**(步行)
- **JUMP秀**

搭乘缆车到**南山公园**，登上**N首尔塔**（见P.131）并参观**泰迪熊博物馆**（见P.050），必定能让大小朋友乐而忘返。午餐在南山山脚下吃炸猪排，再到**光化门广场**（见P.143）试穿韩服，还可在光化门的大荧幕上看到自己的照片。接着到广场地下的**世宗故事馆**（见P.143）参观，小朋友可学习用韩文写自己的名字，更可通过4D电影馆和电玩游戏体验韩国与日本的海战过程。

邻近的**景福宫**（见P.143）门将换班仪式相当盛大，景福宫内的民俗博物馆有儿童馆和户外展馆，可安排2小时顺访，玩累了再到**清溪川**（见P.143）泡脚乘凉。晚上到**糕三时代**（见P.147）吃烤五花肉，再出发观赏**JUMP**（见P.044）无语言音乐剧的2小时不间断欢乐演出，结束后直接回酒店休息，准备第二天的行程。

DAY 2

- 乐天世界(地铁)
- Coex Mall(渡轮)
- 搭船游汉江(地铁)
- 鹭梁津水产市场

上午搭地铁到蚕室的**乐天世界**（见P.165）。占地广阔的园区内集合溜冰场、电影院、购物中心、超市、餐厅、书店、射击场、饭店和一座全世界最大的室内主题乐园等各类完善设施，一次满足吃、喝、玩、乐、买、住等多重需求，还可顺游邻近**石村湖**和**星光大道**（见P.165），绝对能让全家大小玩个不亦乐乎。午后坐地铁往**COEX Mall**（见P.165）水族馆参观，然后沿地铁九号线到汝矣渡口站，搭下午18:20的渡轮游汉江，船上可欣赏魔术表演（成人票₩14 000、儿童半价），回程在**鹭梁津水产市场**（见P.021）吃海鲜。

DAY 3

- 首尔(车程1.5小时)
- 爱宝乐园(巴士)
- 韩国民俗村

今天要早点出发，从首尔到**爱宝乐园**（见P.169）约须1.5小时车程。爱宝乐园号称世界四大主题乐园之一，包括环球市集、美洲探险、魔术天地、欧洲探险、野生动物园等五大主题园区，一年四季举办上百场特色活动，去年更增加了儿童冒险乐园，还有动物园、荒失失奇兵表演剧场等设施，能让全家人同乐一整天。如果尚有时间，不妨顺游周边的**韩国民俗村**（见P.052），体验一下韩国传统文化。

DAY 4

- 首尔龙山(高速火车)
- 南怡岛(加平循环观光巴士)
- 小法国村(巴士)
- 弘大

一早从首尔龙山站搭乘高铁，约35分钟到达江原道的**南怡岛**（见P.169）欣赏浪漫自然风光，与小朋友乘坐小火车、品尝摇摇饭盒或烤年糕。然后搭乘加平循环观光巴士到**小法国村**（见P.053）看户外广场表演，或聆听现场古典音乐演奏。傍晚起程回到首尔弘大（见P.150），到**Trickeye Museum**（见P.050）感受3D立体魅力，尽情放松大笑、拍照或互相捉弄。晚餐就在弘大吃**678烤肉**（见P.153）或年糕汤，若还有余力可把握最后时机到**Hello Kitty Café**（见P.151）吃甜品。

本行程预算

交通费	₩40 000
住宿费	₩120 000
饮食费	₩90 000
门票费	₩50 000
总计	**₩300 000**

行程6

追樱人间5日游

旅游焦点>>轮中路、汉江市民公园、鹭梁津水产市场、首尔大学、战争博物馆、梨泰院、儿童大公园、乐天世界、文井罗德奥街、全州韩屋村

樱花的绽放对韩国人来说，就像春天要来临的信息。位于韩国中西部的首尔，每年复活节过后一星期就是赏樱佳期，吸引着来自韩国与世界各地的赏花客，不分昼夜汝矣岛的樱花祭、乐天世界外的石村湖，以及新村的梨大、延世大学附近，都是追樱迎春的好去处。

5日行程怎么玩

DAY 1

- 轮中路(地铁)
- 汝矣岛汉江市民公园(地铁)
- 鹭梁津水产市场(地铁)
- 永登浦

一早简单地吃过早餐就出发去**汝矣岛**。每年4月中举行**轮中路樱花祭**，是首尔迎接春天的最大盛事，路上还有穿着民族服装的演员表演传统技艺。整段路走完刚好是中午，轮中路对面的KBS电视台附近有不少餐厅可解决午餐，餐后接着到**汉江公园**骑单车或散步，度过一个舒适的下午。

午餐的另一个选择是到汝矣岛另一边的**鹭梁津水产市场**（见P.021）吃皇帝蟹、生章鱼，吃饱后出发去**永登浦**，先在地铁的地下商场游游逛逛，再去**易买得E-Mart**（见P.040）购物，商场内还有教保文库可买文具、杂志、精品、唱片和DVD，最后到韩一馆吃韩牛餐结束一天行程。

DAY 2

- 首尔大学(地铁)
- 战争博物馆(地铁过一站)
- 梨泰院

上午到江南的**首尔大学**赏樱花。校园规模大得花上一整天也走不完。在大学附近吃过午餐后，乘地铁4号线到三角地的**战争纪念馆**（见P.049），看樱花、了解韩战历史痕迹。从战争博物馆乘地铁到**梨泰院**（见P.166），先到**Passion 5**（见P.167）吃下午茶，再逛逛**三星美术馆**（见P.166）、**comme des Garcons**（见P.167）、韩国家具、古董和出口批发店的下架货，感受梨泰院的国际风情，傍晚时分到**梨泰院Land汗蒸幕**（见P.047），在汗蒸幕内吃晚餐。

DAY 3

- 儿童大公园(地铁)
- 乐天世界(步行)
- 石村湖（地铁过四站）
- 文井洞

上午到**儿童大公园**赏樱。眼前一大片粉红色的天地怎能不吸引大人和小朋友。午餐前到蚕室的**乐天世界**（见P.165），在园区内的韩式餐厅用餐，近距离感受韩国情侣双双对对的热情气氛。玩过机动游戏、旋转木马和乐天商场内的**星光大道**（见P.165）后，还可与偶像珍藏物品和手印合影，之后到乐园外的石村湖。从这里往乐天世界回望，可欣赏樱花盛开的美景。晚餐可搭地铁到**可乐市场**吃海鲜，饭后不妨到文井洞的**文井罗德奥街**（见P.038）购物。

DAY 4

- 首尔(（KTX或免费长途巴士）
- 全州看樱花

今天是忙碌的一天，早早起床乘坐KTX或韩国观光公社提供的免费长途巴士到全州，车程约3小时，刚好中午前到达全州。吃过全州拌饭就搭计程车到**全州韩屋村**，从入口的殿洞圣堂就可看到樱花，再往里面探访古色古香的韩国建筑，韩剧《成均馆绯闻》就在这里取景。如果要搭乘免费巴士回首尔，就要赶在下午5:00前到达车站。

DAY 5

- 南山公园、N首尔塔(步行10分钟)
- 植物公园(步行)
- 明洞、南大门

昨天赶了一天，今天就放慢脚步吧！先到**南山公园**的**N首尔塔**（见P.131）参观**泰迪熊博物馆**（见P.050），然后登上塔顶看北汉山、明洞的风景，还可买个同心锁将心情锁在首尔塔底部的栏杆上。沿着城郭路的台阶往下步行约10分钟到达缆车站，在南山炸猪排用过午餐后，再沿马路走到南山脚下的**植物公园**。这里栽植有许多韩国珍贵的植物品种，樱花当然开得更灿烂。游完植物公园来到明洞附近，趁着还有时间赶紧去补货，如果要买伴手礼就直接去**南大门**（见P.131），如果要买美妆、服饰就到**明洞**（见P.126）作最后冲刺。

本行程预算

交通费	₩20 000
住宿费	₩120 000
饮食费	₩150 000
门票费	₩30 000
总计	**₩320 000**

行程7 秋游枫叶红首尔4日游

旅游焦点>>景福宫、三清洞、青瓦台、北汉山、西小门、明洞、昌德宫、德寿宫、南山N首尔塔、庆熙大学、延世大学、梨花女子大学、新村、南怡岛、小法国村

首尔四季分明，9月底至11月初的秋色分外迷人。此时气温大概徘徊于10℃～15℃之间，清凉爽快，在蔚蓝天空下的市区五大宫阙内外欣赏火红枫叶、橙黄梧桐和鲜黄银杏的色彩变化，犹如时装换季一样明亮照人。

4日行程怎么玩

DAY 1

景福宫→（地铁）三清洞→（步行）青瓦台→（计程车）北汉山→（步行）西小门→（地铁）明洞

秋天到**景福宫**（见P.143）拍照，最好早早进场，上午10:00过后就会涌现人潮不易取景。景福宫内除拍摄景物外，最佳活动就是穿上韩服，像古装韩剧一样借枫叶和宫殿取景。下午出宫，在**三清洞**（见P.139）欣赏银杏树，也在三清洞吃午餐或下午茶。从三清洞沿满是银杏的石墙路漫步至**青瓦台**（见P.142）参观后，可乘计程车到**北汉山步道**入口。这里枫叶更茂密。下山处正好是**西小门**，就在这里欣赏黄昏日落，之后到**明洞**（见P.126）吃烤韩牛。

DAY 2

- **昌德宫**(地铁)
- **德寿宫**(地铁)
- **南山N首尔塔**(步行10分钟)
- **植物公园**(步行)
- **明洞**

昌德宫（见P.043）的秘密——后苑，是首尔赏红叶的最佳去处。要把昌德宫和后苑游完，至少要两小时，就放慢步调慢慢游赏吧。之后再到**德寿宫**（见P.133），除艺术馆外的梧桐、枫树外，在石造殿后面有条隐蔽的小路。当年国王一有心事就来此散步，不仅安静又有美丽的秋色，德寿宫外的石墙路是拍照红叶的好地方。从德寿宫出来，午餐就吃**元祖奶奶辣酱炒章鱼**（见P.134）。

下午得赶快上南山**N首尔塔**（见P.131）。这里的八角亭也是红叶胜地，然后步行下山到**植物公园**再走一圈，太阳就差不多下山了。晚上在**明洞**（见P.126）吃饭，顺道买点化妆品再回酒店。

DAY 3

- **回基**(步行10分钟)
- **庆熙大学**(地铁)
- **新村、延世大学**(步行)
- **梨花女子大学**(地铁)
- **弘大**

早上要搭计程车到东大门外的回基站，从车站步行不到10分钟来到**庆熙大学**，在哥特式建筑衬托下的红叶美极了。图书馆外和沿山坡路上行到尽头的行政楼是主要亮点。中午先去**新村**（见P.155）吃**春川家辣炒鸡排荞麦面**（见P.156），然后步行到**延世大学**（见P.157）和**梨花女子大学**（见P.157）。延世大学的梧桐树叶路从入口处一路延伸到校园尽头的教学楼，校园虽然不大，但景色非常美丽别致。晚上到**弘大**（见P.150）感受一下青春气息并大啖烤肉，餐后早点回酒店，准备第二天一早的行程。

DAY 4

- **首尔龙山**(高速火车)
- **南怡岛**(加平循环观光巴士)
- **小法国村**(巴士)
- **晨静树木园**(巴士)
- **新村**

今天要赶的路还不少，先从首尔龙山站搭高铁到**南怡岛**（见P.169）在水彬树旁拍照，欣赏沿路的枫红美景。简单用过午餐后，下午坐循环观光巴士到**小法国村**（见P.053），逗留约1小时便要起程到**晨静树木园**。最后一班车是18:30发车，别大意忘记了。这么累的一天，回首尔后就到新村**烤蚬**（见P.156）享用丰盛大餐吧。

本行程预算

交通费	₩30 000
住宿费	₩120 000
饮食费	₩110 000
门票费	₩25 000
总计	**₩285 000**

行程8 畅快初阶滑雪班5日游

旅游焦点>>滑雪、雪花节、龙平度假村、新村、南大门

韩国滑雪场超过九成坐落于东北部和中部，从首尔出发，最近1小时可到达，最适合短游韩国同时想体验滑雪的初学者。2018年江原道平昌将会举行冬季奥运会，主场地是韩国历史最悠久、设施最新、最齐备的龙平滑雪场。在奥运选手未到达之前，我们大可从首尔出发到龙平滑雪场先体验一下在白雪中飞驰的滋味。

五日行程怎么玩

DAY 1

明洞(地铁)

东大门

抵达首尔，先补充一下滑雪装备和冬天御寒衣物，还有抗干燥的护肤品都是冬天必备。先在**明洞**（见P.126）的**全州中央会馆**（见P.024）吃个热气腾腾的石锅饭，买点面膜、护肤霜等补充水分，然后前往**东大门**（见P.135）添置手套、围巾和防寒帽子等。夜宿首尔酒店。

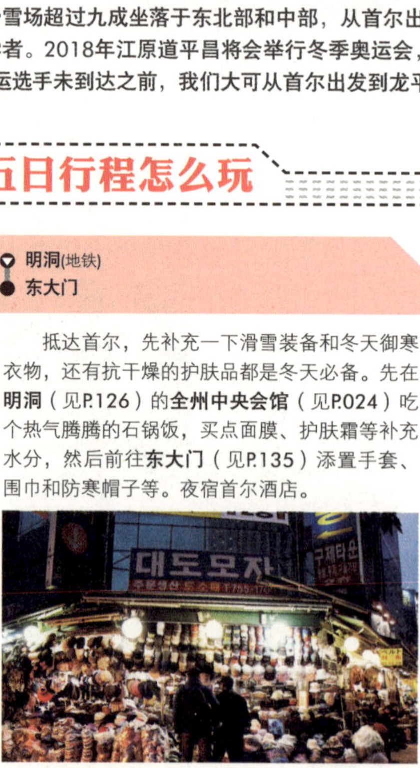

DAY 2

蚕室洞(车程3小时)

龙平滑雪场

第二天早上，要赶在9:00前到达**蚕室乐天世界**（见P.165）外的候车站，乘坐前往**龙平滑雪场**的专车，约需3小时车程。下车后Check-in并到滑雪场报名翌日的滑雪班。来到滑雪场已是下午，先填饱肚子，然后乘坐亚洲最长的滑雪场缆车到山顶Dragon Peak玩雪。这里是《冬季恋曲》的取景地。趁着黄昏前可租用雪橇在初学者道畅玩，也可在龙平的室内水上乐园玩人工造浪。夜宿龙平度假村。

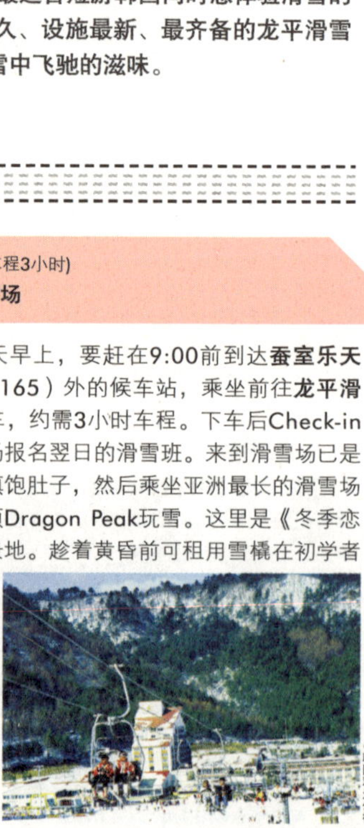

DAY 3

龙平滑雪场

早上跟随经验老到的滑雪教练学习，不用2小时可掌握基本技巧，驾驭初学者滑道。下午继续练习高阶动作，黄昏时休息一下，好好吃一顿晚餐。饭后灯光把滑雪场照成银白色，初学者也可以一尝夜晚滑雪的滋味，非常刺激。

DAY 4

Alpensia滑雪场(车程3小时)

首尔

第3天一觉醒来，筋骨一定疼痛非常，如果还有精力不妨乘坐的士到附近的**Alpensia**，可选择滑雪，也可玩新开设的滑道车，如果太累了，可以到Inter-Continental Hotel外的雪湖看看风景，Alpensia内外都造型别致，是欣赏雪景的好地方。中午过后准备回首尔。

DAY 5

新村、南大门

最后一天的行程，必到**新村**（见P.155）购物，或者到**南大门**（见P.130）买伴手礼，满载而归，下次再来就是挑战中级滑道时。

本行程预算

交通费	₩45 000
住宿费	₩500 000
滑雪班	₩200 000
杂支费	₩100 000
总计	**₩845 000**

符号代表信息

交 交通方式 网 相关网址 时 营业时间 票 参观门票 费 费用 地 地点位置 址 详细地址 电 相关电话 注 备注事项

Chapter 5

分区导览篇

流行嗅味VS.人气美食前哨站

中区·明洞

중구 · 명동

明洞，是反映整个韩国流行指标的代表性区域，也是日本观光客到达首尔的第一站。各种服饰、鞋类、精品、杂货、美妆品，多样化的食堂、商店、脚底按摩、汗蒸幕、大型免税商店与高档百货公司，还有韩国影视带来的韩流商品、韩流体验馆等，都在这里发烧，是近年来亚洲哈韩族不可错过的朝圣地。

明洞的区域范围虽然只有30万平方米，大街两旁却满是国际品牌的店铺，而棋盘迷宫般错落交织的小巷则至少有3600多家各类商铺。人潮一日平均有100万人，周末更高达150万人，是首尔寸土寸金的黄金地带。

Supermarket

喜欢女装配饰的不会错过明洞Supermarket，开业于1996年，走欧洲和日本风格的个性化路线，质料可靠，款式常青，任由客人自行配搭都一样好看，皮具热卖几乎令不用包包的人也想买一个回家收藏，连锁品牌的呆板设计无法与其相比。

DATA　MAP | P127.C4
址 中区明洞2街54-4 중구 명동2가54-4 电 02-774-7352 时 10:30~22:00
交 地铁明洞站(424)6号出口，步行约4分钟。

ABC Mart

此处为明洞最大的超级市场，但只卖鞋子。在明洞有两家分店，一家卖新货、一家卖过季尾货，来自日本的ABC Mart内有多款韩国特别版球鞋、跑鞋，都是好动和爱收藏限量版球鞋发烧友的必游之地。

DATA　MAP | P127.C3
址 中区明洞2街51-2号 중구 명동2가51-2 电 020-776-7711
网 http://www.abcmart.co.kr 时 10:30~22:00 交 地铁明洞站(424)6号出口，步行约4分钟。

Bookmark

明洞最新开张的时尚百货Bookmark，拥有来自30多个欧洲的设计师品牌：Daniel Palillo、Rubber Duck、Lazyoaf、Perigot 、Leshop、12 tone row和The Urban Flag，店面格调亦趋欧陆气息，同时引入潮流尖端的韩国牌子，3层楼内有两层专售女装，使久未见新店的明洞增添了热闹的气氛。

DATA　MAP | P127.C5
址 中区忠武路2街8-1 중구 충무로2가8-1 电 02-3443-6240 时 10:30~22:30 交 地铁明洞站(424)8号出口，步行约2分钟。

明洞周边导览图
乙支路口站
을지로입구역
乙支路
을지로
地铁2号线
往市政厅站
시청역
往乙支路3街站
을지로3가역
明洞3路
명동3길
明洞9路
명동9길
南大门路
남대문로
乐天酒店
롯데호텔소공
Lotteria
롯데리아
乐天百货总店
롯데백화점 본점
우리정
明洞7路
명동7길
Hara甜甜圈
하라도너츠
乐天免税店
롯데면세점
•国民银行总行 국민은행본점
Onedang
원당 감자탕
往明宝剧场
Pierre Gagnaire a Seoul
Party Princess
乐必思酒店
이비스앰배서더명동호텔
Coffee Bean
Holika Holika
(明洞2店)
홀리다 홀리다
O'雪绿Tea House（明洞店）
오설록티하우스
首尔Royal Hotel
乐天Cinema
롯데시네마
明洞炸猪排
명동돈가스
ETUDE HOUSE
에뛰드 하우스
明洞旅游咨询中心
명동 관광안내소
Krispy Kreme
innisfree
이니스프리
버거킹 汉堡王
明洞艺术剧场
명동예술극장
神仙雪浓汤신선설농탕
味加本미가본
Hana银行
TNGT
明洞路
명동길
It's Skin
잇츠스킨
Woori银行
우리은행
安东炖鸡
안동찜닭
明洞圣堂别馆
명동성당별관
Lotte Young Plaza
영플라자
H&M
SKIN FOOD
스킨푸드
永丰文库영풍문고
8ight Seconds
에잇세컨즈
LANEIGE STAR
라네즈 스타
地下街
Noon square
百济参鸡汤
백제삼계탕
ABC Mart
HANSKIN한스킨
MIXXO미쏘
明洞圣堂
명동성당
Woori 银行
우리은행
民间换钱所
too cool for school
투쿨포스쿨
Supermarket
Babara
BASIC HOUSE베이직하우스
挪夫家部队锅
놀부 부대찌개
明洞咸兴面屋
명동함흥면옥
明洞4路
ZARA
明洞饺子
Dunkin'Donuts
M Plaza
首尔全球文化观光中心
서울글로벌문화관광센터
Holika Holika（明洞1店）
홀리다 홀리다
Forever21
Artbox
ARITAUM
아리따움
MISSHA 미샤
명동4길
明洞2路
banila co.바닐라코
韩国银行货币金融博物馆
한국은행화폐금융박물관
小吃摊
ALAND本店
the saem 더샘
천지연 불한증막
天地然汗蒸幕
고궁
古宫
::codes combine
코데즈컴바인
THE FACE SHOP
더페이스샵
藤の木
등나무집
Holika Holika
（明洞3店）
홀리다 홀리다
명동2길
TONY MOLY토니모리
首尔中央邮局
서울중앙우체국
Talent Cosmetic
明洞mud汗蒸幕
명동 머드 한증막
Bookmark북마크
ALAND 2 PAGE
꽁시면관 恭喜面馆
BEAN POLE
Uniqlo
SPAO
스파오
Natural Repeblic 네이처 리퍼블릭
美人摄影室
미인스투디오
全州中央会馆
전주중앙회관
Migliore
Uniqlo
本粥본죽
营养中心
영양센타
沙威酒店SAVOY
新世界百货
신세계백화점
명동역
明洞站
往忠武路站
南山韩屋村
韩国之家
首尔索菲特国宾酒店
地铁4号线
南山循环巴士站
退溪路
퇴계로
明洞Guest House
Pacific Hotel
往南山公园
N首尔塔
泰迪熊博物馆
Namshan Guesthouse
往IB Ville Guest House
往会贤站
회현역
N

M Plaza

外表看起来无甚特色的M Plaza却是明洞拥有最多最受欢迎专门店的商场，1楼的Forever 21是由韩国人开设的美国廉价时尚店，自美国红遍全球，青春少女无不喜欢，衣锦还乡在明洞；2楼是近年流行的affordable高级时装Zara，每季新款最多而且不会重复，适合年轻朋友添置Party装和上班服，更附设童装；地库是只售家居用品、文具、女装、宠物服和童装的Kosney，受尽各国靓妈妈、大学生和OL的爱戴。5楼是韩国文化交流中心，可试穿韩服。

M Plaza楼层介绍表	
B1F	KOSNEY
1F	Forever 21, Ti-amo
2F	ZARA
3F	FOLLIFOLLIE
4F	DAISO，指甲彩绘坊，STARBUCKS
5F	首尔全球文化观光中心，獬豸厅

DATA　MAP | P127.C4
址 中区明洞2街31-1号 중구 명동8길27（명동2가）时 10:30~22:00 交 地铁明洞站(424)6号出口，出站后左转沿主街直走约8分钟。

明洞圣堂 명동성당

明洞地标，亦是韩国最早的教堂，于1898年落成，哥特式建筑，尖顶高45米，令人肃然起敬。教堂内有雄壮石柱、华丽台阶、管风琴和马赛克，充满天主教堂的独有感觉，从YMCA对面的斜路步行到顶是小广场，面向耶稣像使人心情激动，后面还有修道院、圣母像，气氛安静祥和。

DATA　MAP | P127.D3
址 中区明洞2街1-8 중구 명동2가1-8 电 02-774-1784 网 http://www.mdsd.or.kr（英韩）时 周二至周五09:00~21:00，周六09:00~20:00 交 地铁明洞站(424)6号出口，左转直行300米，到明洞东西向主街右转200米转进YWCA对面巷子斜坡上可见。

Artbox

小小的文具精品特卖场Artbox，名气却不输MMMG和10X10，此店精品包罗万象，由糖果到手机副产品一网打尽，季节性礼品，如日记、日历更加大受欢迎，价廉物美，有学生文具、OL至爱的案头精品、浴室和厨房用品，乃至家居寝室用品和摆设，现已加入发饰、配饰，分店已在北京、宁波、新加坡、伦敦和美国开设。

DATA　MAP | P127.C4
址 中区明洞2街31-41중구 명동로2가31-41 电 02-777-3202 网 http://www.artbox.co.kr 时 周日至周四10:30~22:00，周五、周六11:00~22:30 交 地铁明洞站(424)6号出口，左转往明洞主街直走约5分钟，过第二个巷子右转后续行约100米左手边即是。

O'雪绿Tea House（明洞店）
오설록티하우스

雪绿与Innisfree同属一家公司，贩售产自济州的绿茶、雪糕和蛋糕，是首尔最好吃的雪糕之一。据说济州火山泥的养分和矿泉水，加上有机种植方法，令绿茶的营养成分更高。噢！雪绿茶园更是韩国本地第一家得到多项有机种植认证的茶园。店内还有品茗师教炒茶、品茶，让人多角度体验喝茶的情趣。

DATA　　MAP | P127.C2
址 中区明洞7巷12（明洞1街）중구 명동7길12（명동1가）电 02-774-5460 时 09:00~22:30（周五、周六营业至23:00）交 地铁乙支入口站(202)5号出口，步行约4分钟。

SPAO 스파오

由SM娱乐公司开设的SPAO，拥有明洞时装店内最抢眼的时装广告板，时装路向当然走学生路线，青春无敌，混合美韩的时尚触觉和口味，很能迎合国内外的大学生客人。4楼售卖娱乐公司旗下的艺人纪念品，全部是独家出品，即使不是粉丝也关不住好奇心，来看看的大有人在。

DATA　　MAP | P127.C5
址 中区忠武路1街24-23 충무로 1가24-23 电 02-319-3850 网 http://www.spao.com 时 周一至周四11:00~22:00，周五、周六11:00~22:30 费 衬衫₩29 900、牛仔裤₩39 900 交 地铁明洞站(424)6号出口，出站后左转沿主街直走约3分钟，看到第一个巷子左转后直走约3分左手边即是。

::Codes Combine
코데즈컴바인

走黑、白、灰简约路线。Codes Combine，自张根硕和朴信惠《当代言人》后一洗“闷”气，结合沉实风格和鲜明的剪裁，让身形高挑的韩国人穿上去更显得线条分明，在杂乱纷呈的衣装界中辟出一条黑白分明、耐看耐穿的实用派路线，现正努力进军中国市场。

DATA　　MAP | P127.C4
址 中区明洞2街53-11중구 명동2가53-11 电 02-776-6385 时 10:00~22:00 费 T恤₩19 900~29 000、裤子₩59 000~39 000 交 地铁明洞站(424)6号出口，出站后左转沿主街直走约3分钟，看到第一个巷子左转后直走约3分钟后第一个巷子再右转，续行约3分钟左手边即是。

Nature Republic（明洞世界店）

《近日绯闻》中的Rain开设的化妆品店，旗舰店就在明洞Migliore后，夏天最热卖的芦荟GEL，很适合暴晒后用来放松绷紧的皮肤。2009年才成立，迅速成为首尔护肤品的名牌，Nature Republic很早就以自然主义来生产护肤品，并歌颂自然，崇尚以绿色和天然元素来护肤，为消费者在忙碌工作以外带来一种慢活的生活态度。

DATA　　MAP | P127.C5
址 中区忠武路1街24-2号 중구 명동8길52（충무로1가）电 02-753-0123 时 08:30~23:00 交 地铁明洞站(424)6号出口，出站后左转沿主街直走约3分钟左手边即是。

买杂货赶热闹的平民市集

中区·南大门

중구·남대문

南大门市场，位于地铁会贤站5号出口处，占地广达20 000平方米。这里的店铺货色与风格都很平民，杂乱又热闹的气氛，很有传统市集的味道，是24小时都有看头的地方。夜晚可以从地铁7号出口前行，悠闲地顺着退溪路行经新世界百货、韩国银行、喷水池，沿南大门路走到崇礼门一带，绕行整个南大门市场外围一周，欣赏这1公里沿途美丽的建筑夜间照明。

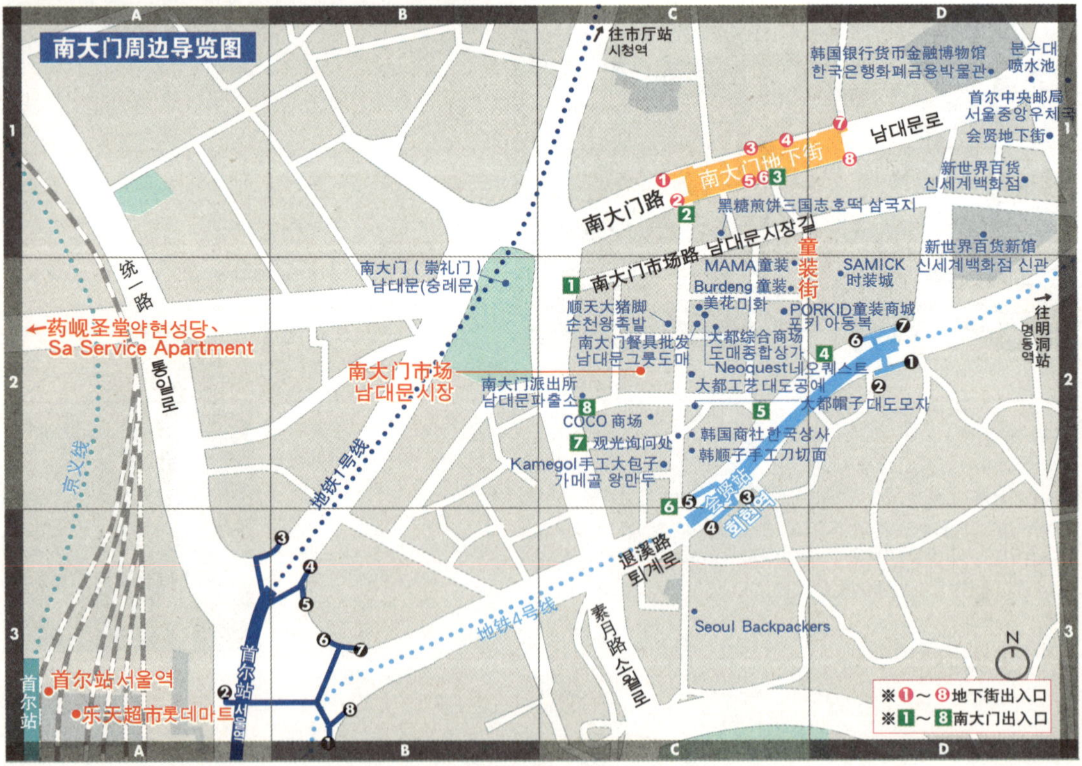

南大门市场 남대문시장

修葺了5年的南大门终于完工了！这个早于600年前成立的市场，曾是韩战后首尔外国商品最集中、最齐全的地方，由清晨至早上8:00前都是来自各省会的农民商人批货的时候，早餐过后则是旅客最爱逛的市集。这里最热卖的算是紫菜，其次为红参、手工艺品、钛锅、筷子等。

南大门有多幢批发卖场，以眼镜超市最出名，但近年风头被儿童服装折扣店掩过了，慢慢地走向东大门的自家品牌之路，南大门的儿童服装开始出现款式精美、手工精细且设计独特的产品，相信不久的将来就会有自家品牌店出现。

到南大门吃美食！

南大门美食如云，而且都是口味地道、价廉物美，分量小小（以韩国标准）可以连试几道不同的菜式，如果不怕吃带刺的鱼，一定要品尝带刀鱼锅。这道菜营养丰富但价钱便宜，以香浓辣汁拌饭，很能反映战后韩国社会的精神面貌。其次是刀削面，在韩顺子奶奶手工刀削面（**한순자손칼국수집**）店内吃到的刀削面，堪称首尔第一面，尤其是黑轮的鱼肉味道香浓、又够咬口，真是想不出哪家可以跟她比拼。

喜欢重口味，则会到24小时营业的舜天王猪脚（**순천왕족발**），还可以一边喝马格利酒，在入夜变身食街的南大门也是十分热闹，街道中央排列整齐的布帐马车，可吃到海鲜烤、章鱼刺身。

DATA　MAP | P130.C2
址 中区南仓洞49 중구 남창동49 电 020-752-1973 网 http://www.namdaemunmarket.co.kr（韩）时 05:00~17:00，周末15:00~23:00休息。农历春节、中秋市集休市，部分商店全年无休。交 地铁会贤站(425)5号出口，就是南大门市场的GATE 6门楼入口。

N首尔塔 N서울타워

首尔中心点南山，北有明洞、南有龙山，中央就是480米的N首尔塔，除被分类为旅游观光点外，对于首尔市民来说，这里是拍拖、踏青、与家人共度周末的地方，满载着首尔人成长的回忆。N首尔塔每晚21:00~24:00有激光幻灯表演，10:00~12:30在八角亭旁边有护城警报表演；下午3:00则有武术表演，而情侣更喜欢在栏杆处扣上同心锁，寓意永不分离。

DATA　MAP | P127.C6
址 龙山区龙山洞2街1-3 용산구 용산동2가1-3 电 N首尔塔02-3455-9277、缆车02-753-2403 网 http://www.nseoultower.co.kr 时 观景台10:00~23:00（周五、周六至24:00）、缆车10:00~23:00 票 观景台₩9000。缆车成人单程₩6000，往返₩7500；儿童单程₩3500，往返₩5000。3分钟车程即可上山。交 地铁明洞站(424)3号出口，往中国大使馆方向前进约650米可到达缆车搭乘地点，约10分钟可抵南山缆车站，循指示可抵。若要步行上山则继续往前约200米，可见上南山的阶梯路入口，一路拾级上山，约30分钟可抵。或于东国大学地铁站6号出口乘黄色小巴2、3或5号。

南山韩屋村 남산골 한옥마을

明洞范围保存完好的传统韩屋村，以往曾是纯贞孝皇后尹妃的娘家，有着豪华的两排贵族住宅，市政府为了打造一个完整的韩屋村便将附近5家各有特色的韩屋迁居至此，每逢周末举行传统活动。重点文物包括海丰府院、都边首李承业故居、五卫将金春永故居和闵氏故居，除游客之外，广告和电视台摄制队也非常喜欢到这里取景，尤其是村内最大规模的闵氏故居。

闵氏故居曾有一名韩国史上举足轻重的人物在此居住过，他就是设计太极旗的朴泳孝。故居内现存里屋、厢房、四周门。其木结构造功讲究，非一般韩屋所能相比。

DATA　MAP | P127.D5
址 中区笔洞2街84-1 중구 필동2가84-1 电 02-2266-8923（韩）网 http://www.hanokmaeul.org（韩）时 4月~10月09:00~21:00，11月~次年3月09:00~20:00。周二公休（如周二是节假日，周三亦休馆），传统庭院仍然开放。票 免费 交 地铁忠武路站(331/423)3号出口，过LG加油站近4号出口，左转入巷前行150米可抵。

传统与现代交融的文化艺术飨宴

中区·德寿宫

중구 · 덕수궁

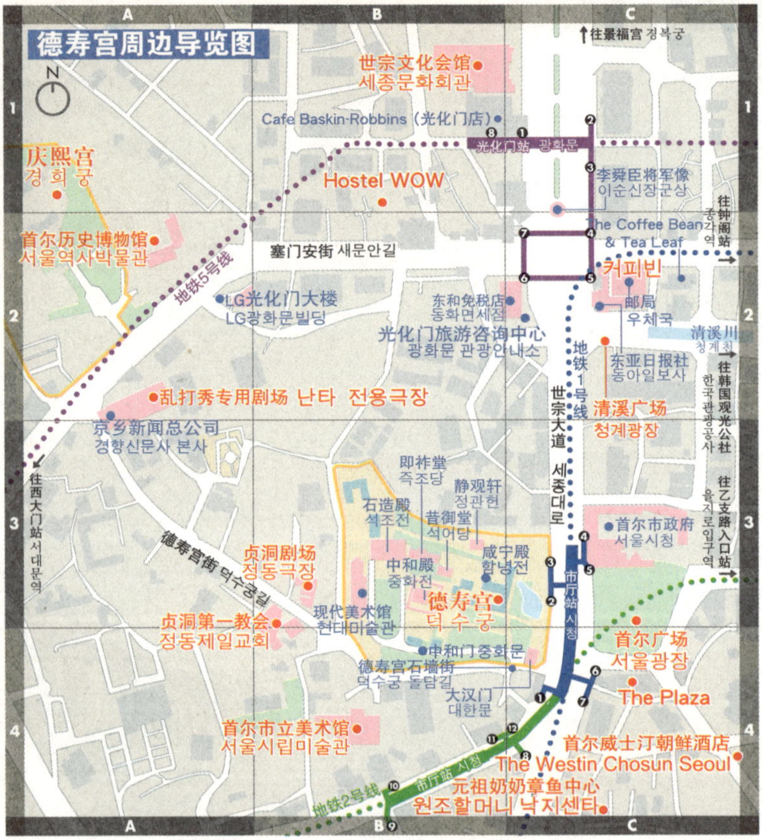

德寿宫周边正好是首尔的政经中心，除拥有大片绿地和喷泉的首尔广场与首尔市政厅外，沿着德寿宫旁的石墙路走去，矗立在路旁的各个美术馆、博物馆、表演会场、古迹建筑等，又呈现出这一带的文化艺术气质。其中的典雅纯正与现代活力正彼此自然地交融着，继续为传承最传统的韩国、最新潮的首尔而奋力发扬光大。

庆熙宫 경희궁

首尔五大宫中名气最小，曾经是拥有100多座宫殿的西宫，可惜在日本入侵时大部分建筑物被毁掉，只剩下大门部分的崇正殿。殿外是一大片草坪，虽然已经无复当年勇，但因此却保留了宁静凄美的独有景色。平日游人稀少，从首尔历史博物馆侧门可通往。

DATA

MAP｜P132.A1

址 钟路区新门路2街1号 종로구 신문로2가1
电 02731-0531 时 周二至周五09:00~18:00，周末及节假日10:00~18:00，周一、元旦公休 票 免费 交 地铁光化门站(533) 7号出口步行约10分钟。

德寿宫 덕수궁

德寿宫，早于1592年因战乱而充当国王的避难所，才升格成为王宫。德寿宫原为月山大君的私人住宅，后来改建加入西洋建筑，也是所有王宫内独有咖啡厅、西洋楼、喷水池等的稀有建筑物。

德寿宫是春天看樱花和秋天赏红叶的理想地点。石造殿后的小坡路更是市内难得的一处幽静之地。其门前的门将换班阵容虽小，但气氛浓厚，将领在游客之间穿梭，极有参与其中的气氛。门将换班后可试穿韩服，因此很受游客欢迎。

宫内必看的静观轩由俄罗斯建筑师设计，石柱上刻有韩国传统图案和吉祥物，是首尔最难得的古迹。石造殿曾为国王居住和办公的地方，气派、庄严、稳重，前面的喷水池竟与周围的韩国庭园风格配合得天衣无缝，体现出韩国人在建筑美学上的前卫和开放。

DATA　MAP | P132.B3
址 中区太平路2街58号 중구 태평로2가58 电 02-771-9952 网 http://www.deoksugung.go.kr（韩英）时 09:00~21:00（最后售票入场时间20:00），周一公休。大汉门王宫守卫将交接仪式：11:00、14:00、15:30，约40~60分钟（周一、酷暑与酷寒期休息）票 成人₩1000、青少年₩500 交 地铁市政厅站(132/201)1、2号出口可进入德寿宫。

DATA　MAP | P132.C3
网 http://www.seoulskate.or.kr 交 地铁市政厅站(132/201)5号出口出站即抵。

首尔广场 서울광장

位于首尔市政厅前的首尔广场一年四季都有许多不同的活动。其中有两项富有特色的活动值得旅客们注意。

Hi Seoul Festival：春天在首尔举办的大型园游会，活动范围遍及首尔广场、清溪广场和汉江的汝矣岛公园。从2003年开始举行到现在的Hi Seoul节已经是首尔重要的活动之一。通常在每年5月第一个礼拜，首尔广场上会举办各式活动和表演让民众一同参与，路过的旅客也不妨和首尔市民同欢！（网址：http://hiseoulfest.org）

冬季溜冰场：首尔广场到了冬天就会成为一个大型溜冰场，提供首尔市民们休闲游憩。能够在市中心车水马龙的地方体验开放式露天溜冰场的机会十分难得。就算不会溜冰也下场试试吧！现场提供溜冰鞋租借和置物柜寄放物品。

首尔市立美术馆 서울시립미술관

由大法院改建而成的首尔市立美术馆，保留着法院面门部分，是市厅内一幢最有古风的建筑物。它始建于1920年，内设有6个展厅。美术馆本身就是别具风格的艺术品，高楼底和现代风格的开放式设计，很切合作为美术画廊的功能，曾连续3年被评为最想去的美术馆第一位。每天午饭后，很多市厅附近工作的上班族喜欢拿着咖啡在馆前石阶上休息，也是一幅美丽如画的风景。

DATA **MAP | P132.B4**
址 中区西小门洞37号 중구 서소문동37 电 02-723-0455 网 http://seoulmoa.seoul.go.kr/main.html 时 3月~10月周二至周五10:00~21:00，周末假日10:00~18:00；11月~2月周二至周五10:00~22:00，周末假日10:00~18:00.（闭馆前1小时停止入场）。周一、元旦公休。票 常规展览免费 交 地铁市政厅站(132/201)1、12号出口，沿德寿宫大汉门边墙直行200米左手边回旋处转上即是。

贞洞第一教会 정동제일교회

贞洞第一教会是韩国最早兴建的基督教教会建筑，1897年在美国联合监理教总部的支持下，以北美哥特式的红色砖墙为建筑特色造了这座教堂，是韩国第256号历史遗迹。古典幽静的小教堂，为贞洞一带的美丽风景更添几分迷人的色彩。

DATA **MAP | P132.B3**
址 中区贞洞34-3 중구 정동 34-3 网 http://chungdong.org（韩）交 地铁市政厅站(132/201)1、12号出口，沿德寿宫大汉门边墙直行300米，位于交叉路口的左前方。

元祖奶奶章鱼中心 원조할머니 낙지센타

因为早年极受欢迎韩剧《我是金三顺》而声名大噪的元祖奶奶章鱼中心，开业于1965年，以秘制辣酱炒章鱼，炒得连本地人都受不了的味道使人又爱又恨。章鱼是韩国人认定为能量食品，加上辣酱当然令人疲劳尽消，吃时得与白饭拌和，加上海苔、甜酸萝卜和大豆芽，这道菜告诉旅客真正的韩国味道，最好适应了韩国菜的辣劲再前来，如果受不了，便叫一份蛋卷把辣酱调淡一点。

DATA **MAP | P132.C4**
址 中区北枪洞60 중구 북창동 60번지 电 002-734-1226 网 http://www.nakjicenter.com 时 11:00~24:00 交 地铁市政厅站(132/201)7号出口直走过十字路口，经过OUTBACK和Olive Young后的小巷。

首尔历史博物馆 서울역사박물관

由首尔市民捐赠珍藏品而设立的首尔历史博物馆，介绍首尔作为朝鲜国都的独特面貌，大门前石板上刻有古首尔地图，还有复古电车装饰，是杂志封面照片最常选用的拍摄背景。馆内最精彩的是都市模型影像馆，在21.5米×14.5米的展箱内重现70万个迷你建筑，由灯光控制日景与夜景，当迷你建筑的灯饰全亮，犹如在高空俯览首尔夜景，震撼效果不比N首尔塔顶瞭望台低。

DATA **MAP | P132.A2**
址 钟路区新门路2街2-1 종로구 신문로2가2-1 电 02-724-0274 网 http://museum.seoul.kr/eng/eh_main.jsp（韩、英、中、日）时 平日09:00~21:00，周末假日3月~10月09:00~19:00、11月~次年2月09:00~18:00（闭馆前一小时停止入场），周一公休。票 免费 交 地铁光化门站(533)7号出口步行约10分钟。

逛街到天明的血拼战场
中区·东大门
중구 · 동대문

东大门，可说是个神奇的地方，一整区斗山塔、Migliore、Hello APM、Good Morning City等购物中心罗列排开，是国际消费者心目中购物的天堂；隔着宽阔的兴仁门路的另一侧，则是愈夜愈人声鼎沸的批发中心，Team204、U:US、APM、Nuzzon、GoldenTown、Designer Club等同样宏伟的大楼白天悄无声息，到了晚上10:00以后才是来自全国各地的批发商涌入的时刻，据估计每晚平均有15万~20万人进出，交易量之大令人咂舌。

不过批发区衣饰的价格虽然比较便宜，但因为是针对批发商，每件款式至少5件以上才能成交，而且场面拥挤、节奏快速，并不适合一般消费者。一般人还是在斗山塔附近区域寻宝，即可满足购物欲。想到这儿见识东大门夜间的蓬勃魅力，建议安排在晚上8:00过后。喜欢逛街的人则不要选择离东大门太远的住宿点，以避免逛得太晚回程时无地铁可搭。

新堂洞辣炒年糕街
신당동떡볶이타운

韩国最有代表性的小吃首选当然是年糕，辣酱和年糕是不可分割的好拍档，加入鸡蛋、冬粉、煎饺、甜不辣，可以炒，也可下汤放泡面做部队锅。新堂洞这一条街竟然开了15家年糕店，竞争激烈使各家使出浑身解数，街上最老历史要数“马福林奶奶年糕”，开业超过50年，以秘制辣酱闻名首尔。不过说到创新就不能不提马福林奶奶对面的“我爱新堂洞”，由于该店由7家店合并而成，口味最多，如宫中辣炒年糕、芝士年糕、海鲜年糕和超级辣之眼泪辣炒年糕，每天晚上都有DJ现场打碟，气氛热闹。街上最后一家“终站”是学生最喜爱的，味道偏甜，并有招牌菜辣炒鸡脚。

DATA　MAP｜P135.B4
址 中区新堂1洞292-112 중구 신당1동 292-112 交 地铁新堂站(206/635)8号出口，步行约4分钟。

东大门历史文化公园
동대문역사문화공원

东大门历史文化公园曾是日治时期首尔最大型的运动场，多年来举办过无数次棒球赛。韩国建国后一直沿用至20世纪80年代，因人口增加而荒废。市政府原来的计划是把运动场旧址改为设计公园，在发挖时意外发现东大门城郭和衙门遗迹，包括二间水门和朝鲜时代下都监址44处遗迹及朝鲜白瓷与粉青瓷器共1000多件，经过重建修复，成为历史文化公园，同时又保留了运动场的照明射灯，公园内设立纪念馆，将朝鲜和运动场历史合二为一。

DATA　MAP | P135.B3
东大门历史文化公园纪念馆
址 中区乙支路7街2-1 중구 을지로7가2-1 网 http://www.seouldesign.or.kr 时 10:00~21:00，元旦、农历新年、中秋节公休。交 地铁东大门站(128/421)7号出口，出来后往清溪川方向走，过马路即抵。

陈玉华元祖一只鸡
진옥화할매 닭한마리

陈玉华元祖一只鸡见证着东大门成衣的成长。1978年开设的煮鸡店，老板的一生都在钟路市场度过。由于最初经营只坚持用活鸡，他每天骑着单车来来回回买鸡煮鸡，秘制辣酱叫人回味无穷，艰苦的20世纪80年代，与无数东大门的商家、买手共同挨出头来。新鲜鸡锅索价低廉，加入年糕、泡菜，与鸡汤混和，吃时再放醋和芥末蘸汁，一口鸡肉有泡菜、微辣和香甜清鸡汤的味道，是普通大众都能负担的餐宴。

DATA　MAP | P135.A1
址 钟路区钟路5街265-22 종로구 종로5가265-22 电 02-2275-9666 网 http://www.darkhanmari.co.kr（英日韩）时 10:00~22:30 交 地铁东大门站(128/421)8号出口直行，看到第一个巷口后右转继续直走，在第二个巷口再左转，直走约2分钟右手边即是。

café bene 카페베네

café bene是一家欧风咖啡连锁店。店内的装潢主要以木质家具营造出温暖悠闲的氛围。每家分店内都有一个大型装饰用时钟，特殊的装潢也曾引来许多韩剧以此作为拍摄场景。韩剧《秘密花园》中男女主角引起话题的泡沫Kiss，就是在café bene的分店拍摄。店内商品风格多样，除咖啡外，意式冰淇淋及轻食如松饼和厚片吐司都是这家店的特色。逛街逛累的时候来份意式冰淇淋松饼，酥脆的松饼搭配上香浓的各式口味冰淇淋，不仅能消除疲惫，更让人感到愉悦。

DATA　MAP | P135.B3
址 中区乙支路7街2-1一楼 중구 을지로7가2-1 1층 电 02-2234-6232 网 http://www.caffebene.co.kr 时 24小时（周六23:00~周日09:00休息）票 草莓优格冰沙Regular（딸기 요거트 스무디）₩5800、意式冰淇淋松饼（젤라또와플）₩4800 交 地铁东大门站(128/421)7号出口，出来后往清溪川方向走，过马路后继续直走约20米，看到东大门设计广场后左转直走约100米，右手边即是。

斗山塔Doota 두타

东大门地标斗山塔，已经摆脱了时装批发的格局，走上设计师品牌之路，斗的不是价钱而是款式和独创性，连不爱时装的朋友都忍不住要来大开眼界。虽然价钱直追明洞，但说实话这里款式集中，要比明洞好逛得多。雨季和冬季最受欢迎，从化妆品到童装一网打尽，而且有退税和兑换服务，叫人怎舍得离开？商场精心设计，每隔两层便有咖啡室，7楼和8楼更是特色食肆，最适合不血拼的男朋友边吃边等。另外还加开了10X10咖啡店和精品店，相信将来会引入更多的生活类商品。

DATA　MAP | P135.B2

址 中区乙支路6街18-12 중구 을지로6가18-12 电 02-3398-3114 网 http://www.doota.com（韩、英、中、日）时 周二~周六10:30~05:00，周日10:30~23:00，周一19:00~05:00 交 地铁东大门站(128/421)8号出口过清溪川路，往平和市场方向走约5分钟可达。

Miglior 밀리오레

最能代表韩国成衣批发商场品牌的老大哥Miglior，走百货店路线，既有韩国工艺品和传统韩衣，又有牛仔裤、眼镜、皮带等配饰，地库是运动装和童装，对各年龄段、各阶层的顾客都有吸引力，但以设计的新鲜感和款式而言稍为普通，是典型的批发成衣款。

DATA　MAP | P135.B3

址 中区乙支路6街18-185 중구 을지로6가18-185 电 02-3393-0001 网 http://www.migliore.co.kr（韩）时 10:30~04:30，周一公休。交 地铁东大门站(128/421)8号出口直行约300米，过清溪川路和Dooda即抵。

Hello apM 로우 에이피엠

主打年轻潮人口味的Hello apM，走好动、街舞和潮流配搭路线，地下楼层是整幢商场最有特色之处。牛仔裤的款式是东大门之冠，新款、限量版球鞋比ABC Mart要多，还有不知名的化妆品。不过楼上的女装走中女路线，4楼以上男装款式就较普通，集中火力在地下楼层已经足够。

DATA　MAP | P135.B3

址 中区乙支路6街18-35 중구 을지로6가18-35 电 02-6388-1114 网 http://www.helloapm.com（韩、英）时 10:20~05:00，周二公休。交 地铁东大门站(128/421)8号出口直行约300公尺，过清溪川路、Dooda和Migliore即抵；地铁东大门历史文化公园站(205/422/536)14号出口，出站后前行150米即抵。

U:US 유어스

U:US既是批发中心，亦为海外买手提供综合服务：交通、速递、交易协调、翻译甚至订机票的服务，为首次到首尔买货的新手提供协助。与NUZZON相比，U:US的供应商开始走个人化设计路线，有更多印花TEE、街头服、内衣批发、鞋子，与NUZZON互补不足。

DATA　MAP | P135.B3
址 中区新堂洞251-7 중구 신당동251-7 电 02-6270-1000 网 http://www.uus.co.kr（韩）时 20:10~06:00，周六公休。交 地铁东大门站(128/421)7号出口出来后往清溪川方向走，过马路后继续直走约20米，看到东大门设计广场后左转直走约100米，右手边即是。

广藏市场 광장시장

朝鲜时代首尔东城门内外都是忙碌繁荣的墟（非每天营业的市场），由政府严格管制，直到朝鲜末期才开始有自由运作的市场。广藏市场就是最早成立的自由市场，现时主营婚嫁礼服、糕点、韩服和手工艺品。本地服装设计师经常到此搜罗各种布料，加工成为寝室用品或时装。另一边则是湿货市场，从人参到海产品一应俱全，不过最受欢迎的还是全年无休的熟食档，供应米肠、寿司、饺子、猪脚和绿豆煎饼。

DATA　MAP | P135.A1
址 钟路区礼智洞6-1 서울시 예지동6-1 电 02-2267-0291 网 http://www.kwangjangmarket.co.kr 时 07:00~19:00，周日及国定假日公休。交 地铁钟路5街站(129)8号出口出站即抵。

Maxtyle

以ZARA龙头店作为招徕，Maxtyle混合零售和批发商场特色，除地库全层是ZARA折扣店外，楼上5层都是小店经营。其中有3层已完全进满商户，以开业2年多的新店来说，成绩不错，门外还有露天咖啡座，相当有欧陆风情。

DATA　MAP | P135.B2
址 中区新堂洞773番地 중구 신당동773번지 电 02-2218-0000 网 http://www.maxtyle.com 时 周一至周五24小时，周六00:00~23:00，周日09:00~24:00 交 地铁东大门站(421)7号出口过了清溪川后第一条大马路口左转。

传统与艺术兼备的优雅街区
钟路区·三清洞
종로구·삼청동

“三清洞”的巷弄里，到处都是传统韩屋改建成的画廊、装潢时髦的咖啡厅、充满乡土味的传统料理，以及小巧精致的展示馆，可以为此安排一趟视觉、嗅觉、味觉都能得到满足的艺术朝圣之旅。因为附近就是北村韩屋村，“三清洞”街区充满着浓厚的传统文化风情，不仅常作为MV的拍摄场景，当地民众也很喜欢前往“三清洞”取景拍照。

Laflo Chenie 라플로채니

近10年来韩国本地品牌陆续兴起，造就首尔成为设计之都，无论是时装设计、建筑、艺术和流行文化，首尔人都手执牛耳。这不是出于偶然，自20世纪90年代起，韩国年轻人出国学艺、打拼近20年，再遇上韩国经济腾飞，大家开始负担起高价格、高品质的用品。设计师专卖店如雨后春笋般应运而生。Laflo Chenie为2011年韩国小姐大会指定皮鞋店，标榜手工制造，并可依顾客要求修改物料、设计与调校鞋跟高低，尽量做得贴脚自然，适合首尔斜路多、阶梯多的地形。

DATA　MAP | P140.B4
址 钟路区昭格洞105-2 종로구 소격동105-2 电 02-720-7771 网 http://www.laflochenie.com 时 11:00~21:00 交 地铁安国站(328)2号出口，前行5分钟见游客中心左转续前行见另一个游客中心，转入花开路内。

Luielle 루이엘

Luielle的创始人Shirly Chon大有来头。它是法国巴黎帽子专业学校C.M.T. 首位亚洲毕业生，秉承法国时装的严谨做工和精细手艺，让帽子不单是戴在头上的装饰品，而成为一种艺术品。店内展售的帽子都采用特殊缝合技术，更适合头型，独特款式和限量生产亦是受爱好者吹捧的主因，常有日本游客在店内流连选购，周末更经常见到人龙。

DATA　MAP | P140.B4
址 钟路区花洞100号 종로구 호동100 电 02-720-6901 网 http://www.luielle.com（韩、英、日文）时 11:00~20:00 交 地铁安国站(328)2号出口，前行5分钟见游客中心左转续前行见另一个游客中心，转入花开路内。

停车场
三清阁삼청각
Slow Garden
슬로우 가든
池花子
监察院
감사원
成均馆大学
성균관대학교
N
Mani`s Shop
首尔第二名的店
서울서돌째로잘하는집
咕咕狂热分子
꼬꼬 매니아
公厕
韩国金融研修院
한국금융연수원
Coffee Bean
三清洞居民中心
삼청동 주민센터
三清刀切面
삼청칼국수
三清路
石阶路
北村生活史博物馆 북촌 생활사박물관
三清幼稚园
삼청 어린이집
总理公馆
총리공관
石阶路
BEANS BINS
빈스빈스
北村东洋博物馆
북촌동양문화박물관
삼청로
李俊九家屋
이준구 가옥
Cook'n Heim
쿡앤하임
相媪斋
상고재
翠云亭
취운정
首尔鸡文化馆 닭문화관
궁중음식연구원
北村路
昌德宫路
宫中服饰文化馆 궁중복식문화관
창덕궁길
126 Mansion
嘉会洞31番地
国立民俗博物馆
국립민속박물관
북촌로
韩尚洙刺绣博物馆 한상수자수박물관
嘉会洞11番地
가회동11번지
佳画堂
가화당
嘉会博物馆 가회박물관
DOO Guest House
Caffe bene
Donmi 药局
嘉会洞31番地入口
三清派出所
삼청파출소
教育博物馆 서울피욱사료관
TNGTW
首尔市立正读图书馆
서울시립 정독도서관
Tea Guest House
北村韩屋村
북촌 한옥마을
Laflo Chenie
라플로채니
Luielle
루이엘
北村美术馆
북촌미술관
乐古斋
락고재
Seoul Guest House
서울게스트하우스
코코블루니
coco bruni
Eric Kayser
嘉会洞居民中心
가회동 주민센터
斋洞国小
재동초등학교
大瓦房
큰기와집
北村五路
KIEHL`S
观光询问处
관광안내소
北村五路
북촌5로
北村文化中心
북촌문화센터
昌德宫
창덕궁
UUL国立首尔美术馆
UUL국립서울미술관
景福宫
경복궁
北村路
북촌로
桂洞路
계동길
宪法裁判所
헌법재판소
德成女中
덕성여자중학교
德成女高
덕성여자고등학교
饭卷天国
김밥천국
地铁3号线
往昌庆宫
창경궁
景福宫石墙街
Woori银行
우리은행
林 Guest House
Guest House Korea
现代画廊
（三清阁接驳车上车处）
邮局
우체국
MMMG
安国站 안국역
云岘宫
운현궁
TWOSOME PLACE
东十字阁
동십자각
栗谷路
율곡로
安国洞十字路口
안국동 사거리
宗庙
종묘
三一大道
삼일대로
邮政局路
우정국로
仁寺洞路
인사동길
首尔索默塞皇宫饭店
Somerset Palace Seoul
曹溪寺
조계사
A
B
C
D
1
2
3
4
5
6
三清洞、北村周边导览图

北村韩屋村 북촌 한옥마을

北村与三清洞相邻，在朝鲜时代是照顾王宫内食、衣、住、行的工匠和两班贵族居住的地方，保留了不少韩屋。韩屋的特色是面积小、密度高、布局和用料讲究，是朝鲜建筑学的精髓所在，1970年北村的韩屋曾面对被拆除的命运，幸得社会人士争取保留流传下来，改建成为工作坊、私人博物馆，成为首尔最具特色的社区，吸引了无数来自韩国其他地区和海外的游客。

村内约有20多个私人博物馆和工作坊，参观前先到游客中心索取地图，沿路找寻“北村八景”。购买一张通游票，可游览鸡文化博物馆、韩尚洙刺绣博物馆、嘉会民画作坊、韩国佛教美术博物馆和东琳绳结博物馆等5家私人博物馆，但要留意大部分博物馆周一休息。

DATA　MAP | P140.C4
址 钟路区嘉会洞、斋洞、三清洞、桂洞、苑西洞 종로구、가회동、재동、삼청동、계동、원서동 票 社区免费参观，通游票 交 地铁安国站(328)2号出口，直走约15分钟，Family Mart对面药局旁的巷子再直走约7分钟可抵北村。

首尔第二名的店 서울서돌째로잘하는집

和大多韩国传统茶屋相比，这家店显得不曲高和寡，招牌韩方红豆汤相当受顾客青睐。要领略她的红豆汤必须细看她的故事。她开店于1976年，以制作首尔最好喝的韩方红豆汤为目标，以第二为店名，颇有香港人口中“我认第二、谁敢认第一”的想法。红豆汤内加入栗子、银杏及糯米糕，养生又暖胃，虽然甜蜜中带着少许来自药材和桂皮的苦涩，要适应一下，不过冬天早上吃过，一整天暖意留在心田。

DATA　MAP | P140.B1
址 钟路区三清洞28-21 종로구 삼청동 28-21 电 02-734-5302 时 11:30~22:00 交 地铁安国站(328)1号出口，朝景福宫侧门迎春门方向步行到三清洞，沿右边石墙路续前行，约15分钟。注 提供中、韩、日菜单

教育博物馆 서울피욱사료관

从三清洞前往北村的路上，走上小斜坡可到达教育博物馆。馆内展出韩国不同年代的校服、教科书、成绩单、毕业纪念册和校徽等别具纪念价值和历史意义的物品，并以真实比例规划仿造贩卖部、礼堂和教室，更设有校服专区，让游客可穿上校服拍照留念。

DATA　MAP | P140.B3
址 钟路区花洞2 종로구 화동2 电 02-736-2859 网 http://www.edumuseum.seoul.kr 时 09:00~18:00（周六、周日至17:00；假日及每月第一、三个周三公休）票 免费 交 地铁安国站(328)2号出口，前行5分钟见游客中心左转续前行见另一个游客中心，往上坡路即抵。

穿梭韩国历史的长廊

钟路区·景福宫

종로구·경복궁

以“景福宫”为名的地铁站，最不可错过的景点当然就是朝鲜立都首尔的第一座王宫“景福宫”。静静地漫步欣赏这座美丽的宫殿、穿上韩服在最能代表韩国的百年古迹前留影、在光化门前观看守门将换班仪式等文化重现活动都不容错过。随后，去品尝现任总统也常光临的御用参鸡汤店，再前往北汉山麓的宁静聚落“付岩洞”，在咖啡香中眺望蓊郁山林与首尔光影，细细品味这闹中取静的城市净土。

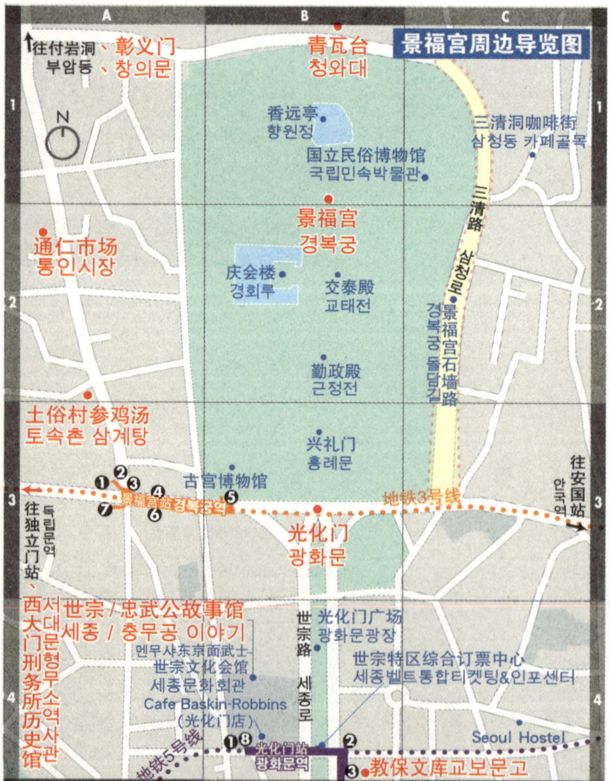

青瓦台 청와대

青瓦台，是总统办公和居住的地方，自韩剧《城市猎人》播出后大受欢迎，加上2013年韩国第一位女总统诞生，更添吸引力。青瓦台由15万块青瓦建造，主体建筑有中央主楼、迎宾馆、绿地园、无穷花花园、七宫等，如果要申请进入参观，须两星期前以电子邮件申请预约参观日期和时间（tour@president.go.kr），申请时要写上姓名、出生月日、护照号码、国籍和参观日期、时间，且必须携带护照以核对身份。

DATA　MAP | P142.B1

址 钟路区青瓦台路1号 종로구 청와대로1 电 02-720-7771 网 http://english.president.go.kr/tours/cwd_tours/cwd_reserve_step1.php（英）时 10:00、11:00、14:00、15:00（周一、周六、周日不开放）票 免费 交 地铁景福宫站(327)5号出口，前行200米即是景福宫光化门大门口，在景福宫东侧停车场的青瓦台咨询摊位前集合。注 参观者须携带护照与线上预约回函于指定时间20分钟前至青瓦台咨询摊位前集合；全程韩文导览，请自备翻译；青瓦台内只有特定地点可拍照，不可拍摄影片，宜先向导览人员洽询；青瓦台内禁止饮食。

景福宫 경복궁

1392年太祖李成桂建立朝鲜王朝，看上了北边这片依山傍水的方正福地，在此建造了第一座正宫“景福宫”。500年来，景福宫遭遇过两次重大的毁坏，直到1994年，首尔建都600年时，韩国依据古籍资料的记载，按原貌一一重建，可惜如今所见仅存当年的十分之一。

想要细细地参访景福宫，建议善用每日的中文导览时段，让中文导游陪你细数景福宫大大小小的故事，以及建筑中隐藏的趣味与内涵。每日上午10点开始，在景福宫光化门、兴礼门前广场，有朝鲜时代的光化门开启仪式、守门将换班仪式、宫城门闭门等仪式，是很值得前往观赏的文化重现活动。

DATA **MAP | P142.B1、B2**
址 首尔市钟路区世宗路1 서울특별시 종로구 세종로1 电 02-3700-3904 网 http://www.royalpalace.go.kr（英韩）时 09:00~18:00（5月~8月周末与国定假日到19:00，11月~次年2月到17:00；休馆前1小时停止入场；周二公休）。中文导览时段：10:30、13:00、15:00。光化门守门将换班仪式3月~10月10:00~15:00整点，16:00为守门将退场仪式（周二休，视天气状况可能取消）。宫中服饰体验（位在修政殿前）3月~10月10:00~16:30，11月~次年2月10:00~16:00（午休12:30~13:00）。票 ₩3 000。宫中服饰体验免费。交 地铁景福宫站(327)5号出口，前行200米即是光化门大门口 注 导览出发地点在兴礼门前咨询处

光化门 광화문

几经战乱毁坏、重建，始回复600年前的面貌。光化门好比不屈不挠的韩国精神。光化门建于西元1395年，原名“四正门”，后因世宗大王取“光照四方，教化四方”之意而改名。光化门是朝鲜时代的国门，今天成为首尔市中心现代和传统交汇的地标，前方是摆放世宗大王和勇将李舜臣铜像的广场，象征朝鲜时代的六曹街倒映在两旁的人工流水中。 **MAP | P142.B3**

世宗/忠武公故事馆 세종 / 충무공 이야기

为纪念朝鲜第4任君主世宗大王而建的博物馆，可清楚地了解他在位时的德政及对朝鲜后世的影响。世宗故事馆内展示当时的科学、文字、音乐和军事成就，最重要的是世宗发明了韩文。故事馆可让参观者即席学习用毛笔及韩文写上自己的姓名。

对面是忠武公故事馆。忠武公即16世纪海军名将李舜臣。他所设计的龟甲战船以小制大，击倒了当时野心勃勃的日本海军。博物馆内有一艘仿原貌按比例缩小的迷你船。游客可进入参观，还能以电玩形式试用当时的大炮、舵。

DATA **MAP | P142.B4**
址 钟路区世宗路81-3 종로구 세종로81-3（此为世宗文化会馆地址，世宗/忠武公故事馆位于地下楼层）电 02-399-1114 网 http://www.sejongpac.or.kr/english/ 时 10:30~22:30（周一公休）票 免费 交 地铁光化门站(533)8号出口即是。

清溪川 청계천

曾经消失于首尔人视野的清溪川，命运非常坎坷。这条水道早在15世纪就成为城都的排水道，一路连接东大门的排水口，战后工业化使它变成地下水道，臭气逼人。20世纪70年代更被高速公路掩盖。直至李明博担任首尔市长期间，不顾反对让它重见天日，并引导汉江的干净河水建造溪流，将创新的建筑特色和怀旧的历史元素融为一体，且由于流水具有净化空气、带走尘埃的作用，连带好处是首尔市内气温降低了3.6度，成为环保的奇迹。

邻近光化门的清溪广场每天吸引着不少游客到此玩水洗脚，每年圣诞节前还会举行灯节，是首尔人舒缓紧张情绪的好方法。从清溪广场步行约5分钟即到广通桥。这是清溪川最大规模的桥梁，桥下安装了目前世界上最大的瓷砖画“正祖班次图”，长192米、宽2.4米，内容记录正祖为纪念母亲60大寿在水原华城巡游。瓷画使用了5120块正方形瓷砖，绘有1700多名随从和800多匹马，画功精细，是清溪川最值得流连参观之地。

DATA **MAP | P132.C2、146.C3**
位 徒步观光路线：清溪广场→五间水桥（约需3小时），清溪川文化馆→五间水桥（约需2.5小时）电 首尔观光课02-2290-7134（中英日韩，周一~周五09:00~18:00）网 www.cheonggyecheon.or.kr（中英日韩）时 美术馆10:00~19:00；传统茶院09:30~22:30（元旦、农历新年、中秋节公休）交 地铁光化门站(533)5号出口，步行约5分钟可抵清溪广场 注 请于预定观光日期前五天提出申请，提供韩、英、日导览解说服务。

雅致的古典美学呈现

钟路区·仁寺洞

종로구 · 인사동

朝鲜时代作为图书署钟路区·仁寺洞，到了末期却成为没落两班变卖家财的市场。这里曾是五光十色、让文人画家风花雪月，也是落魄贵族以古董换生计的地方，集合传统茶馆、酒馆、文房四宝店、画廊、古玩店百余家，小巷之内更暗藏民宿，充满惊喜。每到周末都不准行车，流动小贩聚集街道两旁，是买伴手礼和扫零食的最佳选择。

曹溪寺 조계사

由朝鲜开国君王太祖于1395年创建的曹溪寺，在朝鲜佛教发展史上一直占据领导地位，如今也是大韩佛教最大宗派——“曹溪宗（禅宗）”的行政管理中心。每年农历4月8日的浴佛节前，会举行盛大的燃灯庆典，以曹溪寺为中心发起万人游街活动，非常热闹。

DATA　MAP | **P144.A2**

址 钟路区坚志洞45 종로구 견지동45 电 02-732-2183 网 http://www.jogyesa.kr（英、日、韩）交 地铁安国站(328)6号出口，前行150米，过仁寺洞入口穿过大马路，左转前行150米右侧；或钟阁站(131) 2号出口，前行350米左侧。

耕仁美术馆 경인미술관

仁寺洞另一个必去的传统体验，就是在耕仁美术馆喝传统茶。这是朝鲜末期政治家朴泳字的故居旧址，改建成画廊和茶居，供应10多种传统茶，当中以治感冒的双和茶最具特色，微微苦涩内藏有醇厚甘甜，一试过后，不少人认为比五味子茶更有吸引力。

DATA　MAP | P144.B1
址 钟路区宽勋洞30-1 종로구 관훈동30-1 电 02-733-4448、传统茶院02-730-6305 网 http://www.kyunginart.co.kr（韩文）时 美术馆10:00~19:00；传统茶院09:30~22:30（元旦、农历新年、中秋节公休）交 地铁安国站(328)6号出口前行100米，左转仁寺洞主街直行150米，再左转进入有中文“耕仁美术馆”字样的巷口，约80米即抵。注 提供英、韩、日菜单

山村 산촌

近年流行心灵治疗的旅行方式，短期出家也是首尔人和外国人喜欢的周末旅行。寺庙修行不但令人洗涤心灵，也改变了我们对生命的看法，当中有一个人在寺庙修行了18年，悟出养生之道，还俗后决定将所识所知用寺庙料理的手法贡献出来，在仁寺洞开设山村，吃的不只是斋菜也是20道的修行过程。山村所选用的材料全是野生蔬菜，餐具以榉木制造，天然养生，20道菜有蒸、炸、煮、炖，毫不马虎，早于1986年被纽约时报评为亚洲十大食肆。

DATA　MAP | P144.B2
址 钟路区宽勋洞14 종로구 관훈동14 电 02-735-0312 网 http://www.sanchon.com（韩、英、日）时 11:30~22:00 交 地铁安国站(328)6号出口前行左转入仁寺洞，在东仁商店前转入小巷；地铁钟阁站(131)11号出口向南仁寺洞方向，经过东仁商店后右转。

Ssamzie Gil 쌈지길

仁寺洞内每家店也有自己的故事，但最特别莫过于Ssamzie Gil。这幢5层楼高的商场原因1999年清拆仁寺洞12家传统店而引起社会反对。业主让步，将商场恢复仁寺洞的感觉，走进去发现“之”字形长廊好像一条没有尽头的街道，从一楼到五楼缓缓而上，就像在户外逛街的感觉。

Ssamzie Gil里的商铺大都以个性设计和手工艺为主，与仁寺洞的传统不谋而合，最受欢迎的是地面广场的“屎烤饼”。

DATA　MAP | P144.B2
址 钟路区宽勋洞38 종로구 관훈동38 电 02-736-0088 时 11:00~21:00 交 地铁安国站(328)6号出口，行100米，左转仁寺洞主街直行150米左侧。

体验韩国庶民文化的市中心区

钟路区·钟路

종로구·종로

钟阁站，位于首尔市民公认的市中心，车水马龙、办公大楼林立，从古至今一直都是韩国政治、文化与商业的要冲。代表首尔地标的钟阁三星大楼与拥有600年历史的普信阁隔街相望。巷弄中藏有大量平价的餐厅、烤肉店与啤酒屋，傍晚街道上各式摊贩出笼，是首尔上班族下班后用餐或喝酒聚会的热闹区域。

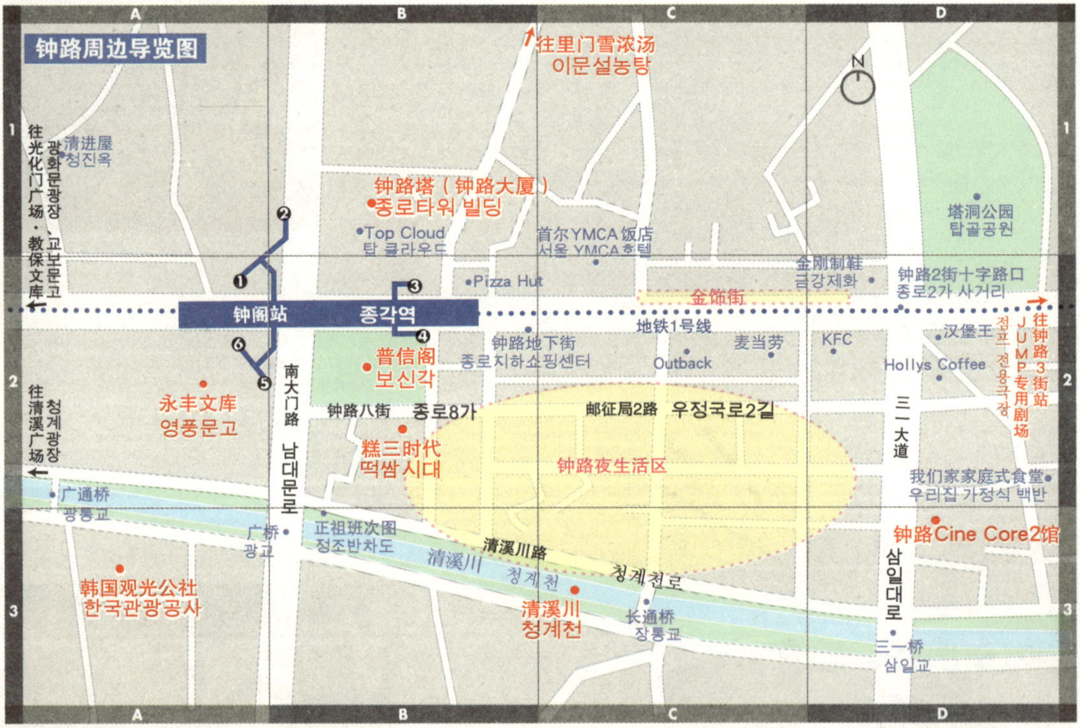

普信阁 보신각

普信阁坐落于光化门广场的尽头，也是古钟楼的所在地，与光化门关系密切。古钟楼建于西元1486年，主要功能是向王宫报时，通知城门开关时间。以往的报时方式是早上4:00敲钟33次，晚上则是28次。1979年在钟楼原址重建了普信阁，作为安放历史悠久大钟的场所，现在大钟已经“荣休”，只于除夕晚敲响，代表新一年来临。

DATA

MAP｜P146.B2

址 钟路区贯铁洞45-5 종로구 관철동45-5 电 02-731-0114 网 http://www.jikimi.cha.go.kr 时 时间：12:00开始需时约20分钟（周一休息）票 免费 交 地铁光化门站(533)8号出口即是。

钟路塔（钟路大厦）종로타워 빌딩

如果觉得从N首尔塔看到的首尔太遥远，请到首尔市中心的地标“钟路大厦”，这里是欣赏市区夜景最近、最美丽的地方。33楼有首尔的情侣拍拖谈心必来的观景餐厅“Top Cloud”，从这里望去，可以印证首尔古都城的设计模仿中国唐代长安。遥望中轴线分明的景福宫，幻想置身韩剧《IRIS》里光化门那一幕的剧情中。

DATA **MAP | P146.B1**
址 钟路区钟路2街1-1号 종로구 종로21-1 电 02-2230-3000 网 http://www.topcloud.co.kr（韩）时 12:00~14:00、18:00~22:00 交 地铁钟阁站(131)3号出口直通钟路大楼地下室。

糕三时代 떡쌈시대

将年糕吃法创新再创新，是韩国饮食潮流令人疯狂的原因之一。糕三时代以年糕包烤肉的吃法风靡饕客，连前国务总理韩升洙都称赞：“汉水以北无此食矣。”年糕分为4种口味，有红色的樱桃味、绿色的蔬菜味、黄色的南瓜味和原味，五花肉亦新鲜嫩滑，两者味道和口感堪称绝配。

DATA **MAP | P146.B2**
址 钟路区贯铁洞44-1 종로구 관철동44-1 电 02-737-3692 网 http://www.ttokssam.co.kr 时 11:30~00:00 交 地铁钟阁站(131)4号出口，步行1分钟。

永丰文库 YP Books 영풍문고

永丰文库，不仅是钟阁站地下商场最大的书店，也是韩国出版业和教育界的龙头。位于钟阁地铁站的总店有两层楼，地下二层是韩国最大的文具店，并兼具美食广场、活动厅和音乐店功能，也是首尔市区的文化地标。游客可到此购买韩国纪念品、文具和伴手礼。

DATA **MAP | P146.A2**
址 钟路区瑞麟洞清溪川路41 종로구서린동 청계천로41 电 02-399-5600 网 http://www.ypbooks.co.kr 时 周一~周六09:30~22:30，假日10:00~22:00 交 地铁钟阁站(131)5、6号出口。

新派艺文的大学路

钟路区·惠化

종로구·혜화

首尔王宫以东一直到东大门之间的文化圈大学路，以往是首尔大学文理学院的旧址，亦是韩国现代史上思潮文化的摇篮，在争取民主过程中具有重大贡献。校园现已改建成马罗尼矣公园（마로니에공완）。校舍搬迁后，新住户是地下剧场、博物馆、爵士吧和音乐咖啡厅，数目达300家之多，周末和晚上尽是街头表演、占卜师和年轻音乐家的自由舞台，不少无语言音乐剧在此萌芽、出名（如Jump和drawing show：Hero），亦有不少实验剧团和独立电影在这里举行首演，是首尔最能容纳不同思想，创作者棱角不须被磨平的地方。

惠化（大学路）周边导览图

梨花洞路上美术馆 이화동 낙산프로젝트

前行骆山公园的途中，从广场停车场一路延伸的户外美术馆，亦为韩国第一个“城市中的艺术”作品。2006年召集艺术家在破落民居小村外墙上涂鸦，大受国内外游客欢迎。其后在弘大、丽水、东大门蚂蚁村、釜山甘川洞等地都有类似的社区活动，壁画路成为韩国都市的独特风景。

路上美术馆一直是韩剧垂青的拍摄点，去年大热的韩剧《阁楼上的王子》也在此取景。壁画涂抹在居民住所和台阶上，停车场旁边则是充满幽默感的雕刻品，让不少首尔人忙碌一天后来此乘凉放松。从锁博物馆旁黄色货柜上的“钓鱼的人”雕像开始往上行，经过陈玉宣的“立方体”、申钰善的“散步”、张善焕的“恋人”等作品，到停车场旁边扶手栏杆的经典之作——白的“提着包包的男人”和“小狗”雕塑，就到达了最主要的壁画路，最引人目光的当然是台阶上的太阳花，虽然斜路稍陡，但绝对值回票价。

DATA　MAP | P148.D3
址 钟路区东崇洞山2-10 종로구 동숭동산2-10 交 地铁惠化站(420)2号出口。沿马罗尼埃公园上坡前行，见警察局续行至骆山公园沿途皆有壁画

骆山公园 낙산공원

骆山公园，被称作贵族的后花园。这是东门城郭的一部分，虽然只有100多米高，但被称为首尔四大名山（北汉山、南山、仁王山、骆山）之一。骆山公园因山形似骆驼背而得名，山脚是距离东大门只有2公里的惠化门，从大学路走到山顶只需20分钟。山顶可眺望北汉山，还可遥遥望到南山山顶N首尔塔，待到黄昏时分、首尔夜灯初亮，即可沿城郭去东大门成衣市场瞎拼。

DATA　MAP | P148.D2
址 钟路区东崇洞山2-10 종로구 동숭동산2-10 电 02-743-7985 交 地铁惠化站(420)2号出口。沿马罗尼埃公园上坡前行，见警察局续行至骆山公园。

10X10

这里是大学路之行绝不能错过的生活百货店。店面共两层楼：一楼包括首尔最流行的文具、电子玩具（如，手机副产品）、设计师专柜、单车配件、包包等的礼物精品，品牌和种类之多让人目不暇接。二楼的装潢像寻常人家的住所，带有温暖色调，货品随意摆放，从家具、浴室、寝具、园艺工具到布艺用品，仿若进入了田园之家。

DATA　MAP | P148.B1
址 钟路区东崇洞1-45自由大厦一楼 종로구 동숭동1-45자유빌1 电 02-741-9010 网 http://www.10x10.co.kr（韩）时 12:00~23:00 交 地铁惠化站(420)2号出口，出站后往回走50米，右转肯德基巷子到第三个街口，左转直走到十字巷口即见。

学生艺术个性小店

麻浦区

서대문구

麻浦区，最为人所知的便是以艺术、美术、影像及音乐相关系所著称的“弘益大学”。校园周边也充斥着独特的街头艺术壁画、音乐风格多元的Pub，还有周末假日下午在儿童公园举办的手工艺术创作市集，让这个区域洋溢着艺术氛围和青春创意，有“毕加索街”之称。

这里白天逛街的分布区域较为松散，但有许多设计风格强烈的时髦小店值得发掘。晚上则摇身一变成为充满魅力的不夜城，豪华版的练歌房KTV与形形色色的酒吧、舞厅，强劲放送摇滚、庞克、电音等热力节奏，周末现场的Live Band表演更让人High到最高点！

八色三层肉
팔색삼겹살

八色三层肉让烤五花肉这道经典韩风美食有了多重新滋味。精选五花肉用人参、红酒、松叶、咖喱、香草、辣椒酱等酱料加以腌渍后，放到铁板上煎烤，再搭配每天早上采买的爽脆生菜一同食用，看似与一般做法没什么差异，却能细细品味各色酱料与猪肉油脂交融出的多变美味，千万记得要从较淡的高丽人参口味开始品尝。八色套餐附有免费的辣味海鲜汤，可再加点炒饭，在铁板上淋上鲜美辣汤快速拌炒，微焦的锅巴让人一口接一口。为避免排队久候，建议安排平日中午客人较少的时候前往。

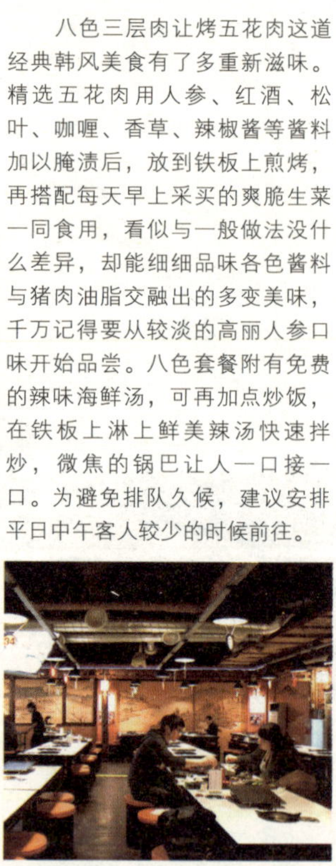

DATA **MAP | P155.A4**

址 麻浦区老姑山洞107-111美花大厦（起亚汽车地下一楼）마포구 노고산동 107-111번지 미화빌딩（기아자동차 B1）电 02-719-4848 时 11:30~24:00（最后点餐23:00）费 八色套餐（팔색세트）₩34 000、炒饭（볶음밥）₩2000 交 地铁新村站(240)7号出口，往外汇银行方向，过马路后前行约100米，右手边起亚汽车地下一楼即是。

弘益大学(弘大) 홍대

韩国顶级艺术大学，大部分电影、电视剧、设计师和美术家都来自弘大。这里曾以创新、反独裁，多少年沧桑才得到社会协力，与其他小型学院合并成为大学。弘大最大限度地把艺术融入生活，学生得到居民同意，在墙壁上涂鸦，引来全国不同城市争相效法，成为韩国都市村庄的独特风景。

弘大地铁站前到大学的一带，集中了数百家咖啡室、食肆和设计师自立门户的品牌店，还有限量生产的服装品牌店和江北最型格的夜店，一到周末前夕，8:00过后人潮把地铁站出口挤得水泄不通，形成一条独特的风景线。

DATA　MAP | P150.B4
址 麻浦区西桥洞 마포구 서교동 电 02-320-1114 网 http://home.hongik.ac.kr（韩、中、英）交 地铁弘大入口站(239)9号出口，出站后左转，往前走到第二个巷口右转直走约150米在星巴克的路口再左转，续行约5分钟可抵。

弘大夜店推荐！

M2엠투

由3个大型酒吧和舞池组成，是弘大规模最大、投资最大的夜店，世界级的舞台和音乐效果，如走进演唱会之内。VIP会员还有独立房间，是弘大最尊贵的夜场。音乐类型多元，主要为电子、House, Deep House, Funky Disco。

DATA　MAP | P150.A3
址 麻浦区西桥洞367-11 ohoo大厦B1 마포구 서교동 367-11 ohoo빌딩 B1 电 02-3143-7573 网 http://ohoo.net/m2（韩）时 21:00~06:00 费 平日₩10 000，周末₩20 000（22:00前入场₩15 000）交 地铁弘大入口站(239)9号出口，往停车场街走，到大十字路口后右转经过KT&G想像广场后，第一个巷口右转，往左手边看即是。

NB

年轻人最爱的舞场，轻松自由的格局最能认识不同国籍的朋友。由YG娱乐公司的梁贤硕，经常请来知名的hip hop舞者表演。音乐类型主要是Hip Hop、House。

DATA　MAP | P150.B3、B4
址 麻浦区西桥洞 362-4 B1 마포구 서교동362-4 B1 电 02-3143-7573 网 http://www.clubnb.com（韩）时 21:00~06:00 费 22:00前免费入场（不含饮料），22:00~23:00入场₩10 000（含饮料一杯），23:00后入场₩15 000（含饮料一杯）。交 地铁弘大入口站(239)9号出口，往弘益大学方向前进，面对弘大正门右转沿着卧牛山路往上水站方向走约5分钟就在右手边。

弘大自由市场 홍대 프리마켓

每年3月~11月，每逢周六和周日在弘大对面的小公园（儿童公园）分别举行自由市场和希望市场，时间为13:00~18:00。市场分为4部分：手作人小摊档、商家转卖的礼品档、现场表演和人像写生，有不少乐队和艺术家就凭这些机会冒出头，也是旅客必逛的市场。

DATA　MAP | P150.B3
址 麻浦区西桥洞359（儿童公园）마포구 서교동359（홍익 어린이공원）网 http:// www.freemarket.or.kr（韩）时 周六、周日13:00~18:00（下雨暂停），12月至翌年2月休市 交 地铁弘大入口站(239)9号出口，出站后往弘益大学方向前进，面对弘大正门右转，走上右手边的斜坡即是儿童公园。

Hello Kitty Café

风靡全球少女的Hello Kitty，每天吸引不同国籍的粉丝来朝圣，这批猫奴由早到晚在门外等候，之后在咖啡室内疯狂拍照，店内主要提供咖啡、蛋糕、饼干等小吃，由于每款都有猫咪大头像，令人想把它们统统都买走，最过分的是咖啡室内的家具也有Hello Kitty的大头像，令粉丝不愿离去。

DATA　MAP | P150.B3
址 麻浦区西桥洞358-112마포구 서교동358-112 电 02-334-6570 网 http://www.hellokitty.co.kr 时 11:00~00:00 交 地铁弘大入口站(239)9号出口，沿购物街步行约10分钟。

KT&G 想像广场 상상마당

这里是由烟草商KT&G不惜工本兴建的复合式艺术空间，位于毕加索街和停车场路交界处，蝴蝶飞舞的玻璃外墙对年轻艺术家有很大的鼓励作用，是弘大区内最典型的建筑物之一，为本地设计师、音乐家、剧场演出者带来平易近人的发表机会。大楼共有10层，1层Art Square是文具设计精品店，大部分是韩国本土设计，风格独特，而且有详细解读设计理念、功能和物料。其中大部分作品都是国内外获奖之作。2层至5层则是画廊、摄影工作室、音乐表演场地和电影院，晚上可到6层的咖啡室看弘大夜景。

DATA　MAP | P150.A4
址 麻浦区西桥洞367-5 마포구 서교동367-5 电 02-330-6200 网 http://www.sangsangmadang.com (韩、英) 时 12:00~23:00(Design Square)；12:00~24:00(Café)
交 地铁弘大入口站(239)9号出口前行到游客中心，沿停车场路往上水方向步行10分钟。

壁画路 (毕卡索路) 피카사로

弘大著名的毕卡索路，也被称为壁画路，由弘大美术系学生发起的美化社区运动，定时更新壁画主题，由起草图、用色，上画，全部依足草图，过程之认真，不比广告等专业制作逊色。

DATA　MAP | P150.B3
交 弘大地铁站(239)9号出口前行右转步行5分钟见游客中心在左手边，续前行到KT&G，左转即是壁画路。

1300K 천삼백케이

1300K是一家弘大的综合精品店，去年开辟了地下楼层，合共两层，由文具、衣服、玩具、模型到家居摆设都网罗齐全，足以与10X10、MMMG三分天下。其实1300K.com是一家专营网购文具店，实体店有如Show Room，因此量少款多，由于分店设在弘大最多人流的街道上，因此极多设计师和时尚品牌争取上架机会，要一睹近期首尔最新兴、最流行的精品货色，就非来此店不可。

DATA　MAP | P150.B3
址 麻浦区西桥洞358-58 마포구 서교동358-58 电 02-323-0878 网 http://www.1300k.com 时 11:00~23:00 交 地铁弘大入口站 (239) 9号出口，沿购物街步行约10分钟。

aA设计博物馆 aA미술관

醉心古董、英国、法国和北欧设计的馆主，据称藏品数量超过1万多件家具。其中博物馆外英国维多利亚式铁栏就为一绝，博物馆免费开放给公众参观，而咖啡室内件件家具都是有故事、有历史的古董。大门前的台阶以法国王室用过的地砖铺成。aA博物馆亦是韩剧《玛莉外宿中》拍摄地，旁边是Aland的折扣店，附近都是酒吧和画廊，不少潮流杂志喜欢到附近的建筑物取景拍照。

DATA **MAP** | **P150.A4**
址 麻浦洞西桥洞408-11마포구 서교동408-11 电 02-3143-7312 网 http://www.aAdesignmuseum.com 时 咖啡室12:00~00:00，博物馆14:00~18:00（免费参观）交 地铁上水站(623)1号出口往弘大方向，在星巴克对面的小巷。

麻浦站站吃 연남서서식당

韩国人吃饭的速度可能是世界第一，尤其是曾当兵的阿佐司，据说他们5分钟可以把一碗大酱汤干掉！韩战过后，有不少韩国人每天工作12~16小时，连吃饭也匆匆忙忙。这家开业超过45年的牛肋骨店就是依循站着吃饭的传统，在大油桶上放上烤炉，供应平价烤牛肋骨，店员服侍好周到，递上青椒、大蒜、辣椒、酱油、葱、青菜，使人感到宾至如归，但又有怀旧的感觉。

DATA **MAP** | **P155.A4**
址 麻浦区老姑山洞109 -69 마포구노고산동 109-69
电 02-716-2520 时 12:00~21:00 费 牛肋骨₩14 000
交 地铁新村站(240)7号出口，过马路右转直行，在第二个小巷左转。

678

从冠军摔跤手转行成为艺人的姜虎东，是人气旅游节目《两天一夜》的主持人之一，因长相“像个卖猪肉的人”，投资开设烤肉店并做代言人，年前因逃税问题“退休”了一阵子，早前又准备复出。678烤肉店也是座无虚设，以济州黑豚作招牌菜，据说猪柳腌料有5种香草药，与五花腩双剑合璧为招牌菜。

DATA **MAP** | **P150.A4**
址 麻浦区西桥洞408-22 마포구 서교동408-22 电 02-326-0678 网 http:// www.678.co.kr 时 11:30~05:00 交 地铁弘大入口站(239)9号出口往停车场街方向步行10分钟。

Hotsun 炸鸡 핫썬치킨 베이크

弘大文化圈里另一家以明星招徕的，就是金贤重作为代言人的Hotsun炸鸡。作为皮肤比女人保养得更好的金贤重，爱吃的炸鸡块原来是用焗粉代替炸粉，减少“热气”，鸡块嫩湿无比够Juicy、外表还是卜卜脆，只是味道略淡。店内尽是金贤重的海报，连外带饭盒也有他的头像，可以想象客人有9成都是金迷。

DATA **MAP** | **P150.B2**
址 麻浦区西桥洞 마포구 서교동163-7 电 02-334-9288 网 http://www.hotsun.co.kr 时 17:00~02:00 交 地铁弘大入口站(239)9号出口走到游客中心对面即是。

Castle Praha 캐슬 프라하

热爱捷克文化的店主花了2个月时间装修而成的古堡餐厅，还有7款自酿啤酒。这样的外形在弘大独有，门前的盔甲武士像更令整间餐厅充满异国风情。餐厅内3楼啤酒区更是按照古堡的圆拱顶结构建造，而用餐区则充满欧洲艺术情调，所有菜式材料皆从捷克进口，确保原汁原味，比梨泰院更有外国风情。

DATA　MAP | P150.A4
址 麻浦区西桥洞395-19 마포구 서교동395-19 电 02-337-6644 网 http:// www.castlepraha.com (韩) 时 12:00~03:00 交 地铁合井站(238)3号出口前行在Bobo Hotel左转上毕卡索路在停车场路前一个路口右转入小巷。

Coffee Lab 커피랩

弘大的咖啡室分为偶像派和实力派，偶像派以造型、气氛和情调取胜；实力派则以咖啡冲调师或烘焙师的名气作比较。首尔最好的10家咖啡店中有3家在弘大和新村。Coffee Lab是其中一家，因店主赢得2005年韩国咖啡调制师大赛冠军，擅长自创口味，以浓味意大利咖啡为主，亦长期供应自家烘焙咖啡豆（可是价格有点高，200克要₩12 000），弘大拥有两家店，很多行内学生慕名来学。

DATA　MAP | P150.B2
址 麻浦洞西桥洞 121-836 마포구 서교동121-836 电 02-3143-0908 时 11:00~凌晨 交 地铁弘大入口站(239)9号出口，左转到第二个分岔路，见Family Mart右转步行约5分钟。

四季小屋 Four Seasons House 포시즌스 하우스

原为韩流旗手——尹锡湖导演的工作室，因被借来拍韩剧，索性改成博物馆，由早年《蓝色生死恋》《夏日香气》到近期《爱情雨》，户外场景换过无数次，保持着新鲜感，剧中出现过的道具藏品越来越丰富，可观价值更高，更可一次性欣赏有“四季恋曲”之称的韩剧《蓝色生死恋》《冬季恋歌》《夏日香气》《春天华尔兹》的剧照、道具和海报等纪念品。

DATA　MAP | P150.B4
址 麻浦区上水洞86-10 마포구 상수동86-10 电 02-3141-9027 网 http://www.yoonscolor.com（韩、日）时 10:00~17:00（平日）；10:00~14:00（周六）；周日和节假日公休。交 地铁上水站(623)2号出口往弘大方向，在星巴克旁小巷之内。

弘大恋歌 홍대연가

店内从使用的材料到餐点都由老板精心设计。有别于其他的烤肉店，弘大恋歌不论是肉质或是菜单的多样化都让人赞不绝口。店内坚持使用天然竹炭，烤肉时不但能够保留肉汁，更能够吸附有害物质，达到抗癌的效果。招牌菜单是稀有的猪颊肉，柔软的肉质配上芥末酱油，让人口齿留香。此外，猪皮也是利用肉汤和大蒜长时间熬煮，吃的时候蘸上豆粉入口，越嚼越香。最后再来道烤饭团，除享用美食的愉悦外，还有亲自动手捏饭团的乐趣。此店是弘大附近的人气名店，建议平日下午6:00前，周末下午5:30前入内用餐，可以缩短等候时间。

DATA　MAP | P150.A3
址 麻浦区西桥洞366-13 마포구 서교동 366-13 电 02-336-9992 网 http://www.xn--vk1b13ki2og9l.kr（韩）时 15:00~03:00 费 综合Set（모듬세트）₩24 900（两人份，包含牛小排、猪颊肉、猪皮）、烤饭团（구운주먹밥）₩2500 交 地铁弘大入口站(239)9号出口，联欢路上直走约5分钟，在秀KTV的十字路口右转后第一个巷口左转即是。

活力十足的学生商圈
西大门区
서대문구

西大门区最主要的观光区就是梨大时尚街与新村。这两个商圈基本上是相连的，所属的梨大入口、新村两个地铁站距离亦不远。游客可以安排一下午轻松串游闲逛。梨大、新村商圈紧邻韩国第一女子学府“梨花女子大学”、历史悠久的医科名校——“延世大学”与西江大学等学区，聚集的店家也以学生为主要客群，从打点形象的流行服饰、药妆、美容SPA、发型沙龙、百货公司，满足口腹之欲的平价餐馆、连锁咖啡、面包蛋糕，到假日夜晚放松狂欢的KTV、酒吧等应有尽有，呈现出极为活泼热烈的青春气息。

新村 신촌

与梨大商圈相连的新村商圈，不仅坐拥地铁新村站、新村火车站的地利之便，周边还有延世大学、梨大和西江大学等学府，因此聚集了年轻学子喜爱的影音CD、DVD、药妆、流行服饰、百货公司、大型超市、网咖、KTV等店家，各种平价餐厅、烤肉店、酒吧也十分密集，每天夜晚人声鼎沸。

DATA **MAP** | P155
址 西大门区新村洞、沧川洞 서대문구 신촌동、창천동 交 地铁新村站(240)任一出口出站即抵。

烤蚬 지오짱 조개구이

来自汉江两岸居民的地道菜式——烤海鲜料理，在龙山、弘大和新村不少烤贝壳店经过新一代年轻人加入芝士（起司）、韩式辣酱、大葱、年糕、辣椒等食材，融合成韩国独有的吃法。这家开在新村的烤贝壳店备受海外旅客的欢迎。店家每天从鹭梁津新鲜买回的贝壳保证鲜美和健康，且不同于大多烤贝壳店只用煤气炉，而改以木炭烤成，令食客如沐“海”风。一份杂锦烤贝至少有10种贝类，较小的花蛤新鲜多汁，较大的青口、扇贝则加上起司和辣酱，还有年糕花蛤汤和烤大虾等选择，一人约₩22 000（约人民币600元），也提供一人份的料理，为一人出行的旅客带来方便。

DATA　MAP｜P155.A3
址 西大门沧川洞57-19 서대문구 창천동57-19 电 02-333-2236 时 17:00~05:00 交 地铁新村站(240)1号出口，从现代百货右转入小公园，在公园内的公厕对面。

春川家辣炒鸡排荞麦面 춘천집 닭갈비 막국수

韩流的始祖《冬季恋歌》不但带起了追剧、去南怡岛旅行的长尾效应，还有吃春川名菜辣炒鸡排的热潮，让炒鸡排店家由春川开到新村。这家店绝对是第一次去首尔必须品尝的名店之一。由春川鸡场每天直送的新鲜鸡，去骨后用秘酱腌制，与荞麦面一起炒熟，再加入起司、年糕、马铃薯、肠仔、高丽菜，韩西合璧，挑战您的味蕾，好吃到极点。

DATA　MAP｜P155.A3
址 西大门区沧川洞57-8 서대문구 창천동57-8 电 02-325-2361 时 10:00~07:00（全年无休）交 地铁新村站(240)1号出口，现代百货后小公园旁。

U Plex

现代百货的分支，主攻年轻市场，2009年开设于新村现代百货后面，与新村地铁站相连。旅客可乘电梯到13层天台花园看新村夜景，10~12层则是电影院和画廊，与地铁相连的地下楼层也是全店最多年轻品牌的所在，有Banila co. 试用彩妆的专柜。

DATA　MAP｜P155.A3
址 西大门区沧川洞30-33号 서대문구 창천동30-33 电 02-3145-2233 网 http://www.ehyundai.com（中、英、韩、日）时 10:30~20:00（全年无休）交 地铁新村站(240)1号出口，现代百货后方。

梨花女子大学 이화여자대학교

作为韩国第一所女子大学梨花学堂，又是延世大学的邻居。梨花女子大学是一道文化、潮流和学术风景。校园颇有德国式学园感觉，右手边是仿效德国花园的下沉式长坡，可通往教室和图书馆，正前方的大讲堂前身为基督教堂，梨花学堂和行政楼则隐没于山林中，近景动人、远景浪漫，秋天层层红叶煞是好看。

DATA　MAP | P157.B1
址 西大门区大岘洞11-1 서대문구 대현동11-1 电 02-3277-2114 网 http://www.ewha.ac.kr （中、英、韩、日）时 17:00~05:00 交 地铁梨大站(241)2、3号出口，沿主街走到底即为梨大正门。

延世大学 연세대학교

韩国历史最悠久的大学，由西洋传教士于1885年所创立，现为韩国最高级的私立大学，在海外以医科排名最高。校园繁花似锦，每年春、秋两季都吸引无数海外游客来此赏花。走到尽头的教学楼，建筑美学可媲美法国的凡尔赛宫，秋天看梧桐叶、春天看樱花，医科楼外的大道更是黄金银杏大道，此情此景令人一世难忘。

DATA　MAP | P155.A1
址 西大门区新村洞134 서대문구 신촌동134 电 02-2123-2114 网 http://www.yonsei.ac.kr（中、英、韩）交 地铁新村站(240)2、3号出口，沿主街直行500米，过十字路口即可见到大门口。

梨大步行街

欢迎来到首尔最多妙龄女子的街道——梨大步行街。虽然这里的化妆店不如明洞多，规模也没明洞大，但胜在大小品牌、价位都集中在一起，而且廉价的内搭裤、配饰和女士们花得最多钱的指甲油等小小美妆品堆得要满溢出来，让爱瞎拼的女性为之疯狂。从梨大入口前的十字路的Kosney、I Love Flat转入上坡小路才是寻宝地，一直走到新村火车站前的十字路都是精华所在，继续前行则可到新村地铁站。

DATA　MAP | P157.B2
址 西大门区大岘洞 서대문구 대현동 交 地铁梨大站(241)2、3号出口出站即抵。

女孩们的秘密基地

江南区·新沙林荫大道

강남구 · 신사동 가로수길

相较于东大门、明洞等广为观光客所知的景点，新沙洞林荫道更为韩国女孩们所喜爱。在这里所贩卖的衣服及小饰品都有别低价且大量生产的商品，走的是雅致且富有个性风格的路线，现在是江南潮流指标，每有新店开张，都吸引国内外时尚杂志、电视台的热捧！向往精致韩风商品的游客们，记得一定要来这里一游！

Good Evening Cupcake

新沙林荫大道上名气最大的杯子蛋糕店，托《欲望城市》的美食效应，带动首尔近5年加入成为杯子蛋糕厨师的年轻人不计其数。其中过半为女厨师，Good Evening Cupcake的Kim Shin-ae从美国回归，带上最爱的杯子蛋糕，最近在网上开店。现于江南新沙经营着两家店。

DATA　MAP | P158.A3

址 江南区新沙洞519-2 강남구 신사동519-2 电 070-8118-9524 网 http:// www.goodovening.com 时 12:00~21:00（周一~周六），13:00~18:00（周日），周二休息。交 地铁新沙站(337)8号出口前行100米见警察局左转。

TNGT W Another 5 Bedroom

LG 集团旗下，一向走田园复古路线的TNGT，在林荫大道上开设5 Bedroom放弃沉闷的上班族套装，改以活泼、色彩鲜明的款式，将温暖、性感的休闲服展现在5个主题不同的间格内，高楼底的欧陆小屋内另辟一角作展览，增添了文化气息，与新沙林荫大道氛围作同步。

DATA　MAP | P158.B3
址 江南区新沙洞535-15 강남구 신사동535-15 电 02-512-0071 网 http:// www.tngt.co.kr 时 11:00~22:00 交 地铁新沙站(337)8号出口，直行第三个路口左转，再往前走到第二个巷子左转，走到交叉路在左手边。

ILMO Outlet & Café Scoop Garden

新沙有三多：模特、摄影师和折扣店。这里的折扣店绝非东大门和郊外的折扣场可以相比，大部分都是进口品牌直营的折扣店，而这些品牌都是走个性、限量和特定设计的路线，由装修到款式都看不出是下架货。位于新沙入口附近的特卖场一分为二，咖啡室在户外庭园，极吸引模特儿和摄影师取景，室内分为1楼、阁楼和2楼，分别是男装、女装配饰、皮鞋、化妆品；2楼则是按品牌而分男女装混合时尚服饰。品牌是来自欧洲的Comme Des Garcons、Marc Jacobs和10 Corso Como，化妆品和香薰品牌是Maison belle、Shunga和Uslu。

DATA　MAP | P158.B3
址 江南区新沙洞535-13 강남구 신사동535-13 电 02-515-0970 时 11:00~21:00 交 地铁新沙站(337)8号出口，直行第三个路口左转，再往前走到第二个巷子左转，走到交叉路在左手边。

肉块和炒泡菜
깍둑고기&지짐김치

有别于其他廉价的烤肉店只有薄薄的肉片，在这里可以尝到肉质鲜嫩、保有肉汁的猪肉块。招牌猪肉块是将猪脖肉切成厚度约5厘米的骰子状，再浸泡在由13种材料制成的特制酱料中低温熟成7天，最后用竹炭在300℃高温下炭烤，酥香多汁，十分过瘾。还可将点餐附送的新鲜黄瓜、小辣椒等蔬菜，蘸一些由味噌、辣椒酱等制成的红色辣酱后直接咬下，可以达到解腻的效果。另一种招牌菜是将熟成的泡菜炒到金黄色后，再煮成家常泡菜锅，是勾起韩国人记忆的怀念好味道。如果胃还有空间的话，可再点个铁板炒饭，享受酥脆的锅巴在嘴里跳动的感觉。

DATA　MAP | P158.B3
址 江南区新沙洞536番地 二楼 강남구 신사동 536번지 2층 电 02-541-2002 网 http://kkakzy.com/rb（韩）时 11:00~23:00 费 辣味猪肉块（매운 깍둑고기）₩12 000/人、铁板炒饭（깍둑밥）₩6000 交 地铁新沙站(337)8号出口，直行第三个路口左转，再往前走到第二个巷子左转，走到交叉路在左手边。

RAUM Premium Outlet

欧美名牌登场，RAUM Premium Outlet代理10多款皮具、皮鞋品牌:Isabel Marant、Mogg、James Perse、American Vintag及Rock & Republic和Hunter 水靴，时尚与贵气并重，款式不过时，但价钱也不便宜。然而美物在眼前很难不手滑，不妨来个华丽变身像韩剧女主角一样贵气逼人。

DATA　MAP | P158.B3
址 江南区新沙洞535-13 강남구 신사동535-13 电 02-511-5965 时 11:00~21:00 交 地铁新沙站(337)8号出口，直行第三个路口左转，再往前走到第二个巷子左转，走到交叉路在左手边。

Bruccella Sandwich

由奶粉及健康食品公司Maeil Dairy开设的Bruccella Sandwich，以新鲜、有机材料和新鲜出炉面包享誉林荫大道的食肆，所谓“酒香不怕巷子深”，开于后街小巷而且装修平实，是门外的人龙为它打了漂亮的广告，独家三明治酱制作成热卖鲑鱼三明治、西冷牛排三明治，配以新鲜素菜沙拉，健康的一顿饮食使人容光焕发，如敷了天然食材脸膜。

DATA　MAP | P158.B2
址 江南区新沙洞534-22 강남구 신사동534-22 电 02-517-7339 时 11:00~01:00，周日休息 交 地铁新沙站(337)8号出口，直行第三个路口左转，再往前走到第二个巷子左转，走到交叉路在左手边。

Jill Stuart

没有打正旗号，高声呐喊的折扣店，保持着Jill Stuart一贯优雅的路线，占地2层的小楼涂上粉红色和白色油漆，在新沙的后街依然明艳照人。里面有多款下架货，网罗了世界各地不同的品牌服饰、包包和配饰，比起逛品牌店更易找到想要的物品。

DATA　MAP | P158.B2
址 江南区新沙洞534-14 1楼 남구 신사동534-141 电 02-541-0636 网 http://www.jillstuart.com 时 12:00~21:00 交 地铁新沙站(337)8号出口，直行第三个路口左转，再往前走到第二个巷子左转，走到交叉路在左手边。

Marimekko

1951年创立的芬兰生活家居品牌，最近的3年大举进军亚洲，设计风格走几何图案和大胆配色，给人一种不拘小节，开朗的感觉。店内有少量服饰、布艺品、寝室用品和包包，还有不少餐厅喜欢选用的瓷器，是新沙里的小清新。

DATA　MAP | P158.B3
址 江南区新沙洞535-18 강남구 신사동535-18 电 02-515-4757 网 http://www.marimekko.kr 时 11:00~21:00 交 地铁新沙站(337)8号出口，直行第三个路口左转，再往前走到第二个巷子左转，走到交叉路在左手边。

Black Smith 블랙스미스

Black Smith为Café bene旗下的副牌，以贩卖意式餐饮为主，招牌菜是用火炉高温现烤的手工比萨。位于新沙洞的这家分店，店主正是鼎鼎大名的韩流明星宋承宪，1楼还挂有他本人的巨幅照片，吸引了不少追星族造访。一进入店内就可看到醒目的比萨火炉，从店内的装潢到服务生的穿着，都走粗犷、不过度修饰的风格。特色菜单是利用新鲜可食用的花朵点缀而成的Pizza Primavera，花香佐以香甜的蜂蜜，清爽不油腻。为了防止比萨变冷影响口感，店家还贴心采用蜡烛加热陶板，让比萨保持温热适口。

DATA　MAP | P158.A4
址 江南区新沙洞514-20 강남구 신사동514-20 电 02-53444-8211 网 http://www.blacksmith.co.kr（韩）时 11:30~23:00 费 Pizza Primavera₩18 000、Black Smith`s Cream Pasta₩15 500 交 地铁新沙站(337)8号出口，直行第一个巷口即可看到，路程约1分钟。注 店内提供免费WiFi

Farmer 파머

很受日籍旅客欢迎的Farmer，以限量生产和全手工制作的发饰，成为韩国女星最常穿戴的饰物。数百款头饰、善用物料，造出质感和视觉上的变化，将头顶造型玩出个流行的创意来，适合各种场合，从上班、上学，到饮宴和派对，哪怕整个东大门的衣服都搬来，都能配衬得宜。

DATA MAP | P158.B3
址 江南区新沙洞542-6 강남구 신사동542-6 电 02-543-2543 网 http://www.thefarmer.co.kr 时 10:00~23:00 交 地铁新沙站(337)8号出口，直行第三个路口左转，再往前走到第二个巷子左转，走到交叉路在左手边。

Lapalette 라빠레뜨

“Lapalette”品牌Logo是带有童趣的木马，除色彩缤纷的各式包款外，也有展售手机套、钥匙圈等饰品。内部装潢以水蓝色为主调，加上和Logo相呼应的白马摆设，让消费者进入卖场犹如置身童话乐园一般。本品牌为美国设计师设计，由韩国厂商独家代理，目前仅有韩国与新加坡设有分店，合理的价格和独特的设计都让女孩们抵挡不住它的可爱魅力。许多女艺人如少女时代、After school的成员都曾背过该品牌的包包，也为“Lapalette”增添不少话题性。

DATA MAP | P158.B3
址 江南区新沙洞林荫道535-17二楼 강남구 신사동 가로수길 535-17 2F 电 02-544-9324 网 http://www.lapalette.co.kr（韩）时 11:00~21:00 费 短夹₩69 000、斜背包₩119 000起 交 地铁新沙站(337)8号出口，直行第三个路口左转，再往前走到第三个巷口左转即可到达，路程约15分。

Camper

步行鞋之父——西班牙Camper，在新沙的Forever 21对面开设了Camper，既是旗舰店又是博物馆，展出150年的创作源泉，如何做到时尚又常青，在Camper三楼更有短片观赏鞋子制作过程，至于二楼则是咖啡吧，展出了历代经典鞋款，最适合设计学生来学习；一层的商店大方地展出荷兰殿堂级设计师Maria Blaisse合作的C Shoe和西班牙大师Jaime Hayon设计的五彩鞋。

DATA MAP | P158.A1
址 江南区新沙洞530-3 강남구 신사동 530-3 电 02-540-5690 网 http://www.bnftrading.co.kr 时 11:00~21:00 交 地铁新沙站(337)8号出口，直行第三个路口左转，再往前走到第二个巷子左转，走到交叉路在左手边。

烈凤辣鸡 열봉찜닭

迷上安东炖鸡的SE7EN，自行创作了一款新派的烈凤辣鸡，如加入葱丝和芝麻，以突出酱汁味道，感觉不算太辣，保持传统的安东炖鸡风格，除大量粉丝、地瓜之外，更可选择部队锅吃法，即是在汤锅里加入鸡蛋和年糕，名为“烈凤杂烩（열봉범벅）”。

DATA MAP | P158.B3
址 江南区新沙洞541-16 강남구 신사동 541-16 电 02-3445-1012 网 http://www.yeolbong.com 时 11:30~23:00 交 地铁新沙站(337)8号出口，直行第三个路口左转，再往前走到第二个巷子左转，走到交叉路在左手边。

品味时尚精致的江南

江南区·清潭洞

강남구 · 청담동

首尔五星级购物之选，贵气逼人，可媲美纽约的第五大道、巴黎的香榭丽舍大道，云集海外名牌旗舰店。韩国明星趋之若鹜，要成为潮流教主，务必到此取经。清潭洞购物大道和岛山大路之间是韩国SM娱乐和JYP娱乐经纪公司的所在地，大批等候艺人的粉丝不分昼夜驻守。

Moon Jar

狎鸥亭区内最有特色的马格利酒酒吧，供应不同材料酿制的浊酒，追求新鲜感的必定不会错过水果味，而追求农家味道的就要试黄豆和黑豆。这种酒精度不过7° 的米白色饮料，被认为是继泡菜之外，最有益的韩国食品。因其发酵过程产生无害乳酸菌，喝时别玩单调，要记得配上煎饼和地瓜。Moon Jar气氛带点异类和地下酒吧的感觉，不似狎鸥亭一贯的奢华，反而吸引了更多想安静地聊天的朋友前来。其中不乏附近出没的明星。

DATA

MAP｜P162.B2

地 江南区新沙洞644-19 강남구 신사동644-19 电 02-541-6118 时 17:00~02:00 交 地铁狎鸥亭站(336)2号出口，转乘计程车或362号巴士。

10 Corso Como

由意大利时装杂志Vogue总监Carla Sozzani开设的10 Corso Como，意思来自意大利地名Como街10号，就如一本能进入里面的时尚杂志，眼前的所有都可以摸到、试身，创造100%亲身体验。Carla Sozzani亲身拣选品牌，首尔的旗舰店是亚洲第一分店，里面有时装、皮鞋、家居、首饰、唱片、书店和咖啡室的复合场所，是一个平易近人的奢侈空间。

本店位于米兰，首尔店却被美国纽约时报选为2010年全球最值得一游的31个旅游点，单从外墙就是看得出的韩西创意：用毛笔画成圆形和正方形的几何图案，里面仿照“摩洛哥市场”格局，天花板则是设计师克里斯(Kris Rvhs)的点睛之作——金黄色圆圈的天花和半月形灯饰令人眼前一亮。店内巨星云集，如，英国Dr Seba、德国Uslu、澳大利亚Modelco、英国A.P.C、Marc Jacobs、Topshop by Kate Moss和Twenty 8 Twelve by S Miller等。

DATA　MAP | P162.C2
址 江南区清潭洞79 강남구 청담동79 电 02-3018-1010 网 http://www.10corsocomo.co.kr 时 11:00~20:00 交 地铁狎鸥亭站(336)2号出口，转乘计程车或362号巴士；或地铁狎鸥亭罗德奥站(K212)3号出口步行可抵。

Eversing 에브리싱

Eversing是由SM娱乐投资开设的KTV兼贩卖旗下艺人商品的店，喜爱K-POP的游客千万不能错过。店内辟有装潢新颖、设备完善的KTV，可以让歌迷们在此飙歌，并通过店内的录音设备将歌声录制后寄出参加选秀。对哈韩一族而言，最吸引人的是能尽情选购SM旗下艺人的正版周边商品，举凡马克杯、照片、手机吊饰、明信片组等，应有尽有。店内还有以少女时代、Super Junior等艺人为背景的大头贴机，让粉丝们可以一圆和偶像们合照的心愿。目前，除狎鸥亭外，明洞、COEX Mall、仁川及金浦机场等地都设有分店，有兴趣的朋友可上官网查询详细位置。

DATA　MAP | P162.C1
址 江南区新沙洞彗星大厦二楼 강남구 신사동 혜성빌딩2 电 02-6404-9850 网 http://www.everysing.com（韩）时 11:00~02:00 费 马克杯₩15 000、手机吊饰₩9000 交 地铁狎鸥亭站(336)2号出口，出站后往回走右转，沿狎鸥亭路直走1公里，右转进Rodeo Road靠右侧走约3分钟即达。

3.1 Philip Lim

红遍美国的泰国金童子Philip Lim早在时装界享誉。其设计将亚洲人身形的优点表露无遗，走线条、轻盈的风格，个个模特儿都好像《卧虎藏龙》的武林高手，在炎热潮湿的亚洲极受欢迎，在清潭洞这片“金砖”铺砌的大道上，犹如一块薄荷叶，给人阵阵清凉的感觉。

DATA　MAP | P162.C1
址 江南区清潭洞79-16 강남구 청담동79-16 电 02-3443-3500 时 周一至周五11:00~20:00；周六、周日12:00~20:00 交 地铁狎鸥亭站(336)2号出口，转乘计程车或362号巴士；或地铁狎鸥亭罗德奥站(K212)3号出口步行可抵。

Tory Burch

Tory Burch作品立场鲜明，喜欢爽朗、对比度高的颜色，来凸显女性的个性和特点，引来众多好莱坞女星的支持：Cameron Diaz、Uma Thurman、Hilary Sank和Jennifer Lopez，无不穿她设计的鞋子。首尔旗舰店是全球最大店面。1楼是女装、皮鞋和手袋，2楼是餐厅和休息区。

DATA　MAP | P162.C1
址 江南区清潭洞79-15 강남구 청담동79-15 电 02-344-4080 时 11:00~20:00 交 地铁狎鸥亭站(336)2号出口，转乘计程车或362号巴士；或地铁狎鸥亭罗德奥站(K212)3号出口步行可抵。

MCM HAUS

原为德国品牌，被韩国“女成吉思汗”Sung Joo Kim于2005年买下，重新打造品牌形象，瞬即成为全球巨星都熟悉的知名皮具品牌，连Lady Gaga也点名欣赏，尽收宣传效应。现在全世界40多个国家共有150家专门店。

DATA　MAP | P162.C1
址 江南区清潭洞 78-12 강남구 청담동78-12 电 02-540-1404 时 09:00~22:30 交 地铁狎鸥亭站(336)2号出口，转乘计程车或362号巴士；或地铁狎鸥亭罗德奥站(K212)3号出口步行可抵。

狎鸥亭罗德奥街
압구정로 데오거리

只要看见罗德奥街，识途老马都知道是连锁品牌的购物街，在首尔的江南除狎鸥亭外，另一条在文井洞，至于京畿道也有一条相同模式的购物街，现在多是adidas、NIKE、PUMA、New Balance、Guess、Levi's休闲品牌，街尾开始才是韩国独立品牌店，如Boy+Supermarket，内有Merci Beaucoup、Paul et Alice、Clemence Cabanes和Nicholas Kirkwood等新潮品牌，而旁边的小街则是神话炸鸡的所在地。

DATA　MAP | P162.C1、C2
址 江南区狎鸥亭洞 강남구 압구정동 交 地铁狎鸥亭站(336)2号出口，右转直走10分钟，经过S-Oil油站第三个大路口右转；或地铁狎鸥亭罗德奥站(K212) 5、6号出口步行可抵。

Suecomma Bonnie 슈콤마 보니

韩国人爱用国货。Suecomma Bonnie就是其中的佼佼者。全智贤、崔智友和李孝利都穿过它的鞋子，严格来说，是她们都穿过Suecomma Bonnie为她们量身定造的鞋子，因为主设计师Bonnie Lee认为品牌概念来自设计和手工，但每个人的脚形和喜好不同，所以店内师傅可以按个人要求改变鞋跟高度、尺寸、颜料和物料，还有Bonnie Lee的限量(15对)设计款式，不少人就是买来当收藏。

DATA　MAP | P162.D2
址 江南区清潭洞96-1 강남구 청담동96-1 电 02-468-0540 网 http://www.suecommabonnie.com 时 周一~周六11:00~20:00；周日14:00~20:00 交 地铁狎鸥亭站(336)2号出口，乘计程车或362号巴士在清潭初中下车，向前步行经过3.1 Philip Lim后右转进小巷内第一个十字路口；或地铁狎鸥亭罗德奥站(K212)4号出口步行可抵。

乐天世界Lotte world 롯데월드

首尔市内最受欢迎的主题公园，共有40多种刺激度不同的游乐设施，包括户外机动乐园魔幻岛、室内有“探险世界”机动游戏、溜冰场和民俗博物馆，每天有6场表演，并有超过20家不同口味的餐厅。总之无论你们是情侣、同学或家庭游，总有一款适合你。买入场券时可选基本游戏＋演出或全票，还分为全日、半日票，可各自挑选适合的来玩。

DATA　MAP | P168.C2
址 松坡区蚕室洞40-1 송파구 잠실동40-1 电 02-411-3502 网 http://www.lotteworld.com（韩、英、中、日）时 周一~周五09:30~19:30，周六、周日09:30~20:00；夜场时间16:00~22:00（周一~周四），16:00~23:00（周五~周日）票 入场门票₩25 000、全票（入场与全部娱乐设施）₩40 000、夜间（16:00以后时段）入场门票₩21 000、全票₩31 000；学生、儿童与团体另计。交 地铁蚕室站(216/814)3号出口方向即为乐天购物商场及乐天世界入口。

星光大道 Star Avenue

乐天世界旁边的星光大道Star Avenue，有Rain、张根硕、J.Y.J.、姜志焕、池成、Big Bang、崔智友、宋承宪的专柜展出他们演出用过的物品、剧本、道具和服装等，供粉丝朝拜，星光大道也提供了免费和收费活动。

免费活动包括：韩剧配音、写信给偶像。收费活动包括：与J.Y.J 、姜志焕、Big Bang、池成Rain、崔智友和宋承宪的1：1韩星人像纸板合照；穿上戏服在布景板内留影；现场卡拉OK与喜爱的歌手合唱。

DATA　MAP | P168.C2
址 乐天世界地下一层南门韩流大道 时 10:00~21:00 票 成人₩10 000、儿童₩7000 交 地铁蚕室站(216/814)3号出口方向即为乐天购物商场及乐天世界入口。

COEX Mall 코엑스

首尔的世贸中心所在，亦是五星级酒店最集中的地区。COEX Mall是亚洲最大的地下商场，拥有现代百货、水族馆、赌场和免税店，说到最受欢迎当然是COEX水族馆（코엑스 아쿠아리움），共有14个展馆，除海洋外，还有安地斯高山、亚马逊热带雨林，独家展馆是韩国淡水生态馆，有汉江河流生态，别具教育意义。

DATA　MAP | P168.C2
址 江南区三成1洞159 강남구 삼성1동159 电 02-6002-6200；02-551-0114（英语、日语、汉语普通话）网 http://www.coexaqua.co.kr（韩、英）时 10:00~20:00（闭馆前1小时停止进场）票 成人₩17 500、青少年₩14 500、儿童₩11 000（4岁以下免费）交 地铁三成站(219)5号、6号出口走出来即是。

泡菜博物馆 풀무원김치박물관

如果小朋友喜欢去水族馆，那么大人就可以去泡菜博物馆。馆内有80多种泡菜类型，由发源地光州到韩国各道，让你知道泡菜的做法和营养，是美味家最喜欢流连的博物馆。

DATA　MAP | P168.C2
址 COEX MALL地下2楼 时 周二~周日10:00~18:00（闭馆前半小时停止进场），周一及节假日公休。网 http://www.kimchimuseum.co.kr（中、英、日、韩）票 成人₩3000，学生及少年₩2000，儿童（4岁以上）₩1000，65岁以上长者免费。

韩洋杂处Market Place

龙山区

용산구

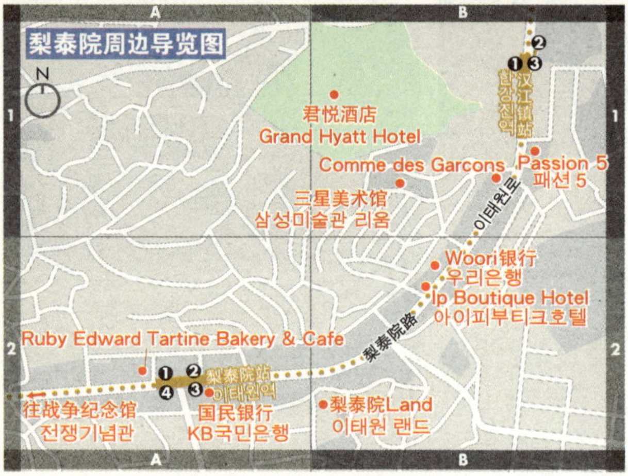

龙山区，是首尔历史最悠久的电子产品市场，电玩迷和智能手机迷都纷纷来此朝圣。购物时不要遗漏它的历史和文化地位。韩战之后龙山区早期是美军驻韩基地，逐渐发展成为领事人员及家属、美军和日本人聚居的社区，三角地的前美军基地现在成为战争纪念博物馆，梨泰院是韩国最多英文字广告牌的街道，贩卖外国人尺码的出口店尤其多，还有新开的西式餐厅和川久保龄旗舰店的汉南洞，而细说韩国正史的国立中央博物馆又开设在日本人聚居的二村。

三星美术馆 삼성미술관리움

成立于第一次世界大战后的1938年，在60年间发展成为世界一级品牌的三星，不仅打倒日本各个电子品牌，更向苹果挑战。三星创始人李秉的私人博物馆Leeum Museum内，收藏不仅是价值连城的美术品，也是打造三星品牌背后的哲学和理念，馆外的大、小蜘蛛是已逝世美法艺术家Louis Bourgeois的作品“蜘蛛和母亲”。

DATA　MAP | P166.B1
址 龙山区汉南洞747-18 용산구 한남동747-18 电 02-2014-6900 网 http://leeum.samsungfoundation.org （英、韩、日）时 周二~周日10:30~18:00（闭馆前1小时停止进场；周一、元旦、中秋节公休）票 常设展览成人₩10 000，儿童、老人、残障者₩6000；特别展览₩5000，儿童、老人、残障者₩3000 交 地铁汉江镇站(631)1号出口，从Comme des Garcons旗舰店沿山坡上行约10分钟。

梨泰院 이태원

有首尔“地球村”之称的梨泰院，因邻近旧美军基地（战争博物馆旧址）和领事馆，街上充斥了写着英文招牌的商店和世界各地不同口味的餐厅，到处可见加大码服装、名牌折扣店、外国人回家前平价卖出的古玩和家具，最近因龙山半山区开发富豪住宅，从梨泰院往汉南洞出现了国外顶级的高级餐厅和时装品牌，成为江北最有品位的商圈。梨泰院区内中东美味尤其多，小巷内有不少中东烤肉(Kebap)和夹饼(Taco)店，皆因首尔第一家回教寺中央寺院建于这里（建于1969年），从地铁站三号出口跟着路牌指示，或者索性跟着回教徒走，约10分钟即到。

DATA　MAP | P166.A2、B2
交 地铁梨泰院站(630)1号出口出站即抵。

Ruby Edward Tartine Bakery & Café

全韩国只此一家，Ruby Edward Tartine Baktery & Café将加拿大的甜点馅饼发扬光大，以祖母的家传食谱，全手工搓粉、发酵，并加上自制牛油、浓郁巧克力，每周可卖出1500个馅饼，开店5年就在对面开设分店，可见客人的热爱度。店内最受欢迎的商品是韩国人喜欢的胡桃、蓝莓、苹果和草莓味道。

DATA　MAP | P166.A2
址 龙山区梨泰院119-15 용산구 이태원119- 15 电 02-3785-3400 时 09:00～22:30 交 地铁梨泰院站(630)1号出口，在汉弥尔顿酒店旁小巷。

龙山电子商街 용산전자상가

宅男的最爱“龙山电子商街”，最初售卖低档电子零件和组装服务，自从1998年金融风暴后，韩国锐意发展电子游戏市场，软件工程比硬件工程前途更灿烂，目前热卖商品是电玩游戏。其中一个游戏卖场位于ET Land斜对面的小型地下商场内。高价电子产品，如手机、手提电脑和相机则可到大型商场ET Land。这幢6层楼高的商场还提供电影院、增值税退回服务和咖啡馆，与外面的旧商店模式完全不同。

DATA　MAP | P168.B2
址 龙山区汉江路3街 용산구 한강로3 电 02-704-3060 网 http://www.yongsan.co.kr 时 周一～周五10:00～19:30，周六、周日、假日10:00～20:00 交 地铁龙山站(135)3号出口，步行约5分钟；地铁新龙山站(429)4号出口，步行约15～20分钟。

Passion 5

近年首尔年轻一代中嗜甜族激增，江南清潭洞、江北弘大和景福宫附近的三清洞都开了不少甜点、巧克力专卖店。这里的韩国牛奶、肉桂和面包水准之高，直逼欧洲和日本水准。由拥有Paris Baquette的SPC Group在梨泰院开设的杰作Passion 5，分为轻食、甜品和高级餐厅区，首层的甜品和烤焗区香气四溢，数十款新鲜出炉的面包、蛋糕造型精美，如美食博物馆，旁边的糖果店售卖高级精致如珠宝模样的巧克力、果酱，遇上下课时间更不得了，国际学校的学生蜂拥而至。

DATA　MAP | P166.B1
址 龙山区汉南洞729-74 용산구 한남동729-74 电 02-2071-9505 时 07:30～21:00 交 地铁汉江镇站(631)2号出口，出站后前行约50米。

Comme des Garcons

日籍设计师川久保龄在首尔开设的旗舰店，是一幢复合式时尚店，里面是画廊、面包店和时装店的混合体，尽情体现这位20世纪70年代走红，并于40年间不断创新、爱跨界别的大师心迹。开设在一楼的Rose Bakery秉承法国传统，每天新鲜出炉的牛角面包和法国面包口味宛如巴黎直送，给人一个浪漫的味觉回忆。

DATA　MAP | P166.B1
址 龙山区汉南洞739-1 용산구 한남동739-1 电 02-7490-2525 时 11:00～20:00 交 地铁汉江镇站(631)1号出口，出站后往上坡行约5分钟可抵。

小清新一天郊游无难度

首尔周边

서울 주변

环绕首尔市三面的京畿道，为城市人提供了良好的休闲度假元素，迎合首尔人品位的艺术村、风俗村和韩剧取景地，无论选择坐轻轨或地铁，车程也不过一个多小时，适合一天来回的小清新郊游路线。

普罗旺斯村 프로방스 마을

普罗旺斯村与Heyri 艺术村相隔不过两公里。普罗旺斯村源自一家法国餐厅和法式面包店，位置偏僻，从大路上根本看不见它的存在。里面有装饰成法国小屋的商店，贩售有机肥皂、园艺工具、花卉，也有首饰和衣饰，而普罗旺斯花草园更设计成绿色建筑，很有回归自然的感觉，是情侣拍拖的理想地点。

DATA **MAP | P168.B1**
址 京畿道坡州市炭县面城洞里82-1 경기도 파주시 탄현면 성동리82-1 网 http://provence.co.kr 时 10:00~22:00 票 免门票 交 地铁合井站(622)1、2号出口，转搭乘200、2200号红色巴士往Heyri 艺术村，再从Heyri艺术村乘巴士可抵（Heyri艺术村至普鲁旺斯村车资约₩3000）。

南怡岛 남이섬

首尔市外的最热门景点非南怡岛莫属。这里因拍摄《冬季恋歌》而闻名，距首尔63公里，约一个小时车程就到。岛上种满水杉、栗子、白桦、红松、银杏、芦苇，一年四季都有看头。南怡岛是1965年由韩国银行界巨人闵柄焘亲手开发的湖中沙丘，加入环保、和平和艺术元素，岛上最有名的水杉林步道树苗来自首尔大学。由于岛上的电线全是埋在地下，一点城市味道也没有，是秋天看枫叶极佳的地方。

DATA **MAP | P168.D1**
址 京畿道加平郡加平邑北汉江边路1024 경기도 가평군 가평읍 북한강변로1024 电 031-580-8084 网 http://www.nanyidao.com、http://www.Naminara.com 时 07:00~21:45 票 成人₩8000、孩童与老人₩4000（入场费用含往返渡轮）交 从首尔到南怡岛只需35分钟的高速火车，每20分钟从龙山站开出。

爱宝乐园 에버랜드

爱宝乐园曾连续5年入选为全球十大主题乐园，去年又增加新节目，在四季花园内加入植物园艺、泡泡乐园、小昆虫乐园等。泡泡乐园成为夏天最热门的节目。为小朋友而设的荒失失奇兵表演则进驻大舞台，令原来的5个主题乐园（环球市集、美洲探险、魔术天地、欧洲探险及野生动物园）更加多姿多彩，还有一天两次大巡游会，使人尽兴而归。

环球市集亦是美食街，所有建筑物皆呈现伊斯兰、西班牙、印度等异国风情；为少年而特设的美洲探险是较轻型的机动游戏，当中以伊索童话的糖果屋、龟兔赛跑庭院最受小朋友喜爱；以刺激见称的T EXPRESS则在欧洲探险之内，可以体验3分钟77°陡坡上滑下的快感；大人和小朋友都不容错过去野生动物园，安坐游览车内近距离欣赏狮子、老虎、黑熊等猛兽的实际生活状态。

DATA **MAP | P168.C2**
址 京畿道龙仁市蒲谷邑前垈里310경기도 용인시 처곡읍 전대리310 电 02-759-1941、02-759-1947（中）网 http://www.everland.com 时 平日09:30~18:00（夏季至22:00）票 全日自由通行券成人₩40 000、青少年₩34 000、孩童与老人₩31 000；全日入场券成人₩33 000、青少年₩28 000、孩童与老人₩25 000 交 地铁江南站(222)6号出口搭5002号巴士，4号出口搭1500号巴士；地铁舍堂站(226) 2、3号出口搭1500-2号巴士；地铁江边站(214)对面搭乘5800号巴士。皆至爱宝乐园下车可抵。

Heyri艺术村 헤이리전시안내

坐落于距朝鲜边界只有100公里左右的荒地上，拔地而起的Heyri艺术村里，住有数十名艺术家，还建有外形独特的画廊、咖啡馆、音乐厅及数十家私人博物馆。其中最大型的主题馆是"我爱草莓**딸기테마파크**(I Like Dalki Theme Park)"，附近还建有农场超市、有机餐厅。Heyri艺术村还是一个参观韩剧拍摄地的好地方，《秘密花园》和《花样男子》都在这里取景。其中成为《花样男子》食堂的Farmer's Table (Artinus)，是出版社的餐厅，楼上是世界儿童文学书店，地下室则是餐厅，还保留着拍摄时的样子。

DATA **MAP | P168.B1**
址 京畿道坡州市炭县面普贤里 경기도 파주시 탄현면 법흥리 电 031-946-8551 网 http://www.heyri.net 时 24小时 交 地铁合井站(622)1、2号出口，转搭200、2200号红色巴士往Heyri 艺术村，终点站下车即抵。

旅行资讯

旅游一定要知道的事！

网络

用手机上网已经成为必要的生活习惯，相信已经没几个人可以忍受不能上网的日子。韩国是全球网速最快的国家，当然要试用一下极速体验。

❶ 手机漫游

带着智能电话到外地，电信服务会跳到外国的供应商网络，无论接收或拨打电话，都必须收取通话费和漫游费。不过电话可以不接，但有一个功能必须关掉，就是数据漫游。数据漫游不限于上网时收费，它可以在接受LINE或whatsapp信息时收费，可能在软件更新时上网了也不知道。所以如果你没准备在海外上网，请即时关掉数据漫游这项功能。

❷ 定额数据漫游

用中国大陆的电信公司提供的漫游，无论是使用语音或是数据服务都是天下间最昂贵的事情，如果可以，就绝对不用。不过近年情况有一点点改变，中国移动等公司已经推出定额收费漫游服务，非常划算，不过只限数据漫游，千万别随便打电话。

使用方法：

STEP 1 先致电中国移动等电信公司客服，申请有关服务。

STEP 2 抵达首尔后，打开数据功能、开启数据漫游。

STEP 3 选用SK(SK 450 05/SK Telecom/KOR SK Telecom)或KT(KT/Olleh)

费用：每日使用量5MB以下NT$49，1天的最高收费NT$399。最近还推出3日（连续72小时）NT$999；5日（连续120小时）NT$1599的收费模式（费率方案以业者现场公告为准）。

❸ 租赁无线上网器(EGG)

无线上网路由器，即是行动Wi-Fi（韩国简称为EGG）是小组出游最常用的上网方案。EGG可把网络分享到3部手机，无限使用，如果预约或之前曾借用同一家公司的服务可获折扣优惠。

费用：一般是每天₩7000~₩8000

❹ KT/olleh WiFi券

网券是现时最便宜的上网方法，而且不用充电，适合一个人旅行。这张上网券可在GS 25、buy the way、7-11、MINI STOP购买，热点都在闹市区，用券上的12位PIN代码登录。

费用：每天₩3300(NT$90)可无限使用一天。

电话

❶ 拨打电话

人在韩国，拨打北京市话/手机

001（国际冠码） + 86（中国国码） + 区码去0＋电话号码／手机号码去0

人在中国，拨打韩国市话/手机

002（国际冠码） + 82（韩国国码） + 区码去0＋电话号码／手机号码去0

人在韩国，持中国手机，拨打韩国市话/手机

0 + 区码＋电话号码／手机号码

❷ 租用韩国移动电话

仁川国际机场设有SK、KT及LG等电信公司的海外租赁服务柜台。租赁时需要提供护照和信用卡。回国时，在租赁柜台归还即可。

费用：2G手机₩3000；智能型手机₩5000（包无限上网）；拨打韩国国内电话，费率是₩100／10秒，拨打国际电话费率则按照各国国际长途电话费计算（韩国观光公社网站不时有优惠方案或折价券，预约前可参考）。

3 公用电话

公用电话可使用硬币、信用卡、T-Money和电话卡付款。公用电话可于便利店和地铁内找到，街上的电话亭越来越少，电话卡分为₩3000、₩5000和₩10 000，由于很难预计会打多少分钟，也多半会用不完，还是用投币式较划算。

投币兼卡式公用电话时，除10韩元、50韩元、100韩元面值的硬币以外，还可使用T-Money交通卡和信用卡付款。使用公用电话致电市内，每180秒收费₩70。

©游橙絮

投币式

©游橙絮

插卡式

4 地铁站免费网络电话

各大地铁站在等候列车的地方常设有大型触控屏幕播放广告或是让民众可上网查询资料。这个机器还有一项不为人知的用处，就是可免费拨打韩国国内市话及手机一分钟！临时需要拨打店家号码时可多加利用。

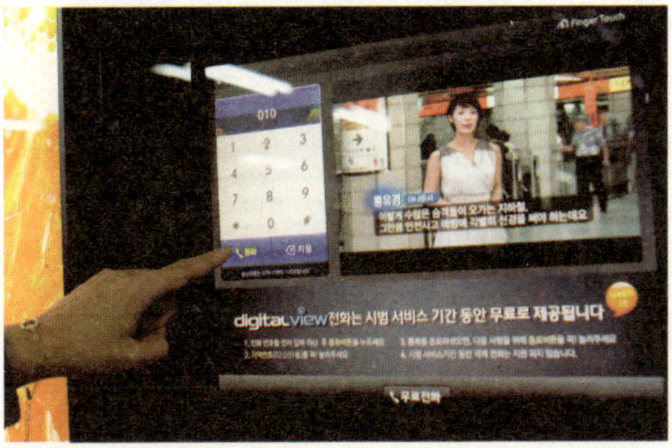

遗失护照

如果遗失护照，必须向警察局报失，并填写一份遗失护照证明书，持有报失文件和两张照片，前往驻韩大使馆申请补发。

■中国驻韩国大使馆

地址：首尔特别市中区明洞2路27

邮编：110-033

电话：02-738-1038

传真：02-738-1077

Global 自动柜员机(ATM)

韩国国际机场、明洞、梨泰院等旅客区的KEB银行内，可以找用海外提款卡取款的ATM，汇率以当天银行牌价计算，每次取款只收取一次性手续费，比机场内的兑换店和信用卡少一重高昂的手续费。

看病

没有在韩国投医疗保险的外国人，要有心理准备医药费高昂。首尔有为外国人服务的综合医院，提供外语(英语)翻译，最好带上足够的现金，因为一部分医院只接受特定的信用卡。

由首尔市政府设立的首尔国际中心(SGC)是向外国人提供24小时全天候服务的机构。

DATA

时间：一般服务08:00~20:00；应急状况08:00~20:00

电话：010-4769-8212、010-8750-8212

电邮：medicalreferral@seoul.go.kr

●三星医院(Samsung Medical Center)

交通：地铁逸院站(348) 1号出口，步行5分钟。

地址：江南区逸院洞50

电话：02-3410-0200

营业时间：平日09:00~16:00，周六09:00~11:00

备注：看诊全部项目（英文）

●延世大学医院(Yonsei Univ. Severance Hospital)

交通：地铁新村站(240)2/3号出口，步行5分钟。

地址：西大门区新村洞134

电话：02-2228-5800（英文）

营业时间：平日09:30~12:00、14:00~17:00，周六09:30~12:00

备注：看诊全部项目（中、英、日文）

●Cha General Hospital

交通：地铁驿三站(221)7号出口；地铁鹤洞站(731)4 号出口

地址：江南区驿三洞650-9

电话：82-2-3468-3127；急救室82-10-4707-9179（24小时）

营业时间：平日09:00~17:00；周六09:00~12:30；妇产科患者17:00前。

网站：http://kangnam.chamc.co.kr/ic（韩，英）

●庆熙大学牙科大学

交通：地铁回基站(123)1号出口再转乘绿色小巴或步行10分钟。

地址：东大门区回基洞1

电话：02-958-8114

●明洞ye牙科

交通：地铁明洞站(424)6号出口

地址：中区明洞2街31-1

电话：02-771-2875

©游橙絮

寄信

从首尔寄信或者明信片回家，需从邮局内办理。首尔仁寺洞南广场对面的塔谷公园，旁边便有邮政局，又或者去明洞的邮政局。

●邮递服务及费用包括

航运信件（5~7天到件）	
~10g	₩500
~30g	₩600
~50g	₩840

航运包裹（5~7天到件，最大限重20kg）	
~5.0kg	₩28 800
~10.0kg	₩42 900
~20.0kg	₩71 100

EMS（3~4天到件，最大限重30kg）	
~5.0kg	30 600
~10.0kg	46 800
~20.0kg	77 300
~30.0kg	105 300

●填写地址

보내는 사람（寄件者）　　받는 사람（收件者）

基本上只要写上Airmail，China。其他资料按中文填上就万无一失。

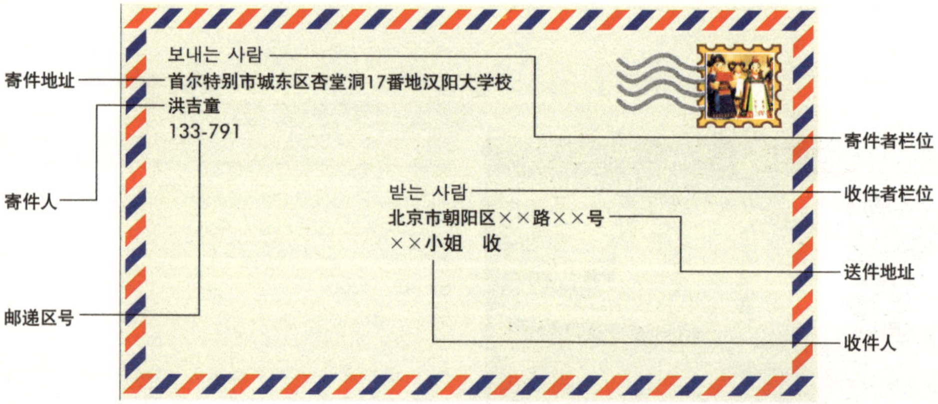

紧急电话

报警	112
消防车、救护车	119
查号台	114
紧急医疗情报中心	1339
警察局服务电话	1588-5644

信用卡紧急热线	
VISA（韩国）	00-308-44-0050
MASTER全球支援热线（美国）	+1-6367227111

实用旅行韩语

手指韩文玩不停

基本会话篇

韩文	中文
안녕하세요.	你好
만나서 반갑습니다.	很高兴认识你
감사합니다.	谢谢
미안합니다.	对不起
잘 부탁합니다.	多多指教（拜托）
안녕히 가세요.	再见（对离开的人说）
안녕히 계세요.	再见（对留下来的人说）
네、예	是
아니요	不是

韩文	中文
괜찮아요.	没关系／不用了（如果尾音上扬表问句，没事吧？）
몰라요.	不知道
저는 ____ 입니다.	我是 ____
외국인	外国人
대학생	大学生
회사원	上班族

医疗篇

韩文	中文
머리가 아파요.	头痛
감기 걸렸어요.	感冒了
열이 있어요.	发烧
속이 메스꺼워요.	想吐
____ 약 주세요.	请给我 ____ 药
눈	眼睛
목	喉咙
손	手
발	脚
배	肚子
설사	拉肚子
소화불량	消化不良

韩文	中文
두통	头痛
배가 아파요	腹痛
위통	胃痛
치통	牙痛
구토	呕吐
가래	痰
콧물	鼻水
멀미	晕车
병원	医院
약국	药局
의사	医生
진료	诊疗

韩文	中文
처방전	处方笺
코감기	轻微感冒
감기몸살	重感冒
약	药
멀미약	晕车药
진통제	镇痛剂
감기약	感冒药
지사제	止泻剂
연고	蚊叮虫咬的药膏
반창고	OK绷/胶布

数字篇

韩文	中文
천원	1000元
만원	10 000元
백원 있어요？	有100元吗?
네 명이요.	4位
다섯 개 주세요.	请给我5个（份）
두장 주세요.	请给我两张
만원지폐로 바꿔주세요.	请帮我换万元纸钞
이인분 주세요.	请给我两人份

数字	1	2	3	4	5
汉字音	일 il	이 i	삼 sam	사 sa	오 o
纯韩文	하나 ha-na	둘 dul	셋 saet	넷 net	다섯 da-seot

数字	6	7	8	9	10
汉字音	육 yuk	칠 chil	팔 pal	구 gu	십 sip
纯韩文	여섯 yeo-seot	일곱 il-gop	여덟 yeo-deol	아홉 a-hop	열 yeol

餐厅篇

韩文	中文
저기요	请问……
메뉴판 좀 보여주세요	请给我菜单
물 좀 주세요.	请给我水
차가운(뜨거운)커피	冰（热）咖啡
맵지 않게 해주세요.	不要太辣
불판 좀 갈아주세요.	请换一下烤肉盘
이것 더 주세요.	请再给我这个
맛있어요.	好吃
잘 먹겠습니다.	开动了
잘 먹었습니다.	谢谢招待
싸주세요.	我要打包带走
영수증 주세요.	请给我收据
계산해주세요.	请帮我结账
_____ 있어요?	有 _____ 吗?
_____ 먹고 싶어요.	我想吃 _____
_____ 마시고 싶어요.	我想喝 _____
_____ 주세요.	请给我 _____
_____ 인분	_____ 人份
_____ 명	_____ 位
_____ 병	_____ 瓶
식당	餐厅
젓가락	筷子
접시	碟子
그릇	碗
컵	杯子
재털이	烟灰缸
물수건	湿纸巾

韩文	中文
냅킨	餐巾纸
공기밥	白饭
반찬	小菜
안주	下酒菜
상추	烤肉生菜叶
술	酒
맥주	啤酒
소주	烧酒
콜라	可乐
사이다	雪碧
라면	拉面
불고기	烤牛肉
김밥	紫菜包饭
자장면	炸酱面
김치찌개	泡菜汤
삼계탕	参鸡汤
순두부찌개	滑豆腐汤
냉면	冷面
돼기불고기	烤猪肉
맛있어요	好味道
달아요	很甜
매워요	很辣
써요	很苦
셔요	很酸
짜요	很咸
차가워요	很冷
뜨거워요	很热

购物篇

韩文	中文
얼마예요 ?	多少钱
비싸요.	太贵了
싸게 해주세요.	算便宜一点
저(이)것 좀 보여주세요.	请给我看一下那（这）个
입어봐도 돼요 ?	可以试穿（衣服）吗?
신어봐도 돼요 ?	可以试穿（鞋子）吗?
조금 작아요 / 커요.	有点小／大
다른 색상은 없어요 ?	有其他颜色吗?
다른 디자인 있어요?	有其他款式吗?
이것 주세요.	请给我这个
카드 돼요 ?	可以刷卡吗?
포장 좀 해주세요.	请帮我包起来
바지 :	裤子
치마 :	裙子
옷	衣服

韩文	中文
사이즈	尺寸
디자인	款式
쇼핑백	购物袋
분홍색	粉红色
흰색	白色
검정색	黑色
화장품	化妆品
귀걸이	耳环
목걸이	项链
신발	鞋子
가방	包包
김치	泡菜
김	海苔
인삼	人参
유자차	柚子茶

住宿篇

韩文	中文
빈 방 있어요?	有房间吗?
하루에 얼마예요?	一天多少钱?
방 좀 볼 수 있어요?	可以看一下房间吗?
침대방(온돌방)으로 주세요.	请给我有床(暖炕)的房间
하루 더 묵고 싶어요.	我想多住一天
뜨거운 물이 안 나와요.	浴室没有热水
더워요 / 추워요.	好冷 / 好热
키를 방에 두고 나왔어요.	把钥匙忘在房间了
____ 고장 났어요.	____ 故障了
____ 갖다주세요.	请拿 ____ 给我
호텔	饭店
모텔	汽车旅馆
여관	旅馆
체크인	Check-in
체크아웃	Check-out
시간	时间
방	房间
키	钥匙
전화	电话
이불	棉被
수건	毛巾
베개	枕头
에어컨	冷气

交通&问路篇

韩文	中文
저기요.	请问……
종로가는 버스 몇 번이에요?	到钟路要搭几号车?
명동요.	(我要去)明洞
속초 두장요.	(往)束草两张
멀어요? / 가까워요?	远吗? / 近吗?
얼마나 걸려요?	要多久?
경복궁은 어디예요?	景福宫在哪里?
____ 까지 가주세요.	我要到 ____
여기서 세워주세요.	请在这停车
____ 어디 있어요?	哪里有 ____?
____ 가요?	有到 ____ 吗?
몇 번 출구예요?	几号出口?
____ 번 버스 어디서 타요?	____号公交车在哪里搭?
공항	机场
기차	火车
버스	公交车
정류장	公交车站
버스터미널	客运站
택시	计程车
지하철	地铁
국제여객선터미널	国际旅客船
동대문역	东大门站
매표소	售票亭
승차권	车票
환불	退票
충전	加值
입구	入口
출구	出口

其他常用会话

韩文	中文
여기서 사진 찍어도 돼요?	这里能拍照吗?
사진 찍어주세요.	请帮我拍照
도와주세요.	请帮帮我
천천히 말해주세요.	请说慢一点
한번 더 말해주세요.	请再说一次
잘해주셔서 감사합니다.	谢谢你对我这么好
좋아요.	好啊
싫어요.	不要
잠깐만	等一下
오늘 즐거웠어요.	今天玩得很开心
아저씨	大叔
아줌마	大婶
____ 어디 있어요?	哪里有 ____?
관광안내소	观光案内所
은행	银行
경찰서	警察局
우체국	邮局
편의점	便利商店
PC방	网咖
미용실	美容院
찜질방	热疗室
한증막	汗蒸幕
화장실	洗手间
국제전화카드	国际电话卡
입장료	入场费
엽서	明信片

韩文	中文
봉투	袋子
무료	免费
아침	早上(餐)
점심	中午(餐)
저녁	晚上(餐)
밤	夜晚
예뻐요	美丽的(女生)
잘 생겼어요	帅气的(男生)
커요	好高大
작아요	好矮小
뚱뚱해요	好肥
날씬해요	好瘦
배 불러요	很饱
배 고파요	很饿
목 말라요	口渴
편해요	舒适
불편해요	不舒适
좋아요	同意
행복해요	很高兴
재미있어요	有趣
재미없어요	沉闷
많아요	很多
적어요	很少
슬퍼요	很惨
아파요	很痛
웃겨요	很好笑

北京市版权局著作权合同登记图字：01-2014-494
策　　划：丁海秀　李荣强
责任编辑：张　毅

图书在版编目（CIP）数据
第一次自助游首尔超简单 / 余霭联著、摄. -- 北京：旅游教育出版社，2015. 8
ISBN 978-7-5637-3125-1

I. ①第…　II. ①余…　III. ①旅游指南—首尔　IV. ①K931.269

中国版本图书馆CIP数据核字（2015）第027199号

本书由台湾宏硕文化事业股份有限公司授权出版

第一次自助游首尔超简单
余霭联　著·摄影

出版单位：旅游教育出版社
地　　址：北京市朝阳区定福庄南里1号
邮　　编：100024
发行电话：（010）65778403 65728372
65767462（传真）
本社网址：www.tepcb.com
E-mail：tepfx@163.com
排版单位：北京旅教文化传播有限公司
印刷单位：北京嘉业印刷厂
经销单位：新华书店
开　　本：720毫米×1000毫米　1/16
印　　张：11
字　　数：263千字
版　　次：2015年8月第1版
印　　次：2015年8月第1次印刷
定　　价：35.00元
（图书如有装订差错请与发行部联系）

第一次自助游
首尔
超简单